山东省高等教育名校建设工程课程改革教材

装饰工程造价

主　编　付庆向　吴敬辉
副主编　曹　军　刘　帅
　　　　董新刚　郑冀东
主　审　陈克森

黄河水利出版社
·郑州·

内 容 提 要

本书为山东省高等教育名校建设工程课程改革系列教材之一，充分体现高职教育的特色，依据山东省特色名校建设方案和工程造价专业人才培养目标与培养方案，根据国家最新颁发的《建设工程工程量清单计价规范》(GB 50500—2013)、《房屋建筑与装饰工程工程量计算规范》(GB 50854—2013)等有关要求编写。全书共分12个项目，主要内容为装饰工程计价基本原理、计价标准、依据及计价的基本程序及装饰工程造价的编制实例。

本书既可作为高职工程造价专业学生培养综合职业能力的教材，也可供高职高专装饰工程技术、装饰艺术设计等相近专业学生和工程技术人员学习参考。

图书在版编目(CIP)数据

装饰工程造价/付庆向，吴敬辉主编．—郑州：黄河水利出版社，2015.9

山东省高等教育名校建设工程课程改革教材

ISBN 978-7-5509-1239-7

Ⅰ.①装…　Ⅱ.①付…　②吴…　Ⅲ.①建筑装饰-工程造价-高等职业教育-教材　Ⅳ.①TU723.3

中国版本图书馆CIP数据核字(2015)第225784号

组稿编辑：王路平　电话：0371-66022212　E-mail：hhslwlp@163.com

出 版 社：黄河水利出版社

地址：河南省郑州市顺河路黄委会综合楼14层　邮政编码：450003

发行单位：黄河水利出版社

发行部电话：0371-66026940、66020550、66028024、66022620(传真)

E-mail：hhslcbs@126.com

承印单位：郑州龙洋印务有限公司

开本：787 mm×1 092 mm　1/16

印张：13.25

字数：310千字　　印数：1—3 100

版次：2015年9月第1版　　印次：2015年9月第1次印刷

定价：30.00元

前　言

本书是依据中央财政支持提升社会服务能力重点建设专业和山东省高等教育名校建设工程重点建设专业人才培养方案和课程建设目标要求，并按照国家及行业有关装饰工程计量与计价的新规范、新法规、新标准编写完成的。在吸收有关教材和技术文献资料精华的基础上，充实了新思想、新理论、新方法和新技术。本书采用项目教学法编写，以培养学生的实践动手能力为目标，不过分苛求学科的系统性和完整性，注重学生职业能力训练和综合素质培养；编写中以每个教学项目的典型任务和能力训练为基础，分别完成各项小的任务，循序渐进，最终完成整个实际项目，体现了高等职业教育的特点，突出了适用性、实践性、创新性的教材特色。

本书主要介绍装饰工程费用项目组成；装饰工程计价基本原理、计价标准、依据及计价的基本程序；《山东省建筑工程消耗量定额》《房屋建筑与装饰工程工程量计算规范》(GB 50854—2013)装饰工程项目的应用。主要包括楼地面工程，墙、柱面工程，顶棚工程，油漆、涂料、裱糊工程，配套装饰项目等的工程量计算规则及定额项目的应用，定额计价方式装饰工程造价文件的编制，工程量清单的编制，工程量清单综合单价的组价，清单计价方式装饰工程造价文件的编制。

本书由山东水利职业学院主持编写工作，编写人员及编写分工如下：山东水利职业学院付庆向编写项目1至项目5，曹军编写项目6、项目7，刘帅编写项目8、项目9；日照兰德工程咨询有限公司吴敬辉编写项目10，董新刚编写项目11；青岛英特软件有限公司郑冀东编写项目12。本书由付庆向、吴敬辉担任主编，付庆向负责全书统稿，吴敬辉负责全书所用案例的校核任务；由曹军、刘帅、董新刚、郑冀东担任副主编；由山东水利职业学院陈克森担任主审。

由于编者水平有限，书中难免存在错误之处，恳请读者批评指正。

编　者

2015年5月

目 录

项目1 装饰工程造价构成

知识目标：

1. 掌握装饰工程费用项目的组成。
2. 理解装饰工程费用项目的含义。
3. 理解装饰工程项目划分与工程造价形成关系。

能力目标：

1. 能把握实际工程造价构成、内容。
2. 能正确确定分部分项工程项目。

基础知识

知识1 装饰工程造价概述

1 工程造价的含义、分类及作用

1.1 工程造价的含义

工程造价有两种含义：第一种含义是指建设一项工程预期开支或实际开支的全部固定资产投资费用；第二种含义是指工程价格。即为建成一项工程，预计或实际在土地市场、设备市场、技术劳务市场，以及承包市场等交易活动中所形成的建筑安装工程的价格和建设工程总价格。通常，人们将工程造价的第二种含义认定为工程承发包价格。

理解工程造价两种含义的意义在于，在工程建设项目的策划、评估、决策、设计、施工到竣工验收等阶段，采用科学的计算方法和切实的计价依据，合理确定工程造价，实现不同的管理目标服务，提高建设项目的投资效益和建筑安装企业的经营效果。

1.2 工程造价的分类及作用

依据工程建设程序，工程造价文件的编制应和工程建设阶段性工作深度相适应（见图1-1），一般分为投资估算、设计概算、修正概算、施工图预算、施工预算、工程结算和竣工决算等，在市场交易阶段还有招标控制价、投标报价等造价文件。

1.2.1 投资估算

投资估算是指在项目建议书和可行性研究阶段通过编制估算文件测算和确定的工程造价。投资估算是建设项目进行决策、筹集资金和合理控制造价的主要依据。

1.2.2 设计概算

设计概算是指在初步设计阶段，根据设计意图，通过编制工程概算文件测算和确定的工程造价。与投资估算造价相比，概算造价的准确性有所提高，但受估算造价的控制。

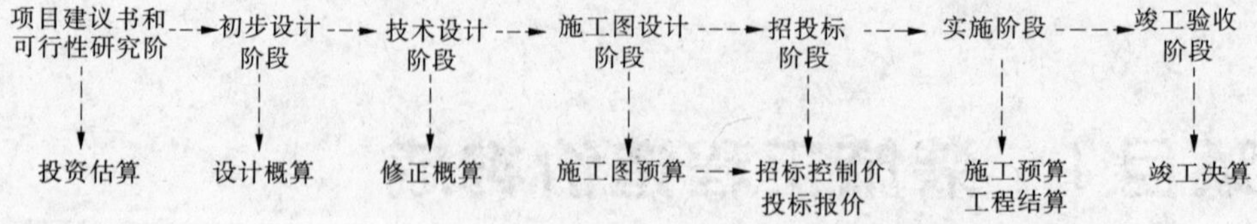

图 1-1　基本建设程序与工程造价的形成关系示意

1.2.3　修正概算

修正概算是指在技术设计阶段,根据技术设计的要求,通过编制修正概算文件测算和确定的工程造价。修正概算是对初步设计阶段的概算造价的修正和调整,比概算造价准确,但受概算造价控制。通常情况下,设计概算和修正概算合称为扩大的设计概算。

1.2.4　施工图预算

施工图预算是指在施工图设计阶段,根据施工图纸,通过编制预算文件确定的工程造价。它比概算造价或修正概算造价更为详尽和准确,但同样要受前一阶段工程造价的控制。施工图预算是施工单位和建设单位签订承包合同和办理工程结算的依据;也是施工单位编制计划、实行经济核算和考核经营成果的依据。施工图预算是编制标底的依据,是投标报价的参考。

1.2.5　施工预算

施工预算是施工单位在施工图预算的控制下,依据施工图纸和施工定额以及施工组织设计编制的单位工程(或分部分项工程)施工所需的人工、材料和施工机械台班数量,是施工企业内部文件。施工预算确定的是工程计划成本。

1.2.6　工程结算

工程结算是指发承包双方根据合同约定,对合同工程在实施中、终止时、已完工后进行的合同价款计算、调整和确认,包括期中结算、终止结算、竣工结算。

1.2.7　竣工决算

竣工决算是指工程竣工决算阶段,以实物数量和货币指标为计量单位,综合反映竣工项目从筹建开始到项目竣工交付使用为止的全部建设费用。竣工决算是由建设单位编制的反映建设项目实际造价和投资效果的文件。

1.2.8　招标控制价

招标控制价是指招标人根据国家或省级、行业建设主管部门颁发的有关计价依据和办法,以及拟订的招标文件和招标工程量清单,结合工程具体情况编制的招标工程的最高投标限价。

1.2.9　投标报价

投标报价是指投标人投标时响应招标文件要求所报出的对已标价工程量清单汇总后标明的总价。

2　建设工程项目的划分

工程建设项目是一个有机的整体,为了对建设项目进行科学管理和经济核算,可将建设项目由大到小划分为各个部分。建设项目的分解和工程造价的形成关系如图1-2所示。

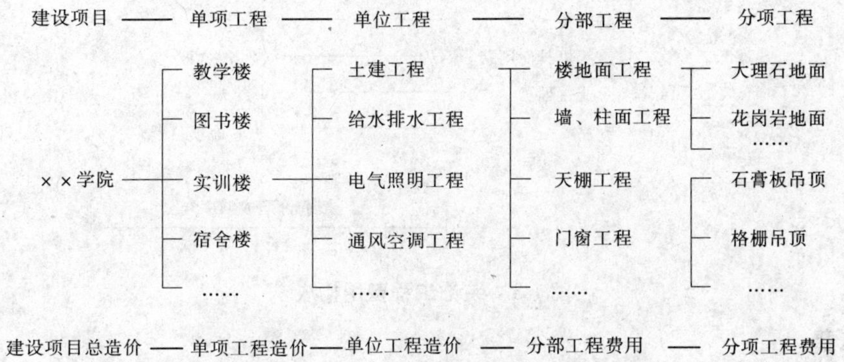

图1-2　建设项目的分解和工程造价的形成关系示意

2.1　单项工程

单项工程是指具有独立的设计文件，竣工后可以独立发挥生产能力或使用效益的工程。如一个工厂的生产车间，学校的教学楼、图书馆等。

2.2　单位工程

单位工程是单项工程的组成部分，是指具有独立的设计文件，能单独施工，但建成后不能独立发挥生产能力或使用效益的工程。如一个教学楼的建筑与装饰工程、水电安装工程等。

2.3　分部工程

分部工程是单位工程的组成部分，是按单位工程的主要部位、结构或使用的材料、施工方法等的不同而划分的。如土建工程可分为楼地面工程，墙、柱面工程，天棚工程，油漆、涂料、裱糊装饰工程，其他工程等。

2.4　分项工程

分项工程是分部工程的组成部分，是建筑工程的基本构造要素。它是按照不同的施工方法、构造及不同材料的规格等，将分部工程进一步划分的。如楼地面工程中的大理石地面、花岗石地面等。

知识2　装饰工程费用项目组成

根据住房和城乡建设部、财政部颁布的《关于印发〈建筑安装工程费用项目组成〉的通知》（建标〔2013〕44号），我国现行装饰工程费用项目按两种不同的方式划分，即按费用构成要素划分和按造价形成顺序划分，其具体构成如图1-3所示。

1　装饰工程费用构成要素

装饰工程费用由人工费、材料（包含工程设备，下同）费、施工机具使用费、企业管理费、利润、规费和税金组成。其中人工费、材料费、施工机具使用费、企业管理费和利润包含在分部分项工程费、措施项目费、其他项目费中，如图1-4所示。

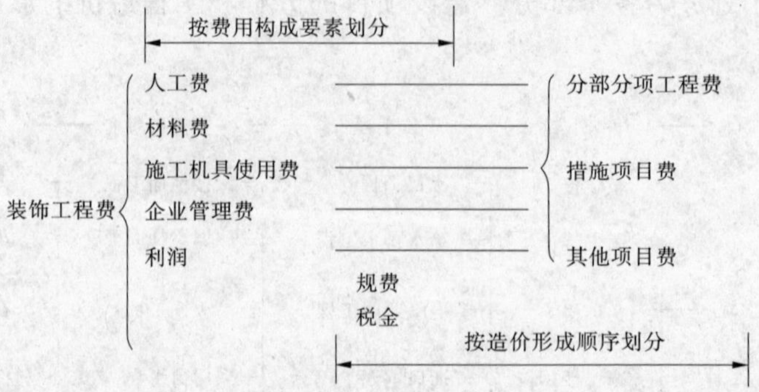

图1-3　装饰工程费用构成

1.1　人工费

人工费是指按工资总额构成规定，支付给从事建筑安装工程施工的生产工人和附属生产单位工人的各项费用。内容包括：计时工资或计件工资、奖金、津贴补贴、加班加点工资以及特殊情况下支付的工资。

(1)计时工资或计件工资：指按计时工资标准和工作时间或对已做工作按计件单价支付给个人的劳动报酬。

(2)奖金：指对超额劳动和增收节支而支付给个人的劳动报酬。如节约奖、劳动竞赛奖等。

(3)津贴补贴：指为了补偿职工特殊或额外的劳动消耗和因其他特殊原因支付给个人的津贴，以及为了保证职工工资水平不受物价影响而支付给个人的物价补贴。如流动施工津贴、特殊地区施工津贴、高温(寒)作业临时津贴、高空津贴等。

(4)加班加点工资：指按规定支付的在法定节假日工作的加班工资和在法定日工作时间外延时工作的加点工资。

(5)特殊情况下支付的工资：指根据国家法律、法规和政策规定，因病、工伤、产假、计划生育假、婚丧假、事假、探亲假、定期休假、停工学习、执行国家或社会义务等原因按计时工资标准或计件工资标准的一定比例支付的工资。

1.2　材料费

材料费是指施工过程中耗费的原材料、辅助材料、构配件、零件、半成品或成品、工程设备的费用。内容包括：

(1)材料原价：指材料、工程设备的出厂价格或商家供应价格。

(2)运杂费：指材料、工程设备自来源地运至工地仓库或指定堆放地点所发生的全部费用。

(3)运输损耗费：指材料在运输装卸过程中不可避免的损耗。

(4)采购及保管费：指为组织采购、供应和保管材料、工程设备的过程中所需要的各项费用。包括采购费、仓储费、工地保管费、仓储损耗。

工程设备是指构成或计划构成永久工程一部分的机电设备、金属结构设备、仪器装置及其他类似的设备和装置。

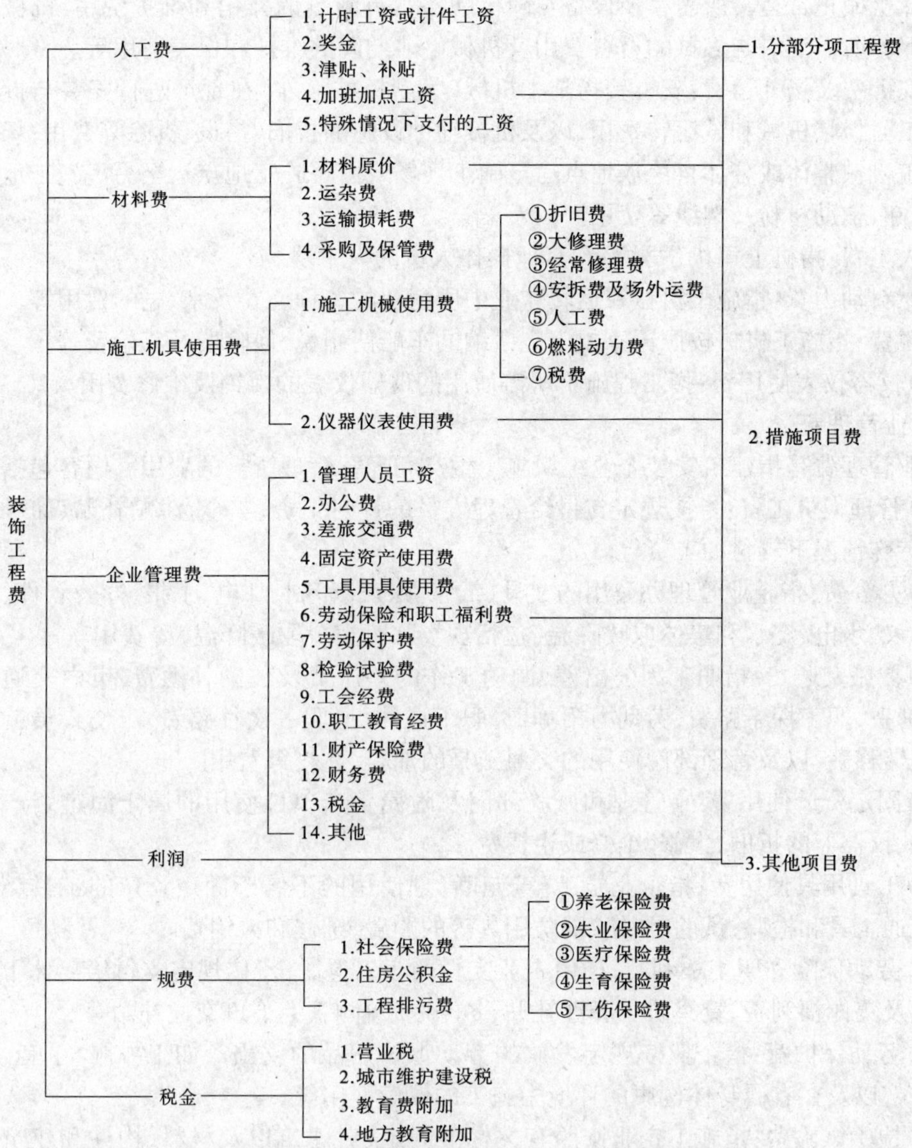

图1-4 装饰工程费用项目(按费用构成要素划分)

1.3 施工机具使用费

施工机具使用费是指施工作业所发生的施工机械、仪器仪表使用费或其租赁费。

(1)施工机械使用费:以施工机械台班耗用量乘以施工机械台班单价表示,施工机械台班单价应由下列七项费用组成:

①折旧费:指施工机械在规定的使用年限内,陆续收回其原值的费用。

②大修理费:指施工机械按规定的大修理间隔台班进行必要的大修理,以恢复其正常功能所需的费用。

③经常修理费:指施工机械除大修理外的各级保养和临时故障排除所需的费用。包

括为保障机械正常运转所需替换设备与随机配备工具附具的摊销和维护费用,机械运转中日常保养所需润滑与擦拭的材料费用及机械停滞期间的维护和保养费用等。

④安拆费及场外运费:安拆费指施工机械(大型机械除外)在现场进行安装与拆卸所需的人工、材料、机械和试运转费用,以及机械辅助设施的折旧、搭设、拆除等费用;场外运费指施工机械整体或分体自停放地点运至施工现场或由一施工地点运至另一施工地点的运输、装卸、辅助材料及架线等费用。

⑤人工费:指机上司机(司炉)和其他操作人员的人工费。

⑥燃料动力费:指施工机械在运转作业中所消耗的各种燃料及水、电的费用等。

⑦税费:指施工机械按照国家规定应缴纳的车船使用税、保险费及年检费等。

(2)仪器仪表使用费:指工程施工所需使用的仪器仪表的摊销及维修费用。

1.4 企业管理费

企业管理费是指建筑安装企业组织施工生产和经营管理所需的费用。内容包括:

(1)管理人员工资:指按规定支付给管理人员的计时工资、奖金、津贴补贴、加班加点工资及特殊情况下支付的工资等。

(2)办公费:指企业管理办公用的文具、纸张、账表、印刷、邮电、书报、办公软件、现场监控、会议、水电、烧水和集体取暖降温(包括现场临时宿舍取暖降温)等费用。

(3)差旅交通费:指职工因公出差、调动工作的差旅费及住勤补助费,市内交通费和误餐补助费,职工探亲路费,劳动力招募费,职工退休、退职一次性路费,工伤人员就医路费,工地转移费,以及管理部门使用的交通工具的油料、燃料等费用。

(4)固定资产使用费:指管理和试验部门及附属生产单位使用的属于固定资产的房屋、设备、仪器等的折旧、大修、维修或租赁费。

(5)工具用具使用费:指企业施工生产和管理使用的不属于固定资产的工具、器具、家具、交通工具和检验、试验、测绘、消防用具等的购置、维修和摊销费。

(6)劳动保险和职工福利费:指由企业支付的职工退职金,按规定支付给离休干部的经费,以及集体福利费、夏季防暑降温补贴、冬季取暖补贴、上下班交通补贴等。

(7)劳动保护费:指企业按规定发放的劳动保护用品的支出。如工作服、手套、防暑降温饮料,以及在有碍身体健康的环境中施工的保健费用等。

(8)检验试验费:指施工企业按照有关标准规定,对建筑以及材料、构件和建筑安装物进行一般鉴定、检查所发生的费用,包括自设实验室进行试验所耗用的材料和化学药品等费用。不包括新结构、新材料的试验费,对构件做破坏性试验及其他特殊要求检验试验的费用和建设单位委托检测机构进行检测的费用,对此类检测发生的费用,由建设单位在工程建设其他费用中列支。对施工企业提供的具有合格证明的材料进行检测不合格的,该检测费用由施工企业支付。

(9)工会经费:指企业按《中华人民共和国工会法》规定的全部职工工资总额比例计提的工会经费。

(10)职工教育经费:指按职工工资总额的规定比例计提,企业为职工进行专业技术和职业技能培训,专业技术人员继续教育、职工职业技能鉴定、职业资格认定,以及根据需要对职工进行各类文化教育所发生的费用。

(11)财产保险费:指施工管理用财产、车辆等的保险费用。

(12)财务费:指企业为施工生产筹集资金或提供预付款担保、履约担保、职工工资支付担保等所发生的各种费用。

(13)税金:指企业按规定缴纳的房产税、车船使用税、土地使用税、印花税等。

(14)其他:包括技术转让费、技术开发费、投标费、业务招待费、绿化费、广告费、公证费、法律顾问费、审计费、咨询费、保险费等。

1.5 利润

利润是指施工企业完成所承包工程获得的盈利。

1.6 规费

规费是指按国家法律、法规规定,由省级政府和省级有关权力部门规定必须缴纳或计取的费用。包括:社会保险费、住房公积金及工程排污费等。

1.6.1 社会保险费

养老保险费:指企业按照规定标准为职工缴纳的基本养老保险费。

失业保险费:指企业按照规定标准为职工缴纳的失业保险费。

医疗保险费:指企业按照规定标准为职工缴纳的基本医疗保险费。

生育保险费:指企业按照规定标准为职工缴纳的生育保险费。

工伤保险费:指企业按照规定标准为职工缴纳的工伤保险费。

1.6.2 住房公积金

住房公积金是指企业按规定标准为职工缴纳的住房公积金。

1.6.3 工程排污费

工程排污费是指按规定缴纳的施工现场工程排污费。

其他应列而未列入的规费,按实际发生计取。

1.7 税金

税金是指国家税法规定的应计入建筑安装工程造价内的营业税、城市维护建设税、教育费附加以及地方教育附加。

2 装饰工程费按照工程造价形成顺序划分

装饰工程费按照工程造价形成顺序划分为分部分项工程费、措施项目费、其他项目费、规费、税金,其中分部分项工程费、措施项目费、其他项目费包含人工费、材料费、施工机具使用费、企业管理费和利润(见图1-5)。

2.1 分部分项工程费

分部分项工程费是指各专业工程的分部分项工程应予列支的各项费用。

(1)专业工程:指按现行国家计量规范划分的房屋建筑与装饰工程、仿古建筑工程、通用安装工程、市政工程、园林绿化工程、矿山工程、构筑物工程、城市轨道交通工程、爆破工程等各类工程。

(2)分部分项工程:指按现行国家计量规范对各专业工程划分的项目。如房屋建筑与装饰工程划分的土石方工程、地基处理与桩基工程、砌筑工程、钢筋及钢筋混凝土工程等。

- 装饰工程费
  - 分部分项工程费
    - 1.房屋建筑与装饰工程
      - ①土石方工程
      - ②桩基工程
      - ……
    - 2.仿古建筑工程
    - 3.通用安装工程
    - 4.市政工程
    - 5.园林绿化工程
    - 6.矿山工程
    - 7.构筑物工程
    - 8.城市轨道交通工程
    - 9.爆破工程
    - ……
  - 措施项目费
    - 1.安全文明施工费
    - 2.夜间施工增加费
    - 3.二次搬运费
    - 4.冬雨季施工增加费
    - 5.已完工程及设备保护费
    - 6.工程定位复测费
    - 7.特殊地区施工增加费
    - 8.大型机械进出场及安拆费
    - 9.脚手架工程费
    - ……
  - 其他项目费
    - 1.暂列金额
    - 2.计日工
    - 3.总承包服务费
    - ……
  - 规费
    - 1.社会保险费
      - ①养老保险费
      - ②失业保险费
      - ③医疗保险费
      - ④生育保险费
      - ⑤工伤保险费
    - 2.住房公积金
    - 3.工程排污费
    - ……
  - 税金
    - 1.营业税
    - 2.城市维护建设税
    - 3.教育费附加
    - 4.地方教育附加

（分部分项工程费、措施项目费、其他项目费包括：）
- 1.人工费
- 2.材料费
- 3.施工机具使用费
- 4.企业管理费
- 5.利润

图1-5　装饰工程费用项目组成表(按造价形成顺序划分)

各类专业工程的分部分项工程划分见现行国家或行业计量规范。

2.2　措施项目费

措施项目费是指为完成建设工程施工,发生于该工程施工前和施工过程中的技术、生活、安全、环境保护等方面的费用。内容包括:

(1)安全文明施工费。

环境保护费:指施工现场为达到环保部门要求所需要的各项费用。

文明施工费:指施工现场文明施工所需要的各项费用。

安全施工费:指施工现场安全施工所需要的各项费用。

临时设施费:指施工企业为进行建设工程施工所必须搭设的生活和生产用的临时建筑物、构筑物和其他临时设施费用。包括临时设施的搭设、维修、拆除、清理或摊销的费用等。

(2)夜间施工增加费:指因夜间施工所发生的夜班补助费、夜间施工降效、夜间施工照明设备摊销及照明用电等费用。

(3)二次搬运费:指因施工场地条件限制而发生的材料、构配件、半成品等一次运输不能到达堆放地点,必须进行二次或多次搬运所发生的费用。

(4)冬雨季施工增加费:指在冬季或雨季施工需增加的临时设施、防滑、排除雨雪、人工及施工机械效率降低等费用。

(5)已完工程及设备保护费:指竣工验收前,对已完工程及设备采取的必要保护措施所发生的费用。

(6)工程定位复测费:指工程施工过程中进行全部施工测量放线和复测工作的费用。

(7)特殊地区施工增加费:指工程在沙漠或其偏远地区、高海拔、高寒、原始森林等特殊地区施工增加的费用。

(8)大型机械设备进出场及安拆费:指机械整体或分体自停放场地运至施工现场或由一个施工地点运至另一个施工地点,所发生的机械进出场运输及转移费用,以及机械在施工现场进行安装、拆卸所需的人工费、材料费、机械费、试运转费和安装所需的辅助设施的费用。

(9)脚手架工程费:指施工需要的各种脚手架搭、拆、运输费用及脚手架购置费的摊销(或租赁)费用。

措施项目及其包含的内容详见各类专业工程的现行国家或行业计量规范。

2.3 其他项目费

(1)暂列金额:指建设单位在工程量清单中暂定并包括在工程合同价款中的一笔款项。用于施工合同签订时尚未确定或者不可预见的所需材料、工程设备、服务的采购,施工中可能发生的工程变更、合同约定调整因素出现时的工程价款调整以及发生的索赔、现场签证确认等的费用。

(2)计日工:指在施工过程中,施工企业完成建设单位提出的施工图纸以外的零星项目或工作所需的费用。

(3)总承包服务费:指总承包人为配合、协调建设单位进行的专业工程发包,对建设单位自行采购的材料、工程设备等进行保管以及施工现场管理、竣工资料汇总整理等服务所需的费用。

2.4 规费

定义同“1.6 规费”。

2.5 税金

定义同“1.7 税金”。

能力训练

【训练1-1】 查阅工程造价文件，列出查阅文件的分部分项工程项目名称。

1. 目的

理解工程项目划分是工程造价编制的一项十分重要的工作。能正确确定分部分项工程项目（列项）。

2. 任务分析与实施

(1)任何一个建设项目都可以分解为一个或几个单项工程，任何一个单项工程都是由一个或几个单位工程所组成的。作为单位工程的各类建筑与装饰工程仍然是一个比较复杂的综合实体，还需要进一步分解。单位工程可以按照结构部位、施工特点或施工任务分解为分部工程。分解成分部工程后，从工程计价的角度，还需要把分部工程按照不同的施工方法、材料、工序等，加以更为细致的分解，划分为更为简单细小的部分，即分项工程。分解到分项工程后还可以根据需要进一步划分或组合为定额项目或清单项目，这样就可以得到基本构造单元了。

(2)工程造价编制时，首先要对建设项目进行分解列项，按构成进行分部分项工程计算，并逐层汇总。其计算顺序是：分部分项工程造价—单位工程造价—单项工程造价—建设项目总造价。

(3)查阅工程造价文件。

(4)设计表格，统计记录查阅工程的项目划分情况，特别是分项工程的划分情况。

3. 讨论与总结

(1)对比分析查阅工程中工程量清单计价项目与定额计价项目划分的异同。

(2)对比分析本地区现行的装饰工程消耗量定额与《全国统一建筑装饰装修工程消耗量定额》项目划分情况。

(3)建设项目是兼具单件性与多样性的集合体。每一个建设项目的建设都需要按业主的特定需要进行单独设计、单独施工，不能批量生产和按整个项目确定价格，只能采用特殊的计价程序和计价方法，即将整个项目进行分解，划分为可以按有关技术经济参数测算价格的基本构造单元（如定额项目、清单项目），这样就可以计算出基本构造单元的费用。一般来说，分解结构层次越多，基本子项也越细，计算也更精确。

【训练1-2】 查阅工程造价文件，列出本地区现行的装饰工程费用项目。

1. 目的

理解建筑安装工程费用项目组成及含义。

2. 任务分析与实施

(1)现行招标控制价或投标报价等造价文件的造价构成、计价方式。我国现行装饰工程费用项目按两种不同的方式划分，即按费用构成要素划分和按造价形成顺序划分。

(2)工程费用项目构成会因工程类别、等级、地区不同而发生变化，而且随着时间的推移及生产力和科学技术水平的提高，也将发生变化。

(3)查阅有关工程造价文件（定额计价），分析文件中人工费、材料费、施工机具使用费、企业管理费、利润、规费和税金各项费用的计算。

(4)查阅有关工程造价文件(清单计价),分析文件中分部分项工程费、措施项目费、其他项目费、规费和税金各项费用的计算。

(5)列出本地区现行的装饰工程费用项目构成。

3. 讨论与总结

对比分析本地区装饰工程费用项目构成与建标〔2013〕44号文的异同。

项目评估

班级: 姓名: 学号: 得分:

要求:课堂完成,采用10分制。

目的:评估学生对该项目知识、能力的掌握程度。

一、单项选择题(每题0.5分,共4分)

1. 从业主角度出发,工程造价是指(　　)。

A. 工程承发包价格　　B. 全部固定资产投资费用

C. 建设项目总投资　　D. 建筑安装工程费用

2. 在施工图设计完成后,根据设计图纸、预算定额、费用计算规定及有关文件,详细计算工程所需费用的文件,称为(　　)。

A. 设计概算　　B. 施工图预算

C. 施工预算　　D. 工程结算

3. 施工单位在施工前根据施工图纸、施工定额、施工组织、施工技术及现场实际情况计算工程的文件是(　　)。

A. 设计概算　　B. 施工图预算

C. 施工预算　　D. 工程结算

4. 下列工程属于分部分项工程的是(　　)。

A. 教学楼　　B. 实训楼

C. 土建工程　　D. 大理石楼地面

5. 根据《建筑安装工程费用项目组成》(建标〔2013〕44号),脚手架费用属于(　　)。

A. 分部分项工程费　　B. 措施项目费

C. 其他项目费　　D. 企业管理费

6. 根据《建筑安装工程费用项目组成》(建标〔2013〕44号),为从事装饰工程施工的油漆工开支的各项费用属于(　　)。

A. 人工费　　B. 规费

C. 管理人员的工资　　D. 企业管理费

7. 根据《建筑安装工程费用项目组成》(建标〔2013〕44号),管理人员工资属于(　　)。

A. 人工费　　B. 措施项目费

C. 直接工程费　　D. 企业管理费

8. 施工企业为装饰工人支付的工伤保险费属于建筑安装工程费用中的(　　)。

A. 人工费　　B. 措施项目费

C. 规费 D. 企业管理费

二、多项选择题(每题2分,共6分)

1. 安全文明施工费主要包括(　　)。

A. 环境保护费 B. 文明施工费

C. 安全施工费 D. 企业管理费

E. 临时设施费

2. 措施项目费主要包括(　　)。

A. 二次搬运费 B. 文明施工费

C. 安全施工费 D. 企业管理费

E. 临时设施费

3. 社会保险费主要包括(　　)。

A. 住房公积金 B. 失业保险费

C. 工伤保险费 D. 医疗保险费

E. 工程排污费

项目2　装饰工程计价方法

知识目标：

1. 知道装饰工程计价标准和依据。
2. 理解工程计量和工程计价基本原理。
3. 知道本地区的装饰工程计价程序。

能力目标：

1. 能根据实际工程情况选用计价标准和依据。
2. 会依据本地区计价程序计算各项费用。

基础知识

知识1　装饰工程计价基本原理

装饰工程计价是指按照规定的程序、方法和依据，对工程造价及其构成内容进行估计或确定的行为。工程造价计价的主要思路就是将装饰工程项目细分至最基本的构造单元，找到适当的计量单位及当时当地的单价，采取一定的计价方法，进行分部组合汇总，计算出相应工程造价。工程计价的基本原理就在于项目的分解与组合。

工程计价的基本原理可以用公式的形式表达如下：

分部分项工程费 = ∑[基本构造单元工程量(定额项目或清单项目)×相应单价]

工程造价的计价可分为工程计量和工程计价两个环节。

1　工程计量

工程计量包括工程项目的划分和工程量的计算。

单位工程基本构造单元的确定，即划分工程项目。编制工程概预算时，主要是按工程定额进行项目的划分；编制工程量清单时，主要是按照工程量清单计量规范规定的清单项目进行划分的。

工程量的计算就是按照工程项目的划分和工程量计算规则，就施工图设计文件和施工组织设计对分项工程实物量进行计算。工程实物量是计价的基础，不同的计价依据有不同的计算规则规定。目前，工程量计算规则包括两大类：

(1)各类工程定额规定的计算规则。

(2)各专业工程计算规范附录中规定的计算规则。

2　工程计价

工程计价包括工程单价的确定和总价的计算。

2.1 工程单价

工程单价是指完成单位工程基本构造单元的工程量所需要的基本费用。工程单价包括工料单价和综合单价。

(1)工料单价也称直接工程费单价,包括人工费、材料费、机械台班费,是各种人工消耗量、各种材料消耗量、各类机械台班消耗量与其相应单价的乘积。用下式表示:

$$工料单价=\sum(人材机消耗量\times人材机单价)$$

(2)综合单价包括人工费、材料费、机械台班费,还包括企业管理费、利润和风险因素。综合单价根据国家、地区、行业定额或企业定额消耗量和相应生产要素的市场价格来确定。

2.2 工程总价

工程总价是指经过规定的程序或办法逐级汇总形成的相应工程造价。

根据采用单价的不同,总价的计算程序有所不同。

(1)采用工料单价时,在工料单价确定后,乘以相应定额项目工程量并汇总,得出相应工程直接工程费,再按照相应的取费程序计算其他各项费用,汇总后形成相应工程造价。

(2)采用综合单价时,在综合单价确定后,乘以相应项目工程量,经汇总即可得出分部分项工程费,再按相应的办法计取措施项目、其他项目、规费项目、税金项目费,各项目费汇总后得出相应工程造价。

知识2 装饰工程计价标准和依据

装饰工程计价标准和依据主要包括计价活动的相关规章规程、工程量清单计价和计量规范、工程定额和相关工程造价信息。

1 计价活动的相关规章规程

现行计价活动相关的规章规程主要包括建筑工程发包与承包计价管理办法、建设项目投资估算编审规程、建设项目设计概算编审规程、建设项目施工图预算编审规程、建设工程招标控制价编审规程、建设项目工程结算编审规程、建设项目全过程造价咨询规程、建设工程造价咨询成果文件质量标准、建设工程造价鉴定规程等。

2 工程量清单计价和计量规范

2013年7月1日开始执行新的工程量清单计价和计量规范,由《建设工程工程量清单计价规范》(GB 50500—2013)(简称《计价规范》)、《房屋建筑与装饰工程工程量计算规范》(GB 50854—2013)(简称《计量规范》)等规范组成。

3 工程定额

工程定额是完成规定计量单位的合格建筑安装产品所消耗资源的数量标准。工程定额是一个综合概念,是建设工程造价计价和管理中各类定额的总称,包括许多种类的定额,可以按照不同的原则和方法对它进行分类(见图2-1)。

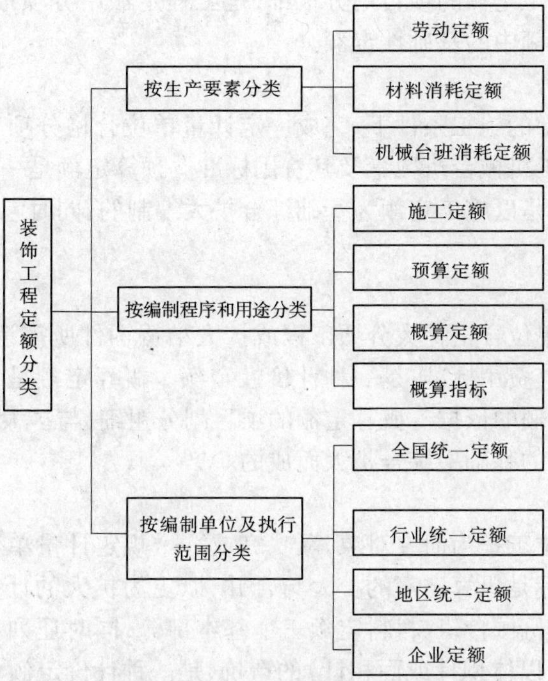

图2-1 装饰工程定额分类示意图

3.1 按定额反映的生产要素消耗内容分类

3.1.1 劳动定额

劳动定额也称为人工定额,是在正常的施工技术和组织条件下,完成规定计量单位合格的建筑安装产品所消耗的人工工日的数量标准。劳动定额的主要表现形式是时间定额和产量定额,时间定额与产量定额互为倒数。

3.1.2 材料消耗定额

材料消耗定额简称材料定额,是指在正常的施工技术和组织条件下,完成规定计量单位合格的建筑安装产品所消耗的原材料、成品、半成品、构配件、燃料,以及水、电等动力资源的数量标准。

3.1.3 机械台班消耗定额

机械台班消耗定额是以一台机械一个工作班为计量单位,所以又称为机械台班定额。机械台班消耗定额是指在正常的施工技术和组织条件下,完成规定计量单位合格的建筑安装产品所消耗的施工机械台班的数量标准。机械台班消耗定额的主要表现形式是机械时间定额,同时也以产量定额表现。

3.2 按定额的编制程序和用途分类

3.2.1 施工定额

施工定额是完成一定计量单位的某一施工过程或基本工序所需消耗的人工、材料和机械台班的数量标准。施工定额是施工企业(建筑安装企业)组织生产和加强管理在企业内部使用的一种定额,属于企业定额的性质。施工定额是以某一施工过程或基本工序作为研究对象,表示生产产品数量与生产要素消耗综合关系编制的定额。为了适应组织生产和管理的需要，施工定额的项目划分很细，是工程定额中分项最细、定额子目最多的一种定额，也是工程定额中的基础性定额。

3.2.2 预算定额

预算定额是在正常的施工条件下，完成一定计量单位合格分项工程和结构构件所需消耗的人工、材料、施工机械台班数量及其费用标准。预算定额是一种计价性定额。从编制程序上看，预算定额是以施工定额为基础综合扩大编制的，同时它也是编制概算定额的基础。

3.2.3 概算定额

概算定额是完成单位合格扩大分项工程或扩大结构构件所需消耗的人工、材料和施工机械台班的数量及其费用标准，是一种计价性定额。概算定额是编制扩大初步设计概算、确定建设项目投资额的依据。概算定额的项目划分粗细，与扩大初步设计的深度相适应，一般是在预算定额的基础上综合扩大而成的。

3.2.4 概算指标

概算指标是以单位工程为研究对象，反映完成一个规定计量单位建筑安装产品的经济消耗指标。概算指标是概算定额的扩大与合并，以更为扩大的计量单位来编制。概算指标的内容包括人工、机械台班、材料定额三个基本部分，同时还列出了各结构分部的工程量及单位建筑工程（以体积计或面积计）的造价，是一种计价定额。

3.2.5 投资估算指标

投资估算指标是以建设项目、单项工程、单位工程为对象，反映建设总投资及其各项费用构成的经济指标。它是在项目建议书和可行性研究阶段编制投资估算、计算投资需要量时使用的一种定额。它的概略程度与可行性研究阶段相适应。投资估算指标往往根据历史的预、决算资料和价格变动等资料编制，但其编制基础仍然离不开预算定额、概算定额。

3.3 按照专业划分

装饰工程定额按专业对象分为建筑及装饰工程定额、房屋修缮工程定额、市政工程定额、铁路工程定额、公路工程定额、矿山井巷工程定额等。

3.4 按编制单位和执行范围分类

（1）全国统一定额是由国家建设行政主管部门综合全国工程建设中技术和施工组织管理的情况编制，并在全国范围内适用的定额。

（2）行业统一定额是考虑到各行业部门专业工程技术特点，以及施工生产和管理水平编制的。一般只在本行业和相同专业性质的范围内使用。

（3）地区统一定额包括省、自治区、直辖市定额。地区统一定额主要是考虑地区性特点和全国统一定额水平做适当调整和补充编制的。

（4）企业定额是施工单位根据本企业的施工技术、机械装备和管理水平编制的人工、施工机械台班和材料等的消耗标准。企业定额在企业内部使用，是企业综合素质的一个标志。企业定额水平一般应高于国家现行定额，才能满足生产技术发展、企业管理和市场竞争的需要。在工程量清单计价方式下，企业定额作为施工企业进行建设工程投标报价的计价依据，正发挥着越来越大的作用。

(5)补充定额是指随着设计、施工技术的发展,现行定额不能满足需要的情况下,为了补充缺陷所编制的定额。补充定额只能在指定的范围内使用,可以作为以后修订定额的基础。

上述各种定额虽然适用于不同的情况和用途,但是它们是一个互相联系的、有机的整体,在实际工作中配合使用。

4 工程造价信息

从广义上说,所有对工程造价的计价和控制过程起作用的资料都可以称为工程造价信息。例如各种定额资料、标准规范、政策文件等。但最能体现信息动态性变化特征,并且在工程价格的市场机制中起重要作用的工程造价信息主要包括价格信息、工程造价指数和已完工程信息三类。

知识3 工程计价基本程序

1 工程定额计价的基本程序

工程定额计价是通过概预算定额或指标,对建筑产品价格进行计价的活动。以概预算定额规定的分部分项子目,逐项计算工程量,套用概预算定额单价(或单位估价表)确定直接工程费,然后按规定的取费标准确定措施费、间接费、利润和税金,经汇总后即为工程概预算价值。工程概预算编制的基本程序如图2-2所示。

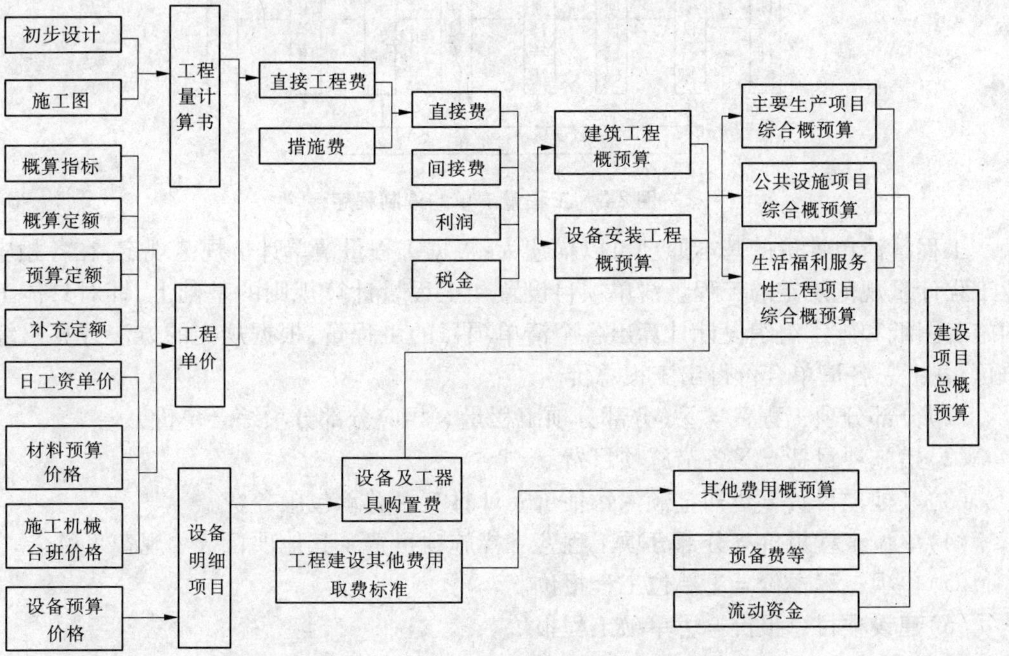

图2-2 工程概预算编制的基本程序

工程概预算单位价格的形成过程,就是依据概预算定额所确定的消耗量乘以定额单价或市场价，经过不同层次的计算形成相应造价的过程。可以用公式进一步明确工程概预算编制的基本方法和程序：

(1)每一计量单位建筑产品的基本构造要素的直接工程费单价 = 人工费 + 材料费 + 施工机械使用费。

其中：人工费 = ∑(人工工日数量 × 人工单价)；

材料费 = ∑(材料用量 × 材料单价)；

机械使用费 = ∑(机械台班用量 × 机械台班单价)。

(2)单位工程直接费 = ∑(假定建筑产品工程量 × 直接工程费单价) + 措施费。

(3)单位工程概预算造价 = 单位工程直接费 + 间接费 + 利润 + 税金。

(4)单项工程概预算造价 = ∑单位工程概预算造价 + 设备、工器具购置费。

(5)建设项目全部工程概预算造价 = ∑单项工程的概预算造价 + 预备费 + 有关的其他费用。

2 工程量清单计价的基本程序

工程量清单计价的过程可以分为两个阶段，即工程量清单的编制和工程量清单应用两个阶段，工程量清单的编制程序如图 2-3 所示，工程量清单应用程序如图 2-4 所示。

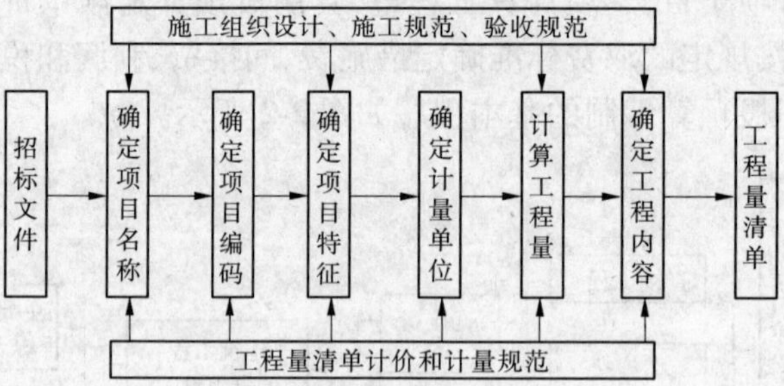

图 2-3 工程量清单的编制程序

工程量清单计价的基本原理可以描述为：根据工程量清单计价规范规定，在各相应专业工程计量规范规定的工程量清单项目设置和工程量计算规则的基础上，针对具体工程的施工图纸和施工组织设计计算出各个清单项目的工程量，根据规定的方法计算出综合单价，并汇总各清单合价得出工程总价。

(1)分部分项工程费 = ∑(分部分项工程量 × 相应分部分项综合单价)。

(2)措施项目费 = ∑各措施项目费。

(3)其他项目费 = 暂列金额 + 暂估价 + 计日工 + 总承包服务费。

(4)单位工程报价 = 分部分项工程费 + 措施项目费 + 其他项目费 + 规费 + 税金。

(5)单项工程报价 = ∑单位工程报价。

(6)建设项目总报价 = ∑单项工程报价。

式中，综合单价是指完成一个规定清单项目所需的人工费、材料和工程设备费、施工机具使用费、企业管理费、利润，以及一定范围内的风险费用。风险费用是隐含于已标价工程量清单综合单价中，用于化解发承包双方在工程合同中约定内容和范围内的市场价

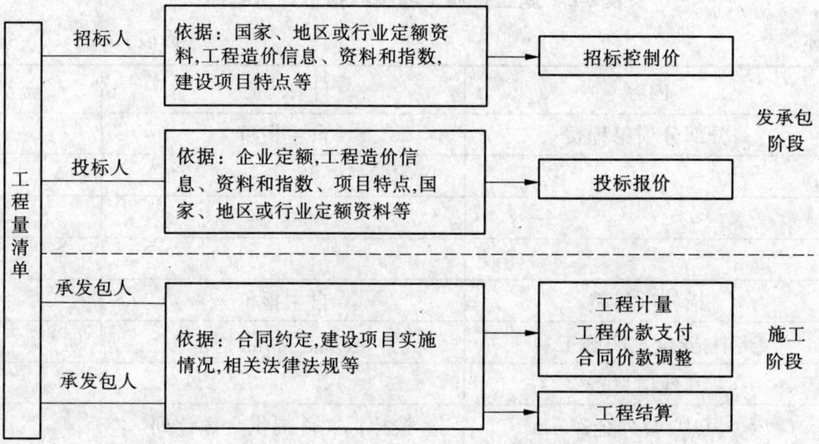

图2-4 工程量清单应用程序

格波动风险的费用。

招投标控制价、投标报价、竣工结算计价程序如表2-1～表2-3所示(摘录自建标〔2013〕44号附表样式)。

表2-1 建设单位工程招标控制价计价程序

工程名称： 标段：

序号	内容	计算方法	金额(元)
1	分部分项工程费	按计价规定计算	
1.1			
1.2			
…			
2	措施项目费	按计价规定计算	
2.1	其中:安全文明施工费	按规定标准计算	
3	其他项目费		
3.1	其中:暂列金额	按计价规定估算	
3.2	其中:专业工程暂估价	按计价规定估算	
3.3	其中:计日工	按计价规定估算	
3.4	其中:总承包服务费	按计价规定估算	
4	规费	按规定标准计算	
5	税金(扣除不列入计税范围的工程设备金额)	(1+2+3+4)×规定税率	
招标控制价合计=1+2+3+4+5			

表 2-2 施工企业工程投标报价计价程序

工程名称： 标段：

序号	内容	计算方法	金额(元)
1	分部分项工程费	自主报价	
1.1			
1.2			
…			
2	措施项目费	自主报价	
2.1	其中:安全文明施工费	按规定标准计算	
3	其他项目费		
3.1	其中:暂列金额	按招标文件提供金额计列	
3.2	其中:专业工程暂估价	按招标文件提供金额计列	
3.3	其中:计日工	自主报价	
3.4	其中:总承包服务费	自主报价	
4	规费	按规定标准计算	
5	税金(扣除不列入计税范围的工程设备金额)	(1+2+3+4)×规定税率	
投标报价合计=1+2+3+4+5			

表 2-3 竣工结算计价程序

工程名称： 标段：

序号	汇总内容	计算方法	金额(元)
1	分部分项工程费	按合同约定计算	
1.1			
1.2			
…			
2	措施项目	按合同约定计算	
2.1	其中:安全文明施工费	按规定标准计算	
3	其他项目		
3.1	其中:专业工程结算价	按合同约定计算	
3.2	其中:计日工	按计日工签证计算	
3.3	其中:总承包服务费	按合同约定计算	
3.4	其中索赔与现场签证	按发承包双方确认数额计算	
4	规费	按规定标准计算	
5	税金(扣除不列入计税范围的工程设备金额)	(1+2+3+4)×规定税率	
竣工结算总价合计=1+2+3+4+5			

能力训练

查阅工程造价文件,熟悉工程招标控制价、施工企业投标报价的内容。

1. 目的

知道装饰工程计价程序,知道装饰工程定额计价和清单计价两种不同的计价方式。

2. 任务分析与实施(以山东省为例,见表2-4~表2-8)

(1)查阅资料,列出本地区装饰工程定额计价的计算程序。

(2)查阅资料,列出本地区装饰工程工程量清单计价的计算程序。

(3)查阅资料,列出本地区工程类别划分与费率。

表2-4 装饰工程定额计价的计算程序

序号	费用名称	计算方法
一	直接费	(一)+(二)
	(一)直接工程费	∑{工程量×∑[(定额工日消耗数量×人工单价)+(定额材料消耗数量×材料单价)+(定额机械台班消耗数量×机械台班单价)]}
	其中:人工费 R_1	∑(工程量×定额工日消耗数量×省价人工单价)
	(二)措施费	1+2+3+4
	1 参照定额规定计取的措施费	按定额规定计算
	2 参照费率计取的措施费	R_1×相应费率
	3 按施工组织设计(方案)计取的措施费	按施工组织设计(方案)计取
	4 总承包服务费	专业分包工程费(不包括设备费)×费率
	其中:省价人工费 R_2	∑措施项目中的人工费
二	企业管理费	(R_1+R_2)×管理费费率
三	利润	(R_1+R_2)×利润费
四	规费	4.1+4.2+4.3+4.4+4.5
	4.1 安全文明施工费	(一+二+三)×规费费率
	4.2 工程排污费	按工程所在地设区市相关规定计算
	4.3 社会保险费	(一+二+三)×规费费率
	4.4 住房公积金	按工程所在地设区市相关规定计算
	4.5 危险作业意外伤害保险	按工程所在地设区市相关规定计算
五	税金	(一+二+三+四)×税率
六	装饰工程费用合计	一+二+三+四+五

注:措施费中省价人工费 R_2,是指按照省价目表中人工单价计算的人工费与按照省发布费率及规定计取的人工费之和。

表2-5　装饰工程工程量清单计价的计算程序

序号	费用项目名称	计算方法
一	分部分项工程费合价	$\sum_{i=1}^{n}(J_i \times L_i)$
	分部分项工程费单价(J_i)	1+2+3+4+5
	1　人工费	∑清单项目每计量单位工日消耗量×人工单价
	1′　人工费	∑清单项目每计量单位工日消耗量×省价人工单价
	2　材料费	∑清单项目每计量单位材料消耗量×材料单价
	2′　材料费	∑清单项目每计量单位材料消耗量×省价材料单价
	3　施工机械使用费	∑清单项目每计量单位机械台班消耗量×机械台班单价
	3′　施工机械使用费	∑清单项目每计量单位机械台班消耗量×省价机械台班单价
	4　企业管理费	1′×管理费费率
	5　利润	1′×利润率
	分部分项工程量(L_i)	按工程量清单数量计算
二	措施项目费	∑单项措施费
	单项措施费	1. 按费率计取的措施费:1′×措施费费率×[1+措施费中人工费含量×(管理费费率+利润率)] 2. 参照定额或施工方案计取的措施费:措施项目的人、材、机费之和+其省价人工费×(管理费费率+利润率)
三	其他项目费	3.1+3.2+3.3+3.4(结算时3.2+3.3+3.4+3.5+3.6)
	3.1　暂列金额	按省清单计价规则规定
	3.2　特殊项目费用	同上
	3.3　计日工	同上
	3.4　总承包服务费	专业分包工程费(不包括设备费)×费率
	3.5　索赔与现场签证	按省清单计价规则规定
	3.6　价格调整费用	同上
四	规费	4.1+4.2+4.3+4.4+4.5
	4.1　安全文明施工费	(一+二+三)×规费费率
	4.2　工程排污费	按工程所在地设区市相关规定计算
	4.3　社会保险费	(一+二+三)×规费费率
	4.4　住房公积金	按工程所在地设区市相关规定计算
	4.5　危险作业意外伤害保险	按工程所在地设区市相关规定计算
五	税金	(一+二+三+四)×税率
六	装饰工程费用合计	一+二+三+四+五

表 2-6　企业管理费、利润、税金费率　（%）

费用名称		工程名称及类别					
		工业、民用建筑工程			装饰工程		
		Ⅰ	Ⅱ	Ⅲ	Ⅰ	Ⅱ	Ⅲ
企业管理费		8.9	6.9	5.0	102	81	49
利润		7.4	4.2	3.1	34	22	16
税金	市区	3.48					
	县城、城镇	3.41					
	市县镇以外	3.28					

表 2-7　建筑、装饰工程措施费及规费费率　（%）

费用名称		工程名称	
		建筑工程	装饰工程
措施费	夜间施工费	0.7	4.0
	二次搬运费	0.6	3.6
	冬雨季施工增加费	0.8	4.5
	已完工程及设备保护费	0.15	0.15
	总承包服务费	3	
规费	工程排污费	按工程所在地设区市相关规定计算	
	社会保险费	按规费前工程造价的2.6%计算	
	住房公积金	按工程所在地设区市相关规定计算	
	危险作业意外伤害保险	同上	
	安全文明施工费	3.12	3.84

注：①措施费有关事项说明如下：

装饰工程已完工程及设备保护费取费基础为省价直接工程费，其他工程取费基础均为定额人工费。

装饰工程措施费中人工费含量：夜间施工费、冬雨季施工增加费及二次搬运费为20%，已完工程及设备保护费为10%。

②规费有关事项说明如下：

建筑安装工程规费中的安全文明施工费用项目组成见鲁标定字〔2005〕15号《关于颁布“山东省建设工程安全、文明施工费用项目组成”的通知》。规费费率如表2-8所示。在工程计价过程中，各项规费按工程所在地规定的费率计算。

表2-8 规费费率 (%)

规费名称	费率	计算基础
工程排污费	0.15	规费前工程造价
社会保险费	2.6	规费前工程造价
住房公积金	3.6	人工费总和
危险作业意外伤害保险	0.15	规费前工程造价
安全文明施工费	3.84	规费前工程造价

说明：

(1)上述计算程序及费率摘录自山东省建设厅鲁建标字〔2011〕19号文发布的《关于印发〈山东省建设工程费用项目组成及计算规则〉的通知》，自2011年8月1日起施行。2011年8月1日前已签订合同的工程，可仍按原合同及有关规定执行。工程费用、计算程序及费率标准如有调整，应以造价管理部门发布的相应文件为准。

(2)规费中的社会保险费，按省政府鲁政发〔1995〕101号和省政府办公厅鲁政发〔1995〕77号文件规定，在工程开工前由建设单位向建筑企业劳保机构缴纳。编制招标控制价、投标报价时，应包括该项费用。编制竣工结算时，若建设单位已按规定缴纳社会保险费的，该费用仅作为计税基础，结算时不包括该费用；若建设单位未缴纳社会保险费的，结算时应包括该费用。

(3)规费中的安全施工费，在工程发包时，按规定计取。该费用的确认与支付按工程所在地造价管理机构有关规定执行。

(4)为加强建设工程安全生产，确保施工从业人员的工作环境，防止施工安全事故的发生，维护建设工程承发包双方的合法权益，省建设厅印发了鲁建发〔2005〕29号《山东省〈建筑工程安全防护、文明施工措施费用及使用管理规定〉实施细则》。各市根据《细则》做出相应规定。

(5)企业管理费费率、利润率和部分措施费率按不同的工程类别确定，各种费率(规费、税金除外)是计价活动的参考。

(6)装饰工程类别划分标准：

①民用建筑中的特殊建筑，包括影剧院、体育馆、展览馆、高级会堂等建筑的装饰工程类别均按Ⅰ类工程确定。

②民用建筑中的公用建筑，包括综合楼、办公楼、教学楼、图书馆等建筑的装饰工程类别均按Ⅱ类工程确定。

③一般居住类建筑的装饰均按Ⅲ类工程确定。

④单独招牌、灯箱、美术字等工程均按Ⅲ类工程确定。

⑤单独外墙装饰包括幕墙工程、各种外墙干挂。高度50 m以上为Ⅰ类工程，高度30 m以下为Ⅲ类工程，高度在30～50 m按Ⅱ类工程确定。

⑥工业与民用建筑四星级以上为Ⅰ类工程，三星级为Ⅱ类工程，二星级以下为Ⅲ类工程。

3. 讨论与总结

(1)查阅定额等计价依据，了解其使用范围、项目划分情况、定额水平及作用。

(2)对比分析本地区现行的装饰工程计价程序与建标〔2013〕44 号文计价程序的异同。

(3)不同时期、不同地区装饰工程计价方法和顺序各有差异，但本质上的费用内容组成还是一致的。

项目评估

班级：　　　　　　　姓名：　　　　　　　学号：　　　　　　　得分：

要求：课堂完成，采用 10 分制。

目的：评估学生对该项目知识、能力的掌握程度。

一、单项选择题(每题 0.5 分，共 4 分)

1. 下列工程建设定额中，按生产要素分类的是(　　)。

A. 劳动定额　　B. 施工定额
C. 企业定额　　D. 预算定额

2. 下列工程建设定额中，按定额编制程序和用途分类的是(　　)。

A. 劳动定额　　B. 材料消耗定额
C. 企业定额　　D. 预算定额

3. 下列工程建设定额中，分项最细、子目最多的是(　　)。

A. 概算定额　　B. 施工定额
C. 概算指标　　D. 预算定额

4. 工程建设定额反映的是(　　)。

A. 工程质量　　B. 货币数量
C. 资源消耗量　　D. 工程进度

5. 施工企业编制施工预算所依据的定额是(　　)。

A. 预算定额　　B. 概算定额
C. 施工定额　　D. 单位估价表

6. 编制施工图预算所依据的定额是(　　)。

A. 预算定额　　B. 概算定额
C. 施工定额　　D. 概算指标

7. 用建筑面积或体积，或用万元造价为计算单位，以整个建筑物为对象编制的定额是(　　)。

A. 预算定额　　B. 概算定额
C. 施工定额　　D. 概算指标

8. (　　)是用来确定一定计量单位的建筑工程扩大结构构件或扩大分项工程所需的人工、材料与机械台班的消耗量及其费用的计算标准。

A. 预算定额　　B. 概算定额
C. 施工定额　　D. 概算指标

二、多项选择题(每题2分,共4分)

1. 工程计价中采用工料单价法计算总价,工料单价包括(　　)。

A. 人工费　　B. 材料费

C. 机械台班费　　D. 企业管理费

E. 临时设施费

2. 工程计价中采用工程量清单计价,其中综合单价主要包括(　　)。

A. 措施项目费　　B. 材料费

C. 风险费用　　D. 企业管理费

E. 利润

三、实务题(共2分)

请列出本地区现行装饰工程计价程序中直接工程费的计算方法。

项目3 装饰工程消耗量定额

知识目标:

1. 掌握装饰工程消耗量定额概念、作用、构成。
2. 熟悉装饰工程消耗量定额、单位估价表的编制原则、依据。
3. 掌握定额换算原理及定额换算方法。

能力目标:

1. 会使用消耗量定额进行工料机分析。
2. 会使用价目表计算定额直接工程费。
3. 会根据规定进行定额项目的换算。

基础知识

知识1 装饰工程消耗量定额概述

1 装饰工程消耗量定额概念及作用

1.1 装饰工程消耗量定额的概念

装饰工程消耗量定额(计价定额),是指在正常的施工条件下,为完成一定计量单位质量合格的装饰分项工程和结构构件所需消耗的人工、材料、机械台班数量及相应费用的标准。

装饰工程消耗量定额根据用途和使用范围不同,分为全国统一定额、地区定额和企业定额等。2002年,国家建设部颁发了《全国统一建筑装饰工程消耗量定额》(GYD—901—2002),各省、市根据建设部颁发的全国统一定额的规定,结合自己的实际情况陆续编制了本省、市的装饰工程消耗量(计价)定额。现阶段其表现形式有两类:一类是“量价分离”的定额项目表,如《山东省建筑工程消耗量定额》《山东省建筑工程价目表》(2011);另一类是“量价合一”的定额单位估价表,如《山西省建筑装饰工程消耗量定额》(2011)。

1.2 装饰工程消耗量定额的作用

装饰工程消耗量定额是确定建筑装饰工程造价的基础,具体表现在:

(1)是编制施工图预算、招标控制价、投标报价的基础。

(2)是编制施工组织设计的依据。

(3)是工程结算的依据。

(4)是施工单位进行经济活动分析的依据。

(5)是编制概算定额的基础。

2 装饰工程消耗量定额的编制

2.1 装饰工程消耗量定额的编制原则

(1)定额水平社会平均的原则。装饰工程消耗量定额是确定和控制建筑安装工程造价的主要依据。因此,它必须遵照价值规律的客观要求,即按生产过程中所消耗的社会必要劳动时间确定定额水平。所以装饰工程消耗量定额的平均水平,是在正常的施工条件下,在合理的施工组织和工艺条件、平均劳动熟练程度和劳动强度下,完成单位分项工程基本构造要素所需要的劳动时间。

(2)简明适用的原则。简明适用一是指在编制装饰工程消耗量定额时,对于那些主要的、常用的、价值量大的项目,分项工程划分宜细,次要的、不常用的、价值量相对较小的项目则可以粗一些;二是指装饰工程消耗量定额要项目齐全,要注意补充那些因采用新技术、新结构、新材料而出现的新的定额项目;三是要求合理确定装饰工程消耗量定额的计算单位,简化工程量的计算,减少定额附注和换算系数。

2.2 装饰工程消耗量定额的编制依据

(1)现行劳动定额和施工定额。装饰工程消耗量定额是在现行劳动定额和施工定额的基础上编制的。装饰工程消耗量定额中人工、材料、机械台班消耗水平,需要根据劳动定额或施工定额取定;装饰工程消耗量定额的计量单位的选择,也要以施工定额为参考,从而保证两者的协调和可比性,减少装饰工程消耗量定额的编制工作量,缩短编制时间。

(2)现行设计规范、施工及验收规范,质量评定标准和安全操作规程。

(3)具有代表性的典型工程施工图及有关标准图。对这些图纸进行仔细分析研究,并计算出工程数量,作为编制定额时选择施工方法、确定定额含量的依据。

(4)新技术、新结构、新材料和先进的施工方法等。这类资料是调整定额水平和增加新的定额项目所必需的依据。

(5)有关科学实验、技术测定和统计、经验资料。这类资料是确定定额水平的重要依据。

(6)现行的装饰工程消耗量定额、材料预算价格及有关文件规定等。此外,过去定额编制过程中积累的基础资料,也是编制装饰工程消耗量定额的依据和参考。

2.3 装饰工程消耗量定额指标的确定

2.3.1 人工消耗量的确定

消耗量定额中人工工日消耗量,是指在正常施工条件下,生产单位合格产品所必须消耗的人工工日数量,包括基本用工、超运距用工、辅助用工和人工幅度差。

人工消耗量定额不分工种、技术等级,均以综合工日表示。常用两种方法确定:一种是以全国统一劳动定额为基础来确定;另一种是采用技术测定等方法测定和计算定额的人工耗用量,主要用于劳动定额缺项时。

2.3.1.1 基本用工

基本用工指完成一定计量单位的分项工程或结构构件的各项工作过程的施工任务所必须消耗的技术工种用工。按技术工种相应劳动定额工时定额计算,以不同工种列出定额工日。

基本用工 = ∑(综合取定的工程量 × 劳动定额)

2.3.1.2 超运距用工

超运距是指劳动定额中已包括的材料、半成品场内水平搬运距离与装饰工程消耗量定额所考虑的现场材料、半成品堆放地点到操作地点的水平运输距离之差。

超运距 = 消耗量定额取定运距 - 劳动定额已包括的运距

超运距用工 = ∑(超运距材料数量 × 时间定额)

2.3.1.3 辅助用工

辅助用工指技术工种劳动定额内不包括而在消耗量定额内又必须考虑的用工,如材料加工(筛砂、洗石、淋化石膏)、电焊点火用工等。

辅助用工 = ∑(材料加工数量 × 相应的加工劳动定额)

2.3.1.4 人工幅度差

人工幅度差即消耗量定额与劳动定额的差额,主要是指在劳动定额中未包括而在正常施工情况下不可避免但又很难准确计量的用工和各种工时损失。

人工幅度差 = (基本用工 + 辅助用工 + 超运距用工) × 人工幅度差系数

人工幅度差系数一般为10% ~15%。

定额人工综合工日数计算公式如下:

综合工日 = ∑(劳动定额基本用工 + 超运距用工 + 辅助用工) × (1 + 人工幅度差系数)

2.3.2 材料消耗量的确定

计价定额中材料消耗量的确定应以施工定额材料消耗量为计算基数,再考虑非施工企业的原因造成的材料质量不符合标准和数量不足,以及对材料用量和增加费用的影响等因素。凡是可以计量的材料均按品种、规格逐一列出数量,并计入相应损耗,其内容包括:从工地仓库或现场集中堆放地点至现场加工地点或操作地点,以及加工地点至安装地点的运输损耗、堆放损耗、操作损耗。对无法计量或材料耗用量较少的材料,以其他材料费占材料费的百分比表示。周转性的材料,一般在相应项目中列出一次性摊销数量。

2.3.3 机械台班消耗量的确定

消耗量定额中机械台班消耗量的确定,以全国统一劳动定额、全国统一基础定额为基础,按班组产量定额和机械台班消耗量数量,再考虑机械幅度差计算。砂浆、混凝土搅拌机由于按小组配用,以小组产量计算机械台班产量,不另增加机械幅度差。其他分部工程中如钢筋加工、木材、水磨石等各项专用机械的幅度差为10%。

消耗量定额机械耗用台班 = 施工定额机械耗用台班 × (1 + 机械幅度差系数)

3 装饰工程消耗量定额的内容

消耗量定额主要由总说明、目录、章节说明,定额项目表和有关附表、附录组成。

3.1 总说明

总说明主要说明定额编制的指导思想、原则、依据、适用范围和作用,编制定额考虑和未考虑因素,有关问题的说明和使用方法。以下介绍《山东省建筑工程消耗量定额》(2003)总说明内容。

(1)《山东省建筑工程消耗量定额》(简称本定额)是在《全国统一建筑工程基础定

额》的基础上，依据国家现行有关工程建设标准，结合山东省的实际情况编制的。本定额共分十章，包括：土石方工程，地基处理与防护工程，砌筑工程，钢筋及混凝土工程，门窗及木结构工程，屋面防水、保温及防腐工程，金属结构制作工程，构筑物及其他工程，装饰工程，施工技术措施项目。

(2)本定额适用于山东省行政区域内的一般工业与民用建筑的新建、扩建和改建工程及新建装饰工程。

(3)本定额是完成规定计量单位分部分项工程所需人工、材料、机械台班消耗量的标准；是编制招标标底的依据；是编制施工图预算、确定工程造价及编制概算定额、估算指标的基础。

(4)本定额是按照正常的施工条件，合理的施工工期、施工组织设计编制的，反映社会平均消耗水平。

(5)本定额中人工工日消耗量以《全国建筑安装工程统一劳动定额》为基础计算，内容包括基本用工、辅助用工、超运距用工及人工幅度差。人工工日不分工种、技术等级，以综合工日表示。

(6)本定额中材料消耗：

①本定额材料(成品、半成品、配件等)按符合质量标准和设计要求的合格产品确定。

②本定额包括主要材料及其他材料。其他材料以占材料费百分比表示。

③本定额中包括材料施工损耗、材料(成品、半成品、配件等)从工地仓库至加工地点或操作地点的运输损耗等。

(7)本定额中机械消耗：

①本定额中机械台班消耗量包括机械台班消耗量和机械幅度差。以不同种类的机械分别表示。

②本定额中其他机械(超高机械增加中的其他机械降效除外)以占机械费百分比表示。

③大型机械安拆及场外运输，按《山东省建筑工程费用项目构成及计算规则》中的有关规定计算。

(8)本定额的工作内容仅对其主要施工工序进行了说明，次要工序虽未说明，但均已包括在定额中。

(9)本定额中凡注有“×××以内”或“×××以下”者，均包括“×××”本身；凡注有“×××以外”或“×××以上”者，则不包括“×××”本身。

(10)本说明未尽事宜，详见各章说明。

3.2　定额项目表

定额项目表中各项目的人工、材料、机械台班消耗量和资金消耗量，根据结构部位、施工内容、施工方法、使用材料等，按分章、分节、分部、分项子目排列。定额编号一般有二级编号法和三级编号法 。如现行《山东省建筑工程消耗量定额》(2003)按三级符号编码，编码9－1－128表示定额中第九章装饰工程、第一节楼地面工程中的第128个子项：水泥面上铺企口硬木地板面层项目。

4 装饰工程消耗量定额的使用方法

消耗量定额的使用一般有三种情况:直接套用、定额的换算和定额的缺项补充。

当工程项目要求与定额项目的工程内容相一致时,可以直接套用定额,如果不完全符合,不能直接套用定额,应根据不同情况分别加以换算,但必须符合定额中有关规定,在允许范围内进行。定额缺项时,可作临时性的补充,可采用定额代用或补充定额的方法。

消耗量定额的换算可以分为配合比换算、用量调整、系数调整和其他换算。

4.1 配合比换算

在消耗量定额中,定额注明的砂浆(混凝土)种类、配合比、饰面材料及型号规格与设计不同时,可按设计规定调整,但人工、机械消耗量不变。其换算公式为:

换算后定额单价=原定额单价+(换入的材料单价-换出的材料单价)×相应换算材料的定额用量

4.2 用量调整

在消耗量定额中,定额与实际消耗量不同时,允许调整其数量。如龙骨不同可以换算等。换算时不要忘记损耗量,因定额中已考虑了损耗,其他材料用量不变,均按原定额。其换算公式为:

换算后定额单价=原定额单价+(换入的材料用量×相应换入材料的定额单价-换出的材料用量×相应换出材料的定额单价)

4.3 系数调整

在消耗量定额中,由于施工条件和方法不同,某些项目可以乘以系数调整。调整系数分定额系数和工程量系数。定额系数是指按定额规定,定额的人工、材料、机械台班乘以一定系数。例如,轻钢龙骨、铝合金龙骨定额为双层结构,如实际设计是单层结构,人工乘以系数0.85。工程量系数是用在计算工程量上的,如木材面、金属面等油漆系数。

4.4 其他调整换算

消耗量定额中调整其他调整换算的项目很多,但换算的基本原理是相同的。例如:厚度调整、材料单价换算等。总之,定额的换算调整都要按照定额的规定进行。

掌握定额的规定和换算调整方法,是对工程造价人员的基本要求之一。换算后的定额项目一般在定额编号后标注(换),以示区别。

知识2 单位估价表与企业定额

1 单位估价表

1.1 单位估价表的概念

单位估价表又称价目表,是依据消耗量定额中的人工、材料、机械台班消耗数量,乘以某地区现行人工、材料、机械台班单价,计算出以货币形式表现的完成每一分项工程或结构构件单位合格产品的价格。通常,单位估价表是以一个城市或一个地区为范围进行编制,在该地区范围内适用,可以简化设计概算和施工图预算的编制。

1.2 单位估价表的组成

单位估价表主要由定额编号、工程项目名称、单价、人工费、材料费、机械费和地区单价组成。单位估价表与消耗量定额项目表合并在一起编制时，消耗量定额的项目即为单位估价表的项目。单位估价表具体的表现形式可分为工料单价和综合单价等。

1.2.1 工料单价单位估价表

工料单价是确定定额计量单位的分部分项工程人工费、材料费和机械使用费的费用标准，即直接工程费单价，也称为定额基价。

$$定额基价=人工费+材料费+机械使用费$$

$$人工费=\sum(装饰工程消耗量定额中人工工日消耗量\times人工日工资单价)$$

$$材料费=\sum(装饰工程消耗量定额中各种材料消耗量\times相应材料单价)$$

$$机械使用费=\sum(装饰工程消耗量定额中机械台班使用量\times机械台班单价)$$

装饰工程消耗量定额基价是根据现行定额和当地的价格水平编制的，具有相对的稳定性。

1.2.2 综合单价单位估价表

编制单位估价表时，在汇集分部分项工程人工、材料、机械台班使用费用，得到直接工程费单价以后，再按取定的措施费和间接费等费用比率以及取定的利润率和税率，计算出各项相应费用，汇总直接费、间接费、利润和税金，就构成一定计量单位的分部分项工程的综合单价。

2 企业定额

2.1 企业定额的概念

企业定额是施工企业根据本企业的施工技术、机械装备和管理水平而编制的人工、材料和施工机械台班等消耗标准。

企业定额反映企业的施工生产与生产消费之间的数量关系，是施工企业生产力水平的体现，也是企业核心竞争力的具体表现。

2.2 企业定额的作用

(1)企业定额是施工企业计算和确定工程施工成本的依据。

(2)企业定额是施工企业进行工程投标、编制工程投标价格的基础和主要依据。

(3)企业定额是施工企业编制施工组织设计的依据。

2.3 企业定额的编制原则

(1)施工企业在编制企业定额时应依据本企业的技术能力和管理水平，以基础定额为参照和指导。

(2)企业定额水平一般应高于国家现行定额，才能满足生产技术发展、企业管理和市场竞争的需要。

(3)企业定额要体现本企业在某方面的技术优势，以及本企业的局部管理或全面管理方面的优势。

(4)企业定额价目表单价应实行动态管理，及时总结本企业各方面业绩与资料，并不断完善，与市场紧密联系，不断提高竞争力。

2.4　企业定额的编制方法

编制企业定额最关键的工作是确定人工、材料和机械台班的消耗量,以及计算分项工程单价或综合单价。具体测定和计算方法同前述劳动定额及消耗量定额的编制。

企业定额人工、材料、机械台班价格,一般情况下均应按地区市场价格计算确定。根据本企业定额中的人工、材料、机械台班消耗量,按相应人工、材料、机械台班的市场价格,计算确定一定计量单位的分部分项工程的工料单价或综合单价,形成本企业的单位估价表。

2.5　企业定额的方向

根据建设市场经济的发展要求,现行的地方定额或行业定额已不能满足市场要求;建设市场实行工程量清单报价的基本思路就是"控制量,指导价,竞争费",由企业自主报价,这就要求每个施工企业要及时调整思路,紧跟市场,尽早制定适合本企业适应新形势的企业定额,不断提高企业竞争力。

企业定额的完善,要充分利用计算机信息技术,去完成原始数据资料的收集、整理、分析等任务。地方定额或行业定额的采样范围较一个企业要广泛得多,企业定额的数据采集,主要是自己的资料;企业定额要充分体现企业的个性,但同时又要反映本企业不同时期、不同地点、不同特点的各个工程项目的共性。

能力训练

【训练3-1】　查阅装饰工程消耗量定额,应用定额进行工料机分析。

1.目的

熟悉定额的内容,理解定额项目表含义,会进行工料机分析。

2.任务分析与实施

以《全国统一建筑装饰工程消耗量定额》(GYD—901—2002)为例。

(1)熟悉定额的说明、解释、计算规则。

查阅定额:主要包括总说明、分部分项工程定额说明及计算规则、定额项目表、定额附录等。表3-1是其中第一章楼地面工程大理石楼地面定额项目表(摘录)。

(2)定额编号1-001表示完成的水泥砂浆铺贴大理石楼地面面层,所规定的定额消耗指标,其定额含义为:

①定额消耗的综合工日:0.249 0工日/m^2;

②定额消耗的材料(每平方米含量)有:白水泥0.103 0 kg、大理石板500×500(综合)1.020 0 m^2、石料切割锯片0.003 5片、棉纱头0.010 0 kg、水0.026 0 m^3、锯木屑0.006 0 m^3、1:3水泥砂浆0.030 3 m^3、素水泥浆0.001 0 m^3。

③定额机械消耗量:灰浆搅拌机0.005 2台班、石料切割机0.016 8台班。

(3)某宾馆大厅地面面积为332 m^2,设计要求用1:3水泥砂浆铺贴大理石板(1 000 mm×1 000 mm,多色)。试确定该分项工程消耗的人工、材料、机械台班数量(工料机分析)。

①查套定额编号1-004,大厅铺贴多色大理石地面。

②根据定额1-004确定定额消耗量,计算该分项工程消耗的人工、材料、机械台班数量:

综合工日:　　$332\ m^2 \times 0.268\ 0$ 工日/m^2 = 88.98 工日

白水泥：　　　　　　　332 m² ×0.103 0 kg/m² = 34.20 kg

大理石板：　　　　　　332 m² ×1.020 0 m²/m² = 338.64 m²

石料切割锯片：　　　　332 m² ×0.003 5 片/m² = 1.162 片

棉纱头：　　　　　　　332 m² ×0.010 0 kg/m² = 3.32 kg

锯木屑：　　　　　　　332 m² ×0.006 0 m³/m² = 1.992 m³

水：　　　　　　　　　332 m² ×0.026 0 m³/m² = 8.632 m³

1∶3水泥砂浆：　　　　332 m² ×0.030 3 m³/m² = 10.06 m³

素水泥浆：　　　　　　332 m² ×0.001 0 m³/m² = 0.332 m³

200 L 灰浆搅拌机：　　332 m² ×0.005 2 台班/m² = 1.726 台班

石料切割机：　　　　　332 m² ×0.016 8 台班/m² = 5.58 台班

③工料分析一般以表格形式来体现，见计价实务附表。

表 3-1　楼地面工程大理石楼地面定额项目

工作内容：清理基层、试排弹线、锯板修边、铺贴饰面、清理净面。　计量单位：m²

<table>
<tr><td colspan="3">定额编号</td><td>1-001</td><td>1-002</td><td>1-003</td><td>1-004</td><td>1-005</td></tr>
<tr><td colspan="3" rowspan="3">项目</td><td colspan="5">大理石楼地面</td></tr>
<tr><td colspan="2">周长 3 200 mm 以内</td><td colspan="2">周长 3 200 mm 以外</td><td rowspan="2">拼花</td></tr>
<tr><td>单色</td><td>多色</td><td>单色</td><td>多色</td></tr>
<tr><td colspan="2">名称</td><td>单位</td><td colspan="5">数量</td></tr>
<tr><td>人工</td><td>综合人工</td><td>工日</td><td>0.249 0</td><td>0.260 0</td><td>0.259 0</td><td>0.268 0</td><td>0.304 0</td></tr>
<tr><td rowspan="10">材料</td><td>白水泥</td><td>kg</td><td>0.103 0</td><td>0.103 0</td><td>0.103 0</td><td>0.103 0</td><td>0.103 0</td></tr>
<tr><td>大理石板 500×500(综合)</td><td>m²</td><td>1.020 0</td><td>1.020 0</td><td>—</td><td>—</td><td>—</td></tr>
<tr><td>大理石板 1000×1000(综合)</td><td>m²</td><td>—</td><td>—</td><td>1.020 0</td><td>1.020 0</td><td>—</td></tr>
<tr><td>大理石板拼花(成品)</td><td>m²</td><td>—</td><td>—</td><td>—</td><td>—</td><td>1.010 0</td></tr>
<tr><td>石料切割锯片</td><td>片</td><td>0.003 5</td><td>0.003 5</td><td>0.003 5</td><td>0.003 5</td><td>—</td></tr>
<tr><td>棉纱头</td><td>kg</td><td>0.010 0</td><td>0.010 0</td><td>0.010 0</td><td>0.010 0</td><td>0.010 0</td></tr>
<tr><td>水</td><td>m³</td><td>0.026 0</td><td>0.026 0</td><td>0.026 0</td><td>0.026 0</td><td>0.026 0</td></tr>
<tr><td>锯木屑</td><td>m³</td><td>0.006 0</td><td>0.006 0</td><td>0.006 0</td><td>0.006 0</td><td>0.006 0</td></tr>
<tr><td>水泥砂浆 1∶3</td><td>m³</td><td>0.030 3</td><td>0.030 3</td><td>0.030 3</td><td>0.030 3</td><td>0.030 3</td></tr>
<tr><td>素水泥浆</td><td>m³</td><td>0.001 0</td><td>0.001 0</td><td>0.001 0</td><td>0.001 0</td><td>0.001 0</td></tr>
<tr><td rowspan="2">机械</td><td>灰浆搅拌机</td><td>台班</td><td>0.005 2</td><td>0.005 2</td><td>0.005 2</td><td>0.005 2</td><td>0.005 2</td></tr>
<tr><td>石料切割机</td><td>台班</td><td>0.016 8</td><td>0.016 8</td><td>0.016 8</td><td>0.016 8</td><td>—</td></tr>
</table>

3. 讨论与总结

(1)查阅本地区装饰工程消耗量定额，熟悉定额的说明、解释、计算规则，并进行对比分析。

(2)对比分析查阅的消耗量定额综合人工消耗量指标与劳动定额人工消耗量指标的异同，理解人工幅度差含义。

【训练3-2】 查阅本地区装饰工程价目表，熟悉基价(人工费、材料费、机械费)的价格形成。

1. 目的

熟悉价目表的内容，理解项目表中单价含义，会计算定额直接工程费，会进行定额换算。

2. 任务分析与实施

以《山东省建筑工程消耗量定额》《山东省建筑工程价目表》为例。

(1)熟悉价目表的说明、编制依据、适用范围。

表3-2是其中木楼地面价目表(摘录)。

定额编号9-1-128表示完成的水泥面上铺企口硬木地板面层，所规定的定额消耗价格指标，其含义为：定额单价(基价)2 271元/10 m^2。其中：定额人工费256.5元/10 m^2，定额材料费1 980.3元/10 m^2，定额机械费34.2元/10 m^2。

(2)定额基价的形成。

表3-3是《山东省建筑工程消耗量定额》木楼、地面项目表(摘录)。

查山东省消耗量定额(2011)综合取定的价格信息：人工综合工日单价53元/工日、地板胶11.40元/kg、企口条形木地板181.00元/m^2、电动打磨机20.1元/台班。

定额人工费：4.84工日/10 m^2 ×53元/工日 = 256.5元/10 m^2。

定额材料费：7.0 kg/10 m^2 ×11.40元/kg + 10.5 m^2/10 m^2 ×181.00元/m^2 = 1 980.3元/10 m^2。

定额机械费：1.701台班/10 m^2 ×20.1元/台班 = 34.2元/10 m^2。

定额单价(基价)：256.5 + 1 980.3 + 34.2 = 2 271(元/10 m^2)。

(3)定额直接工程费的计算。

某工程地面装修铺贴企口硬木地板面层，工程量为150 m^2，试计算该工程定额直接工程费。

查价目表，定额编号9-1-128，定额单价(基价)2 271元/10 m^2。

定额直接工程费：150 m^2 ×2 271元/10 m^2 = 34 065.00元。

其中：定额人工费：150 m^2 ×256.5元/10 m^2 = 3 847.50元。

定额材料费：150 m^2 ×1 980.3元/10 m^2 = 29 704.50元。

定额机械费：150 m^2 ×34.2元/10 m^2 = 513.00元。

(4)定额换算。

上述木地板装修工程，若企口条形木地板的市场单价为200.00元/m^2，试计算该工程直接工程费。

查价目表，定额编号9-1-128，定额单价(基价)2 271元/10 m^2。

换算后单价 = 原定额单价 + (换入的材料单价 − 换出的材料单价) × 相应换算材料的定额用量 = 2 271元/10 m^2 + (200.00元/m^2 − 181.00元/m^2) ×10.5 m^2/10 m^2 = 2 470.50元/10 m^2。

直接工程费：150 m^2 ×2 470.50元/10 m^2 = 37 057.50元。

其中：人工费：$150\ m^2 \times 256.50$ 元/$10\ m^2 = 3\ 847.50$ 元。

材料费：$150\ m^2 \times (7.0\ kg \times 11.4$ 元/$kg + 10.5\ m^2 \times 200.00$ 元/$m^2)/10\ m^2 = 32\ 697.00$ 元。

机械费：$150\ m^2 \times 34.2$ 元/$10\ m^2 = 513.00$ 元。

表 3-2　木楼地面价目（摘录）

定额编码	定额名称	单位	单价（元）	其中（元）		
				人工费	材料费	机械费
9-1-117	木地板地楞单向铺间距 300	10 m^2	142.5	43.5	99	0
9-1-118	木地板地楞单向铺间距 450	10 m^2	115.4	42.4	73	0
9-1-119	木地板地楞双向铺间距 300×300	10 m^2	232.6	59.4	173.2	0
9-1-120	木地板地楞双向铺间距 450×450	10 m^2	178.6	57.2	121.4	0
9-1-121	木楞上铺毛地板	10 m^2	1 118.6	39.2	1 079.4	0
9-1-122	木楞上铺细木工板	10 m^2	417.2	27.6	389.6	0
9-1-123	木楞上铺密度板	10 m^2	307.1	27.6	279.5	0
9-1-124	毛地板上铺企口硬木地板	10 m^2	2 135	207.2	1 905.7	22.1
9-1-125	毛地板上铺平口硬木地板	10 m^2	1 509.4	172.8	1317.7	18.9
9-1-126	木地楞上铺企口硬木地板	10 m^2	2 160.7	231.1	1 910	19.6
9-1-127	木地楞上铺平口硬木地板	10 m^2	1 534.9	196.6	1 322	16.3
9-1-128	水泥面上铺企口硬木地板	10 m^2	2 271	256.5	1 980.3	34.2
9-1-129	水泥面上铺平口硬木地板	10 m^2	1 634.9	214.1	1 392.3	28.5
9-1-130	胶垫上复合木地板	10 m^2	1 265	97.5	1 167.5	0
9-1-131	直线形实木踢脚板	10 m^2	4 161	190.3	3 970.7	0
9-1-132	直线形榉木夹板踢脚板	10 m^2	943.6	190.3	753.3	0
9-1-133	弧线形榉木夹板踢脚板	10 m^2	967.6	207.2	760.4	0

表 3-3　木楼、地面（摘录）

工作内容：清理基层、刷防腐油、铺装地板、打磨净面　　单位：$10m^2$

定额编号			9-1-128	9-1-129	9-1-130
项目			木地板面层铺硬木地板		复合木地板
			水泥面上		
			企口	平口	
名称		单位	数量		胶垫上
人工	综合工日	工日	4.84	4.04	1.84
材料	地板胶	kg	7.0000	7.0000	1.1000
	复合木地板	10 m^2	—	—	10.5000
	平口条形地板	10 m^2	—	10.5000	—
	企口条形地板	10 m^2	10.5000	—	—
机械	电动打磨机	台班	1.701	1.417	—

3. 讨论与总结

(1)以本地区装饰工程价目表为例,理解基价(人工费、材料费、机械费)的价格形成。

(2)正确理解价目表的编制原理,即可以在定额项目不能直接套用的情况下进行换算。现在使用计价软件编制预算,大多软件已对定额中的固定换算编码列项,可直接套用。

项目评估

班级: 姓名: 学号: 得分:

要求:课堂完成,采用10分制。

目的:评估学生对该项目知识、能力的掌握程度。

一、单项选择题(每题0.5分,共3分)

1. 装饰工程消耗量定额的水平是(　　)。

A. 先进水平　　B. 社会平均水平

C. 平均先进水平　　D. 落后水平

2. 企业定额必须达到(　　)才能具有一定的市场竞争力。

A. 先进水平　　B. 社会平均水平

C. 平均先进水平　　D. 落后水平

3.《山东省建筑工程价目表》(2011)中的人工工日单价按(　　)计入。

A. 44元　　B. 49元

C. 53元　　D. 66元

4. 消耗量定额中的人工幅度差是指在(　　)中未包括而在正常施工情况下不可避免的但又很难准确计量的用工和各种工时损失。

A. 劳动定额　　B. 概算定额

C. 施工定额　　D. 概算指标

5. 装饰工程消耗量定额中材料消耗量指标确定时,材料消耗量不包括(　　)。

A. 施工操作必要的损耗量　　B. 场内运输损耗量

C. 场外运输损耗量　　D. 施工过程净用量

6.《山东省建筑工程价目表》中的定额单价,也称为定额基价,是(　　)之和。

A. 人工费+材料费　　B. 人工费+机械费

C. 材料费+机械费　　D. 人工费+材料费+机械费

二、实务题(共7分)

某宾馆客房,铺单层(不固定)地毯,每个房间实铺面积为16 m^2,共60间。工程量为960 m^2,试应用消耗量定额和价目表确定定额项目,确定基价,计算定额直接工程费,并进行工料分析。

项目4　工程量清单计价与计量规范

知识目标：

1. 理解工程量清单计价的作用。
2. 掌握工程量清单的编制内容、要求。
3. 知道工程量清单与计价表编制的格式。

能力目标：

能正确确定清单工程项目编码(列项)。

基础知识

知识1　工程量清单计价与计量规范概述

工程量清单计价与计量规范由《建设工程工程量清单计价规范》(GB 50500—2013)、《房屋建筑与装饰工程工程量计算规范》(GB 50854—2013)等组成。

工程量清单计价规范包括总则、术语、一般规定、工程量清单编制、招标控制价、投标报价、合同价款约定、工程计量、合同价款调整、合同价款期中支付、竣工结算与支付、合同解除的价款结算与支付、合同价款争议的解决、工程造价鉴定、工程计价资料与档案、工程计价表格及11个附录。工程量计量规范包括总则、术语、工程计量、工程量清单编制、附录。

1　总则

(1)为规范建设工程造价计价行为，统一建设工程计价文件的编制原则和计价方法，根据《中华人民共和国建筑法》《中华人民共和国合同法》《中华人民共和国招标投标法》等法律法规，制定本《计价规范》。

(2)本《计价规范》适用于建设工程发承包及实施阶段的计价活动。

(3)建设工程发承包及实施阶段的工程造价应由分部分项工程费、措施项目费、其他项目费、规费和税金组成。

(4)招标工程量清单、招标控制价、投标报价、工程计量、合同价款调整、合同价款结算与支付，以及工程造价鉴定等工程造价文件的编制与核对，应由具有专业资格的工程造价人员承担。

(5)承担工程造价文件的编制与核对的工程造价人员及其所在单位，应对工程造价文件的质量负责。

(6)建设工程发承包及实施阶段的计价活动应遵循客观、公正、公平的原则。

(7)建设工程发承包及实施阶段的计价活动,除应符合本规范外,还应符合国家现行有关标准的规定。

2 术语

2.1 工程量清单

工程量清单应载明建设工程分部分项工程项目、措施项目、其他项目的名称和相应数量以及规费、税金项目等内容的明细清单。

2.2 招标工程量清单

招标人依据国家标准、招标文件、设计文件以及施工现场实际情况编制,随招标文件发布供投标报价的工程量清单,包括其说明和表格。

2.3 已标价工程量清单

构成合同文件组成部分的投标文件中已标明价格,经算术性错误修正(如有)且承包人已确认的工程量清单,包括其说明和表格。

2.4 分部分项工程

分部工程是单项或单位工程的组成部分,是按结构部位、路段长度及施工特点或施工任务将单项或单位工程划分为若干分部的工程;分项工程是分部工程的组成部分,是按不同施工方法、材料、工序及路段长度等将分部工程划分为若干个分项或项目工程。

2.5 措施项目

为完成工程项目施工,发生于该工程施工准备和施工过程中的技术、生活、安全、环境保护等方面的项目。

2.6 项目编码

项目编码是分部分项工程和措施项目清单名称的阿拉伯数字标识。

2.7 项目特征

项目特征是构成分部分项工程项目、措施项目自身价值的本质特征。

2.8 综合单价

综合单价是完成一个规定清单项目所需的人工费、材料和工程设备费、施工机具使用费和企业管理费、利润以及一定范围内的风险费用。

2.9 风险费用

风险费用是隐含于已标价工程量清单综合单价中,用于化解发承包双方在工程合同中约定内容和范围内的市场价格波动风险的费用。

2.10 工程成本

承包人为实施合同工程并达到质量标准,在确保安全施工的前提下,必须消耗或使用的人工、材料、工程设备、施工机械台班及其管理等方面发生的费用和按规定缴纳的规费和税金。

2.11 暂列金额

招标人在工程量清单中暂定并包括在合同价款中的一笔款项。用于工程合同签订时尚未确定或者不可预见的所需材料、工程设备、服务的采购,施工中可能发生的工程变更、合同约定调整因素出现时的合同价款调整,以及发生的索赔、现场签证确认等的费用。

(4)第四级表示分项工程项目名称顺序码(分三位)。

(5)第五级表示工程量清单项目名称顺序码(分三位)。

项目编码结构如图 4-1 所示(以房屋建筑与装饰工程为例):

当同一标段(或合同段)的一份工程量清单中含有多个单位工程且工程量清单是以单位工程为编制对象时,在编制工程量清单时应特别注意对项目编码十至十二位的设置不得有重码的规定。例如,一个标段(或合同段)的工程量清单中含有三个单位工程,每一单位工程中都有项目特征相同的大理石楼地面,在工程量清单中又需反映三个不同单位工程的大理石楼地面工程量时,此时工程量清单应以单位工程为编制对象,则第一个单位工程的大理石楼地面的项目编码应为 011102001001,第二个单位工程的大理石楼地面的项目编码应为 011102001002,第三个单位工程的大理石楼地面的项目编码应为 011102001003,并分别列出各单位工程楼地面的工程量。

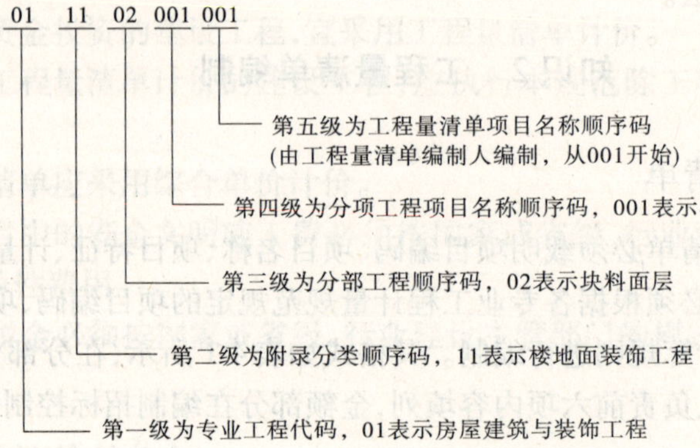

图 4-1　项目编码结构示例

1.2　项目名称

分部分项工程量清单的项目名称应按各专业工程计量规范附录的项目名称结合拟建工程的实际确定。附录表中的“项目名称”为分项工程项目名称,是形成分部分项工程量清单项目名称的基础。即在编制分部分项工程量清单时,以附录中的分项工程项目名称为基础,考虑该项目的规格、型号、材质等特征要求,结合拟建工程的实际情况,使其工程量清单项目名称具体化、细化,以反映影响工程造价的主要因素。清单项目名称应表达详细、准确,各专业工程计量规范中的分项工程项目名称如有缺陷,招标人可作补充,并报当地工程造价管理机构(省级)备案。

1.3　项目特征

项目特征是构成分部分项工程项目、措施项目自身价值的本质特征。项目特征是对项目的准确描述,是确定一个清单项目综合单价不可缺少的重要依据,是区分清单项目的依据,是履行合同义务的基础。分部分项工程量清单的项目特征应按各专业工程计量规范附录中规定的项目特征,结合技术规范、标准图集、施工图纸,按照工程结构、使用材质及规格或安装位置等,予以详细而准确的表述和说明。凡项目特征中未描述到的其他独有特征,由清单编制人视项目具体情况确定,以准确描述清单项目为准。在各专业工程计量规范附录中还有关于各清单项目“工作内容”的描述。工作内容是指完成清单项目可能发生的具体工作和操作程序,但应注意的是,在编制分部分项工程量清单时,工作内容通常无需描述,因为在计价规范中,工程量清单项目与工程量计算规则、工作内容有一一对应关系,当采用《计价规范》这一标准时,工作内容均有规定。

1.4 计量单位

计量单位应采用基本单位,除各专业另有特殊规定外均按以下单位计量:

(1)以质量计算的项目——吨或千克(t或kg)。

(2)以体积计算的项目——立方米(m^3)。

(3)以面积计算的项目——平方米(m^2)。

(4)以长度计算的项目——米(m)。

(5)以自然计量单位计算的项目——个、套、块、樘、组、台……

(6)没有具体数量的项目——宗、项……

各专业有特殊计量单位的,另外加以说明,当计量单位有两个或两个以上时,应根据所编工程量清单项目的特征要求,选择最适宜表现该项目特征并方便计量的单位。计量单位的有效位数应遵守下列规定:

(1)以"t"为单位,应保留小数点后三位数字,第四位小数四舍五入。

(2)以"m""m^2""m^3""kg"为单位,应保留小数点后两位数字,第三位小数四舍五入。

(3)以"个""件""根""组""系统"等为单位,应取整数。

1.5 工程数量的计算

工程数量主要通过工程量计算规则计算得到。工程量计算规则是指对清单项目工程量的计算规定。除另有说明外,所有清单项目的工程量应以实体工程量为准,并以完成后的净值计算;投标人投标报价时,应在单价中考虑施工中的各种损耗和需要增加的工程量。

随着工程建设中新材料、新技术、新工艺等的不断涌现,计量规范附录所列的工程量清单项目不可能包含所有项目。在编制工程量清单时,当出现计量规范附录中未包括的清单项目时,编制人应作补充。在编制补充项目时应注意以下三个方面:

(1)补充项目的编码应按《计量规范》的规定确定。具体做法如下:补充项目的编码由《计量规范》的代码与B和三位阿拉伯数字组成,并应从001起顺序编制,例如房屋建筑与装饰工程如需补充项目,则其编码应从01B001开始顺序编制,同一招标工程的项目不得重码。

(2)在工程量清单中应附补充项目的项目名称、项目特征、计量单位、工程量计算规则和工作内容。

(3)将编制的补充项目报省级或行业工程造价管理机构备案。

2 措施项目清单

2.1 措施项目列项

措施项目是指为完成工程项目施工,发生于该工程施工准备和施工过程中的技术、生活、安全、环境保护等方面的项目。

措施项目清单应根据相关工程现行国家计量规范的规定编制,并应根据拟建工程的实际情况列项。例如,《房屋建筑与装饰工程工程量计算规范》(GB 50854—2013)中规定的措施项目,包括脚手架工程、垂直运输、超高施工增加、安全文明施工及其他措施项目。

2.2 措施项目清单的编制

措施项目费用的发生与使用时间、施工方法或两个以上的工序相关,如安全文明施工,夜间施工,非夜间施工照明,二次搬运,冬雨季施工,地上、地下设施,建筑物的临时保护设施,已完工程及设备保护等。但是有些措施项目则是可以计算工程量的项目,如脚手架工程、垂直运输、超高施工增加等,这类措施项目按照分部分项工程量清单的方式采用综合单价计价,更有利于措施费的确定和调整。措施项目中可以计算工程量的项目清单宜采用分部分项工程量清单的方式编制,列出项目编码、项目名称、项目特征、计量单位和工程量计算规则(见表4-1);不能计算工程量的项目清单,以"项"为计量单位进行编制(见表4-2)。

表4-2 总价措施项目清单与计价

工程名称: 标段: 第 页 共 页

序号	项目编码	项目名称	计算基础	费率(%)	金额(元)	调整费率(%)	调整后金额(元)	备注
		安全文明施工费						
		夜间施工增加费						
		二次搬运费						
		冬雨季施工增加费						
		已完工程及设备保护费						
		……						
		合计						

编制人(造价人员): 复核人(造价工程师):

注:1."计算基础"中安全文明施工费可为"定额基价""定额人工费"或"定额人工费+定额机械费",其他项目可为"定额人工费"或"定额人工费+定额机械费"。

2.按施工方案计算的措施费,若无"计算基础"和"费率"的数值,也可只填"金额"数值,但应在备注栏说明施工方案出处或计算方法。

3 其他项目清单

其他项目清单是指分部分项工程量清单、措施项目清单所包含的内容以外,因招标人的特殊要求而发生的与拟建工程有关的其他费用项目和相应数量的清单。工程建设标准的高低、工程的复杂程度、工程的工期长短、工程的组成内容、发包人对工程管理要求等都直接影响其他项目清单的具体内容。其他项目清单包括暂列金额,暂估价(包括材料暂估单价、工程设备暂估单价、专业工程暂估价),计日工,总承包服务费等。其他项目清单宜按照表4-3的格式编制,出现未包含在表格内容中的项目,可根据工程实际情况补充。

表4-3 其他项目清单与计价汇总

序号	项目名称	金额(元)	结算金(元)	备注
1	暂列金额			
2	暂估价			
2.1	材料(工程设备)暂估价/结算价			
2.2	专业工程暂估价/结算价			
3	计日工			
4	总承包服务费			
5	索赔与现场签证			
合计				

注:材料(工程设备)暂估单价进入清单项目综合单价,此处不汇总。

4 规费、税金项目清单

规费项目清单应按照下列内容列项:社会保险费,包括养老保险费、失业保险费、医疗保险费、工伤保险费、生育保险费;住房公积金;工程排污费;出现计价规范中未列的项目,应根据省级政府或省级有关权力部门的规定列项。税金项目清单应包括下列内容:营业税,城市维护建设税,教育费附加,地方教育附加。出现计价规范未列的项目,应根据税务部门的规定列项。规费、税金项目计价如表4-4所示。

表4-4 规费、税金项目计价

工程名称: 标段: 第 页 共 页

编制人(造价人员): 复核人(造价工程师):

序号	项目名称	计算基数	计算费率(%)	金额(元)
1	规费			
1.1	社会保险费			
(1)	养老保险费			
(2)	失业保险费			
(3)	医疗保险费			
(4)	工伤保险费			
(5)	生育保险费			
1.2	住房公积金			
1.3	工程排污费			
2	税金			
合计				

能力训练

查阅《建设工程工程量清单计价规范》(GB 50500—2013)、《房屋建筑与装饰工程工程量计算规范》(GB 50854—2013)及工程量清单计价文件。查阅招标投标造价文件。

1. 目的

熟悉工程量清单计价与计量规范,掌握工程量清单计价文件编制要求。

2. 任务分析与实施

(1)工程量清单编制要求。

(2)工程量清单与计价表格格式。

(3)工程量计量规范附录内容。

3. 讨论与总结

对照计价与计量规范,对比分析附录中清单计价文件的完整性。

项目评估

班级: 姓名: 学号: 得分:

要求:课堂完成,采用10分制。

目的:评估学生对该项目知识、能力的掌握程度。

一、单项选择题(每题0.5分,共5分)

1. 工程量清单是表现拟建工程的(　　)的明细清单。

A. 分部分项工程项目

B. 分部分项工程项目、措施项目、其他项目

C. 措施项目和其他项目

D. 分部分项工程项目、措施项目、其他项目名称和相应数量

2. 工程量清单计价格式应由(　　)填写。

A. 建筑设计单位　　B. 投标单位

C. 招标单位　　D. 监理单位

3. 工程量清单是(　　)的组成部分。

A. 设计文件　　B. 施工组织设计

C. 施工方案　　D. 招标文件

4. 工程量清单计价时,清单中工程量是招标人计算出来的,结算时的工程量以(　　)为依据。

A. 清单工程量　　B. 招标人或其委托的监理工程师核准的实际工程量

C. 设计图纸工程量　　D. 实际工程量

5. 工程量清单是由(　　)依据计价办法、招标文件要求、设计文件和施工现场实际情况编制的。

A. 设计单位　　B. 施工单位

C. 投标单位　　D. 业主委托的造价咨询机构

6. 工程量清单中项目编码以五级编码设置,用十二位阿拉伯数字表示,其中由工程量清单编制人为区分具体工程的清单项目特征而编码的是(　　)。

A. 第二级(两位)　　B. 第三级(两位)

C. 第四级(三位)　　D. 第五级(三位)

7. 根据《建设工程工程量清单计价规范》(GB 50500—2013),设置工程量清单项目时要做到统一(　　)。

A. 项目编码、工程量计算规则

B. 项目编码、项目名称、项目特征、计量单位、工程量计算规则

C. 工程量计算规则

D. 项目编码、计量单位、工程量计算规则

8. 下列关于措施项目清单编制说法错误的是(　　)。

A. 应根据相关工程现行国家计量规范的规定编制

B. 列项时不考虑拟建工程的实际情况

C. 可以计算工程量的项目清单,宜采用分部分项工程量清单的方式编制

D. 不能计算工程量的项目清单,以“项”为计量单位进行编制

9. 分部分项工程项目清单必须载明项目编码、项目名称、项目特征、(　　)。

A. 工程量

B. 计量单位、工程量计算规则

C. 工程量计算规则

D. 计量单位、工程量

10. 建设工程发承包及实施阶段的工程造价应由分部分项工程费、措施项目费、其他项目费、(　　)组成。

A. 规费　　B. 税金

C. 规费和税金　　D. 风险费用

二、简述题(共5分)

简述工程量清单计价的作用。

项目5　楼地面装饰工程

5.1　楼地面装饰工程定额应用

知识目标：

1. 理解消耗量定额(计价表)中楼地面工程有关说明、解释。
2. 熟悉消耗量定额(计价表)中楼地面工程定额项目表。
3. 掌握消耗量定额(计价表)中楼地面工程工程量计算规则。

能力目标：

1. 会进行楼地面装饰工程定额项目工程量的计算。
2. 会查套定额项目并进行直接费的计算。
3. 会应用消耗量定额(计价表)中的说明、解释对定额项目进行调整换算。

典型任务

任务1　楼地面装饰工程定额项目工程量计算

【任务背景】　某工程平面图如图5-1所示，地面做法：在硬基层上抹20 mm厚1:3水泥砂浆找平层，20 mm厚1:2.5水泥砂浆面层。计算该地面工程定额项目工程量。

【任务分析与实施】

依据地面做法和消耗量定额项目划分，本地面工程有找平层和整体面层项目，楼地面找平层和整体面层均按主墙间净面积以m^2计算。计算时应扣除凸出地面的构筑物、设备基础、室内铁道、室内地沟等所占面积，不扣除柱、垛、间壁墙、附墙烟囱及面积在0.3 m^2以内的孔洞所占面积，但门洞、空圈、暖气包槽、壁龛的开口部分亦不增加。

楼地面找平层和整体面层工程量=主墙间净长度×主墙间净宽度-构筑物等所占面积

(1)找平层的工程量$=(7.2-0.24)\times(8.1-0.24)+(3.6-0.24)\times(3.00-0.24)+(3.6-0.24)\times(5.1-0.24)=80.31(m^2)$。

20 mm厚1:3水泥砂浆找平层，套用定额9-1-1子目。

(2)水泥砂浆面层的工程量$=(7.2-0.24)\times(8.1-0.24)+(3.6-0.24)\times(3.00-0.24)+(3.6-0.24)\times(5.1-0.24)=80.31(m^2)$。

20 mm厚1:2.5水泥砂浆面层，套用定额9-1-9子目。

基础知识

知识1　定额说明与解释

楼地面装饰工程定额包括楼地面找平层、整体面层、块料面层、木质楼地面及其他饰

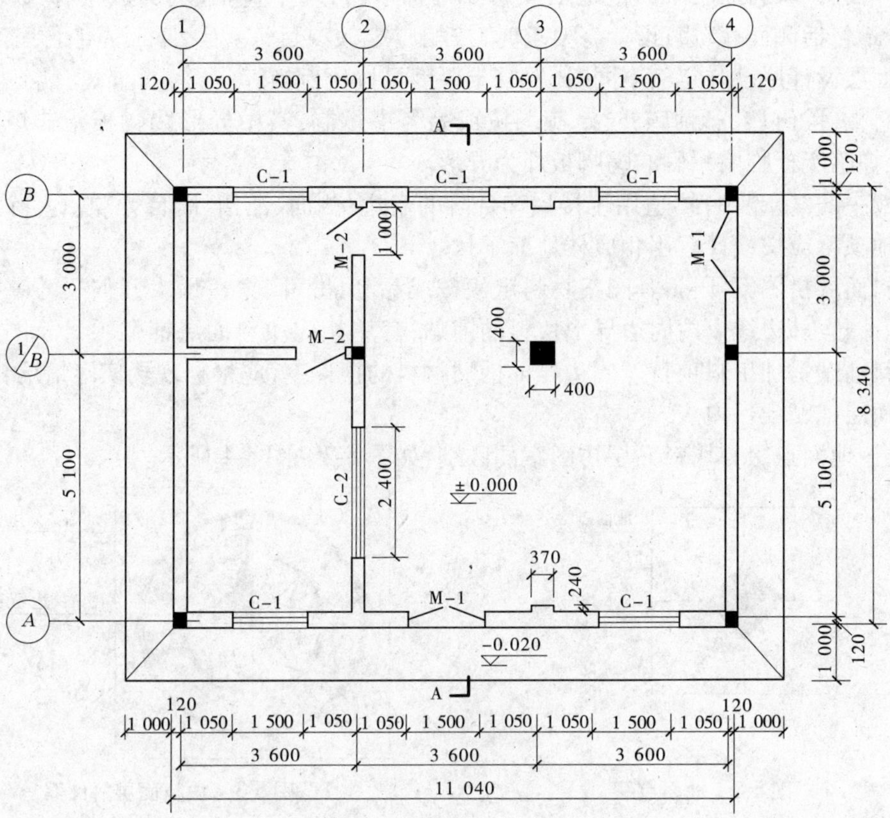

图5-1　某楼地面平面图

面等内容。

(1)楼地面找平层项目用于楼地面结构层平整程度达不到镶贴块料面层平整度要求时,在楼地面结构层上铺设找平层。整体面层如果设有结合层,结合层套找平层定额。楼梯、台阶、踢脚线中含结合层。找平层材料分为水泥砂浆、细石混凝土、沥青砂浆。

(2)整体面层项目是指现场作业时现浇为一个整体的楼地面做法。定额上按照材料有水泥砂浆、现浇水磨石、水泥豆石、细石混凝土、钢筋混凝土等定额子目。

(3)块料面层项目是指用一定规格的块状材料如全瓷地面砖、大理石板等,采用水泥砂浆结合层或者相应的胶结剂镶铺而成的面层。定额上按照材料有大理石、花岗岩、预制水磨石块、彩釉砖、全瓷地面砖等各类瓷砖楼地面子目。楼地面镶贴各种块料面层,定额分为水泥砂浆粘贴(湿做法)、干粉型胶粘剂粘贴、万能胶粘贴等做法。

(4)木质楼地面及其他饰面是指木楼地面、地毯及配件、橡胶塑料地板等。

本节中的水泥砂浆、水泥石子浆、混凝土等配合比,设计规定与定额不同时,可以换算,其他不变。

如定额9-1-1“水泥砂浆找平层”子目,打底材料为素水泥浆,找平层为1∶3水泥砂浆,厚度20 mm,当实际工程中采用的砂浆材料、配合比、厚度与此不同时,可以换算材料、调整厚度、改变砂浆单价,但保持砂浆的消耗数量不变。

整体面层、块料面层中的楼地面项目及楼梯项目，均不包括踢脚板、楼梯梁侧面、牵边；台阶不包括侧面、牵边；设计有要求时，按相应定额项目计算。细石混凝土、钢筋混凝土整体面层设计厚度与定额不同时，混凝土厚度可按比例换算。

踢脚板（除缸砖、彩釉砖外）定额均按成品考虑编制，其中异形踢脚板指非矩形的形式，如楼梯踏步板临墙一侧的踢脚板即为异形。

定额中的“零星项目”适用于楼梯和台阶的牵边、侧面、池槽、蹲台等项目。除上述项目外其他项目应按设计套用相应楼地面子目。

块料面层拼图案项目，其图案材料定额按成品考虑。图案按最大几何尺寸算至图案外边线。图案外边线以内周边异形块料的铺贴，套用相应块料面层铺贴项目及图案周边异形块料铺贴另加工料项目。周边异形铺贴材料的损耗率，应根据现场实际情况，并入相应块料面层铺贴项目内。

注意：地面点缀与块料面层拼图案的区别，如图 5-2 ~ 图 5-4 所示。

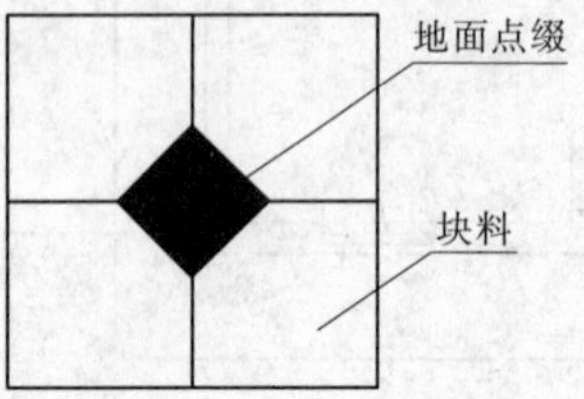

图 5-2　地面点缀

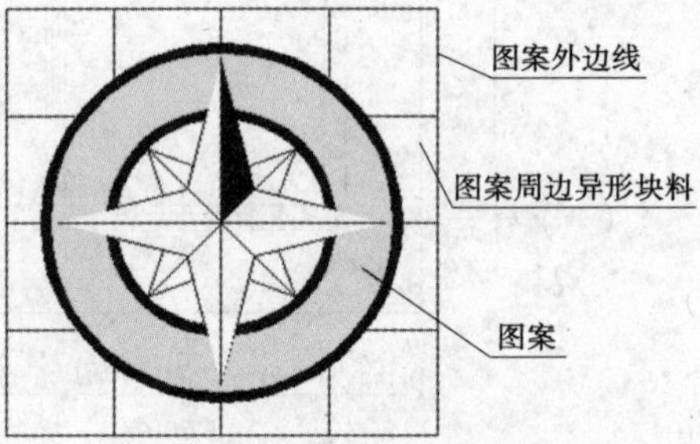

图 5-3　块料面层拼图案

图 5-4　地面点缀、图案工程图

设计块料面层中有不同种类、材质的材料，应分别按相应定额项目执行。大理石、花岗石楼地面面层分色的子目，按不同颜色、不同规格的块料进行简单图案编制。其工程量应分别计算，均执行相应分色子目。

硬木地板，定额按不带油漆考虑；若实际使用成品木地板（带油漆地板），按其做法套用相应子目，扣除子目中刨光机械，其他不变。

知识 2　工程量计算规则

（1）楼地面找平层和整体面层均按主墙间净面积以 m^2 计算。计算时应扣除凸出地面的构筑物、设备基础、室内铁道、室内地沟等所占面积，不扣除柱、垛、间壁墙、附墙烟囱及面积在 0.3 m^2 以内的孔洞所占面积，但门洞、空圈、暖气包槽、壁龛的开口部分亦不增加。

楼地面找平层和整体面层工程量＝主墙间净长度×主墙间净宽度－构筑物等所占面积

(2)楼地面块料面层，按设计图示尺寸实铺面积以 m^2 计算。门洞、空圈、暖气包槽和壁龛的开口部分的工程量并入相应的面层内计算。

楼地面块料面层工程量＝净长度×净宽度－不做面层面积＋增加其他面积

(3)楼梯面层（包括踏步及最后一级踏步宽、休息平台、小于 500 mm 宽的楼梯井），按水平投影面积计算。

通常情况下，当楼梯井宽度≤500 mm 时：

楼梯工程量＝楼梯间净宽×（休息平台宽＋踏步宽×步数）×（楼层数－1）

当楼梯井宽度＞500 mm 时：

楼梯工程量＝（楼梯间净宽－楼梯井宽＋0.5）×（休息平台宽＋踏步宽×步数）×（楼层数－1）

楼梯平面如图 5-5 所示。

当 $a \leqslant 500$ mm 时，楼梯面层工程量 $= L \times A \times (n-1)$，其中 n 为楼层数；

当 $a > 500$ mm 时，楼梯面层工程量 $= [L \times A - (a - 0.5) \times b] \times (n-1)$。

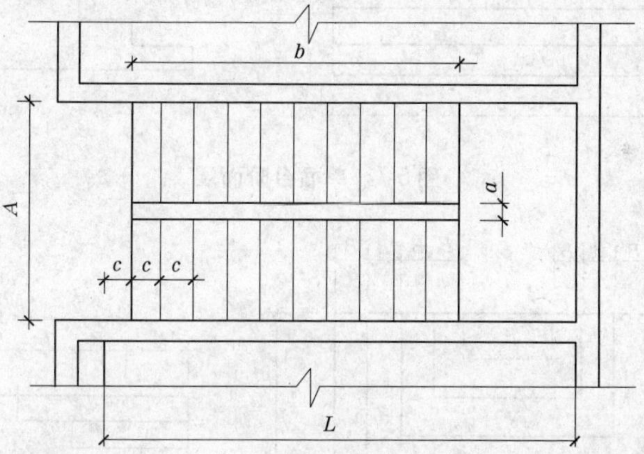

图 5-5　楼梯面层平面

考虑踏步及最后一级踏步宽计算：

某楼梯如图 5-6 所示，楼梯井宽 300 mm，踏步宽 300 mm，楼梯面层工程量 $= 2.7 \times (4 + 0.3) \times 2 - 2.7 \times 0.3 \div 2 = 22.82$（$m^2$）。

(4)台阶面层（包括踏步及最上一层一个踏步宽）按水平投影面积计算。

台阶工程量＝台阶长×踏步宽×步数

台阶如图 5-7 所示，则

$$台阶工程量 = L \times B \times 4$$

如果台阶为三面 U 形台阶，也依据此规则计算。三面台阶如图 5-8 所示。

$$台阶工程量 = L \times A - (L - 8 \times B) \times (A - 4B)$$

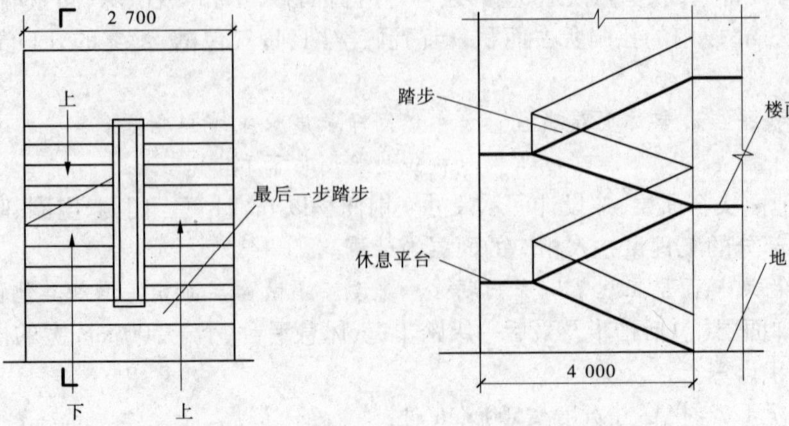

(a)楼梯平面图　(b)楼梯剖面图

图 5-6　楼梯平面图及剖面图

即工程量为图中虚线条与台阶外边线所围合的面积。

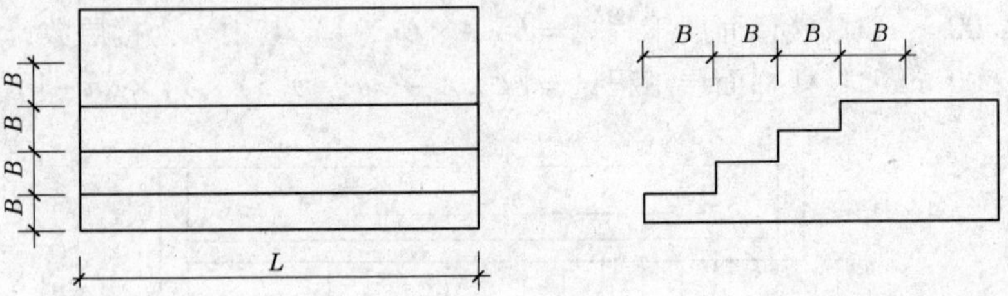

图 5-7　单面台阶面层

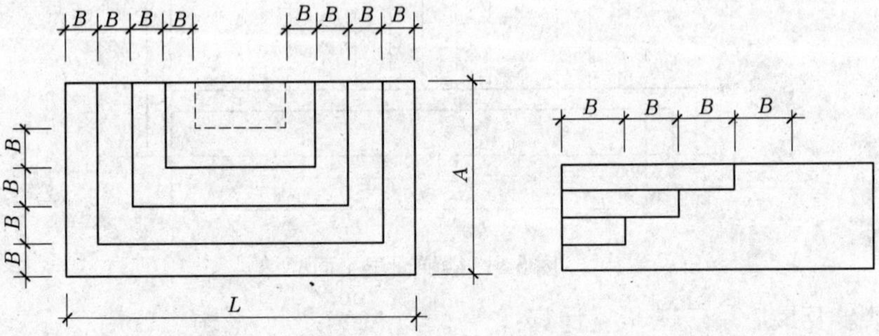

图 5-8　三面台阶面层

(5)踢脚板(线)根据设计做法,以定额单位的 m^2 或 m 计算工程量。

$$\text{踢脚线工程量} = \text{踢脚线净长度} \times \text{高度}$$

或

$$\text{踢脚线工程量} = \text{踢脚线净长度}$$

(6)防滑条、地面分格嵌条按设计尺寸以延长米计算。

楼梯踏面的防滑条、现浇水磨石地面的分格嵌条未包含在地面的定额子目内,均应单独计算。计算时按照设计尺寸以延长米计算。

(7)地面点缀按点缀的面积计算,套用相应定额。计算地面铺贴面积时,不扣除点缀所占面积,主体块料加工用工亦不增加。

楼地面点缀是一种简单的楼地面块料拼铺方式,即在主体块料四角相交处各切去一个角,另镶一小块其他颜色块料。

定额分色子目(见图5-9)是按几种不同规格、不同色差的规格块料拼简单图案考虑的。点缀子目规格块料是按在现场加工、拼铺考虑的,块料现场加工的人工、机械已综合在该子目内。

图5-9 分色

典型任务

任务2 楼地面装饰工程定额直接费计算

【任务背景】 某工程房间地面,铺单层(固定)地毯,如图5-10所示,共30间。试计算该地面工程定额直接费。

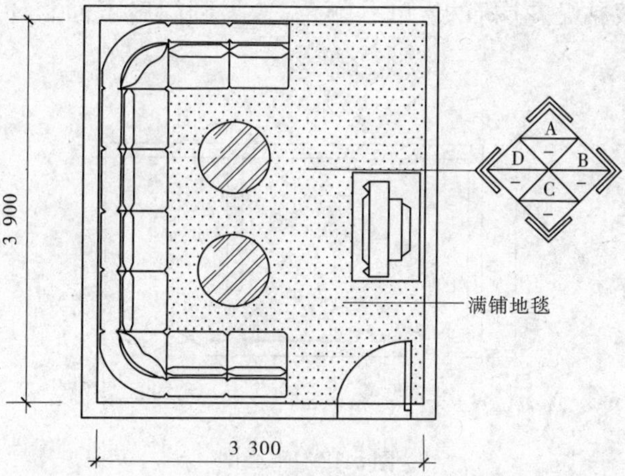

图5-10 平面布置图

【任务分析与实施】

依据消耗量定额工程量计算规则,计算出地毯铺贴工程量,查套定额项目,确定定额单价(定额基价),计算出定额直接费。

$$定额直接费 = 工程量 \times 定额单价$$

铺地毯工程量:$3.3 \times 3.9 \times 30 = 386.10(m^2)$。

铺单层(固定)地毯,套用定额9-1-135子目。

定额基价:2 302.2 元/10 m^2。

定额直接费:386.10 m^2 ×2 302.2 元/10 m^2 =88 887.94 元。

能力训练

【训练5-1】 某商店平面图如图5-11所示(图中长度单位默认为mm,以下不再标

注),地面做法:C20 细石混凝土找平层 60 mm 厚,1∶2.5 白水泥色石子水磨石面层 20 mm 厚,用 15 mm×2 mm 铜条分隔,距墙柱边 300 mm 范围内按纵横 1 m 宽分格。计算地面工程量,确定定额项目。

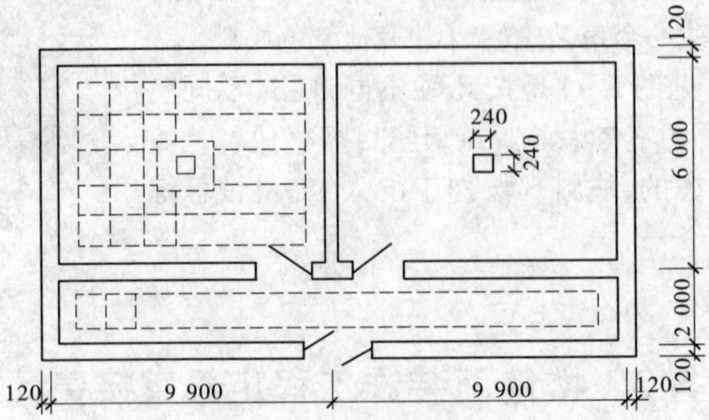

图 5-11　商店平面图

【训练 5-2】　某工程平面图如图 5-12 所示,附墙垛为 240 mm×240 mm,门洞宽 1 000 mm,地面用水泥砂浆粘贴花岗石板,单一颜色,边界到门扇下面。计算工程量,确定定额项目。

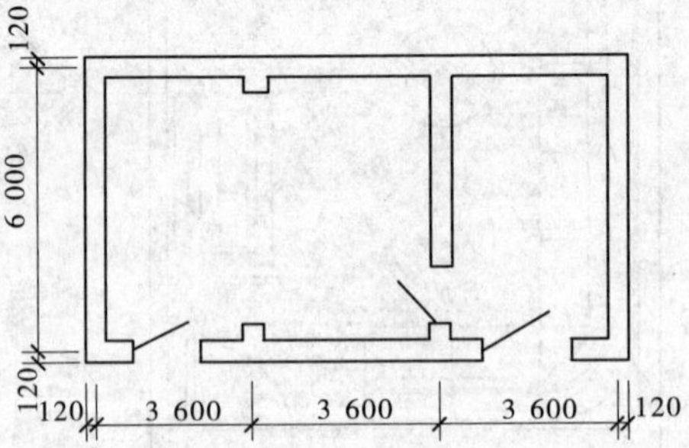

图 5-12　平面图

【训练 5-3】　某二层楼房,双跑楼梯平面图如图 5-13 所示,顶面铺花岗石板(未考虑防滑条),水泥砂浆粘贴。计算工程量,确定定额项目。

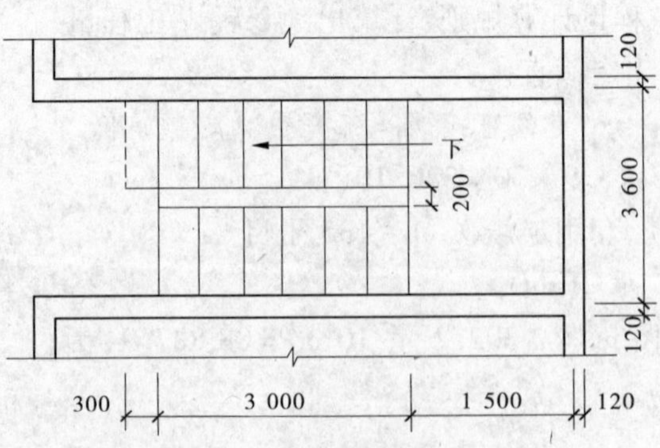

图 5-13　楼梯平面图

【训练 5-4】 某房屋平面图如图 5-14 所示,室内水泥砂浆粘贴 200 mm 高预制水磨石踢脚板。计算工程量,确定定额项目。

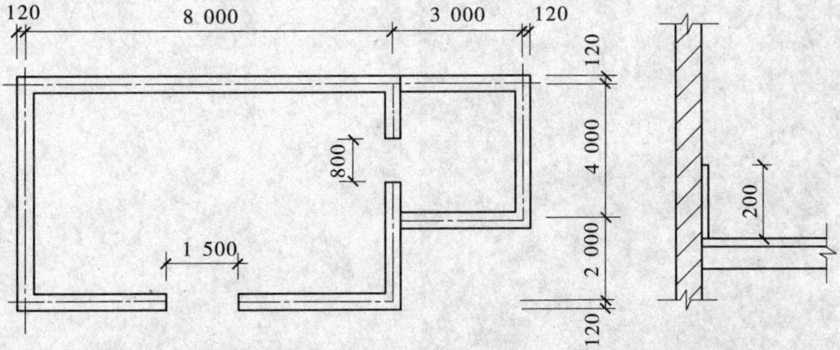

(a)房屋平面图 (b)踢脚板详图

图 5-14 房屋平面图及踢脚板详图

【训练 5-5】 某工程花岗岩台阶的尺寸如图 5-15 所示,台阶及翼墙 1∶2.5 水泥砂浆粘贴花岗石板(翼墙外侧不贴)。计算工程量,确定定额项目。

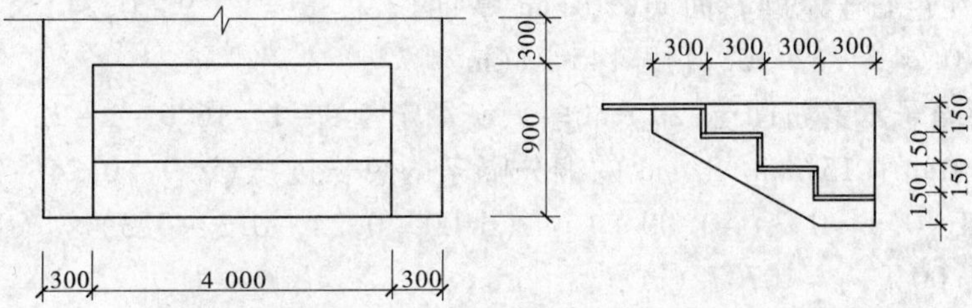

(a)台阶平面图 (b)台阶侧立面图

图 5-15 台阶平面图及侧立面图

【训练 5-6】 某体操练功房的地面铺木地板,其做法是:30 mm × 40 mm 木龙骨中距(双向)450 mm × 450 mm;20 mm × 80 mm 松木毛地板 45°斜铺,板间留 2 mm 缝宽;上铺 50 mm × 20 mm 企口地板,实铺面积为 600 m^2。确定定额项目。

【训练 5-7】 大理石地面设计如图 5-16 所示,图案为圆形,直径为 1 800 mm,大理石块料尺寸为 600 mm × 600 mm,1∶2.5 水泥砂浆粘贴,试计算该地面直接费。

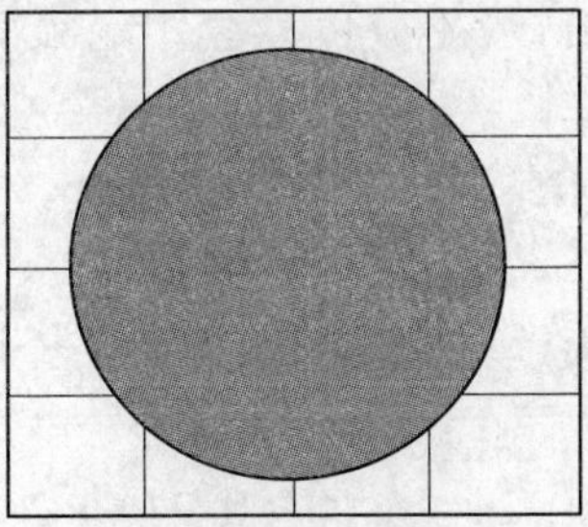

图 5-16 地面图案

训练指导

【训练 5-1】 训练 5-1 工程图例见图 5-17。

图 5-17 水磨石地面工程

(1)找平层的工程量 = (9.9 − 0.24) × (6 − 0.24) × 2 + (9.9 ×2 − 0.24) × (2 − 0.24) = 145.71(m^2)。

C20 细石混凝土找平层 60 mm 厚,套用定额 9 − 1 − 4、9 − 1 − 5 子目。

(2)白水泥色石子水磨石面层(20 mm 厚)的工程量 = (9.9 − 0.24) × (6 − 0.24) × 2 + (9.9 ×2 − 0.24) × (2 − 0.24) = 145.71(m^2)。

白水泥色石子水磨石面层(20 mm 厚),套用定额 9 − 1 − 16、9 − 1 − 22 子目。

(3)一个单间中 15 mm ×2 mm 的铜分隔条的总长度 = (9.9 − 0.24 − 0.3 − 0.3) × [(6.00 − 0.24 − 0.3 − 0.3) ÷1.00 + 1] + (6.00 − 0.24 − 0.3 − 0.3) × [(9.90 − 0.24 − 0.3 − 0.3) ÷1.00 + 1] = 107.72(m)。

走廊中 15 mm ×2 mm 的铜分隔条的总长度 = (9.9 ×2 − 0.24 − 0.3 − 0.3) × [(2 − 0.24 − 0.3 − 0.3)÷1.00 + 1] + (2 − 0.24 − 0.3 − 0.3) × [(9.9 ×2 − 0.24 − 0.3 − 0.3)÷ 1.00 + 1] = 64.11(m)。

15 mm ×2 mm 的铜分隔条的工程量 = 105.1.96 ×2 + 61.12 = 273.04(m)。

水磨石地面嵌铜分隔条,套用定额 9 − 1 − 28 子目。

【训练 5-2】

花岗石板地面工程量 = (3.6 ×3 − 0.24 ×2) × (6 − 0.24) − 0.24 ×0.24 ×2 + 1.00 × 0.24 + 1.00 ×0.12 ×2 = 59.81(m^2)。

地面用水泥砂浆粘贴花岗石板(不分色),套用定额 9 − 1 − 51 子目。

【训练 5-3】

花岗石板楼梯工程量 = (3.0 + 1.5 − 0.12 + 0.3) × (3.6 − 0.24) − 0.3 × (3.6 − 0.24)÷2 = 15.221(m^2)。

楼梯水泥砂浆粘贴花岗石板,套用定额 9 − 1 − 57 子目。

【训练 5-4】

踢脚板的工程量 = [(8.00 − 0.24 + 6.00 − 0.24) ×2 + (4.00 − 0.24 + 3.00 − 0.24) × 2 − 1.50 − 0.80 ×2 + 0.12 ×6] ×0.20 = 7.54(m^2)。

水泥砂浆粘贴 200 mm 高预制水磨石踢脚板,套用定额 9 − 1 − 76 子目。

【训练5-5】　训练5-5工程图例见图5-18。

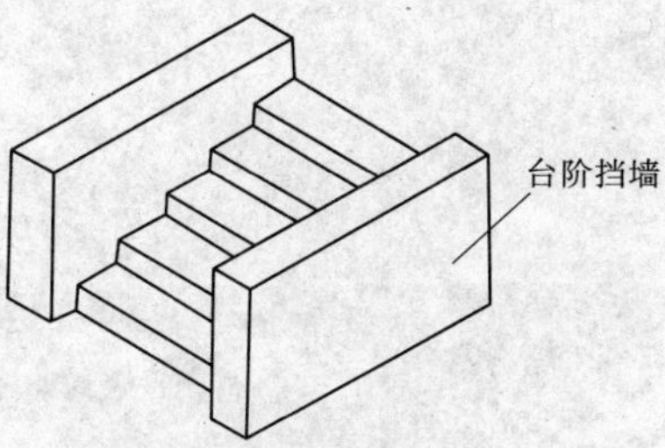

图5-18　台阶挡墙工程

(1)台阶花岗石板贴面工程量 $=4.00\times0.30\times4=4.80(m^2)$。

台阶水泥砂浆粘贴花岗石板,套用定额9-1-59子目。

(2)台阶翼墙水泥砂浆粘贴花岗石板工程量 $=0.3\times(0.9+0.3+0.15\times4)\times2+(0.3\times3)\times(0.15\times4)$(折合) $=1.62(m^2)$。

台阶翼墙水泥砂浆粘贴花岗石板,套用定额9-1-68子目。

【训练5-6】

(1)木地板地楞工程量 $=600\ m^2$。

木地板铺地楞双向(间距450 mm×450 mm),套用定额9-1-120子目。

(2)木楞上铺毛地板工程量 $=600\ m^2$。

木楞上铺毛地板,套用定额9-1-121子目。

(3)毛地板上铺企口硬木地板工程量 $=600\ m^2$

毛地板上铺企口硬木地板,套用定额9-1-124子目。

【训练5-7】　训练5-7工程图例见图5-19。

(1)图案面积 $=3.14\times0.9^2=2.54(m^2)$。

(2)图案周边异形大理石块料面积 $=2.4\times2.4-2.54=3.22(m^2)$。

大理石规格料面积 $=0.6\times0.6\times12=4.32(m^2)$。

图案周边异形大理石块料消耗量 $=4.32\div3.22\times10.2$(定额) $=13.684(m^2/10\ m^2)$。

(3)大理石规格料单价 $=160.00$ 元/m^2。

调整后的9-1-36子目基价 $=1767.26+(13.684-10.20)\times160.00=2\ 324.70$(元/10 m^2)。

(4)图案套用定额9-1-49子目,基价 $=2\ 894.32$ 元/10 m^2。

图案周边异形大理石块料铺贴另加工料定额9-1-50子目,基价 $=221.01$ 元/10 m^2。

(5)图案直接费 $=2.54\times2\ 894.32\div10=735.16$(元)。

大理石块料直接费 $=3.22\times2\ 324.70\div10=748.55$(元)。

图案周边异形大理石块料铺贴另加工料直接费 $=3.22\times221.01\div10=71.17$(元)。

合计地面直接费 $=735.16+748.55+71.17=1\ 554.88$(元)。

表 5-31　硬木拼花地板　计量单位:1m²

名称		单位	铺在水泥地面上		铺在木楞上(单层)		铺在毛地板上(双层)	
			平口	企口	平口	企口	平口	企口
人工	综合人工	工日	0.5110	0.6120	0.6730	0.7760	0.7550	0.8580
材料	硬木拼花地板(平口)成品	m^2	1.0500	—	1.0500	—	1.0500	—
	硬木拼花地板(企口)成品	m^2	—	1.0500	—	1.0500	—	1.0500
	铁钉(圆钉)	kg	—	—	0.1587	0.1587	0.2678	0.2678
	镀锌铁丝 10 号	kg	—	—	0.3013	0.3013	0.3013	0.3013

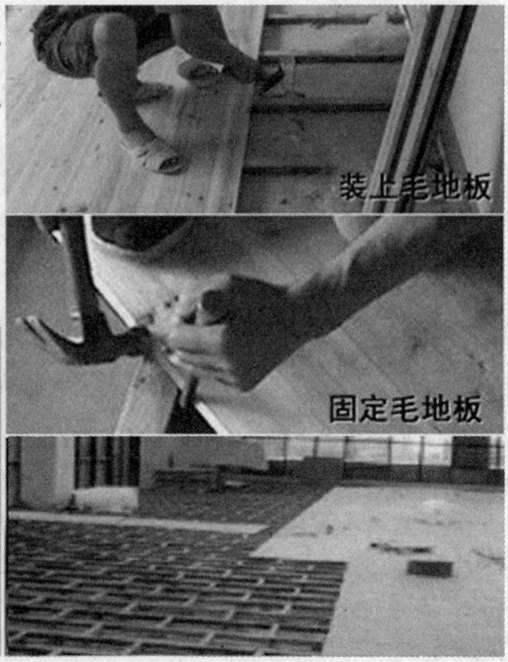

图 5-19　木地板铺贴工程

项目评估

班级:　　　　　　　姓名:　　　　　　　学号:　　　　　　　得分:

要求:课堂完成,采用 10 分制。

目的:评估学生对该项目知识、能力的掌握程度。

一、单项选择题(每题 0.5 分,共 4 分)

1. 楼地面工程中,水泥砂浆、混凝土等的配合比与设计不同时,(　　)。
   A. 人、材、机用量均可换算　　B. 可以换算,但人工、机械不变
   C. 不能换算　　D. 人工、材料可以换算,机械不变
2. 按楼地面工程分部说明,说法错误的是(　　)。
   A. 栏杆(栏板)的材料规格用量设计规定与定额不符时,可以换算
   B. 楼地面工程中整体面层均未包括找平层,找平层另按相应定额计算
   C. 整体面层均不包括踢脚线,踢脚线另按相应子目单独计算
   D. 水泥砂浆楼梯包括楼梯侧边装饰,楼梯侧边装饰不另计算
3. 踢脚板与墙裙的划分:(　　)按踢脚线(板)定额执行。
   A. 高度 30 cm 以内者　　B. 高度 30 cm 以外者
   C. 高度 50 cm 以内者　　D. 高度 50 cm 以外者
4. 楼地面找平层工程量计算时,应扣除的是(　　)。
   A. 设备基础所占面积　　B. 间壁墙所占面积
   C. 0.3 m^2孔洞所占面积　　D. 突出墙面柱所占面积
5. 现浇水磨石楼梯的工程量计算是按(　　)计算。

A. 水磨石实际面积　　B. 扣除休息平台的楼梯水平投影面积

C. 水磨石实际体积　　D. 包括踏步、休息平台等在内的水平投影面积

6. 台阶装饰面层工程量(　　)计算。

A. 按踏步的水平投影面积

B. 包括踏步及最上一层踏步外沿 300 mm 按水平投影面积

C. 按台阶的展开面积

D. 包括踏步及最上一层踏步外沿 150 mm 按水平投影面积

7. 踢脚线工程量按(　　)计算。

A. 实贴长乘高以 m^2　　B. 实贴长度

C. 实贴面积乘厚度以 m^3　　D. 实贴面积或实贴长度

8. 块料图案周边异型铺贴材料的损耗率按(　　)计算。

A. 1.5%　　B. 2.0%

C. 2.5%　　D. 现场实际情况

二、实务题(共6分)

某5层住宅楼,共3个单元,平行双跑楼梯如图5-20所示,楼梯面层为30 mm厚1:3干硬性水泥砂浆粘贴花岗石板。试计算工程量,确定定额项目。

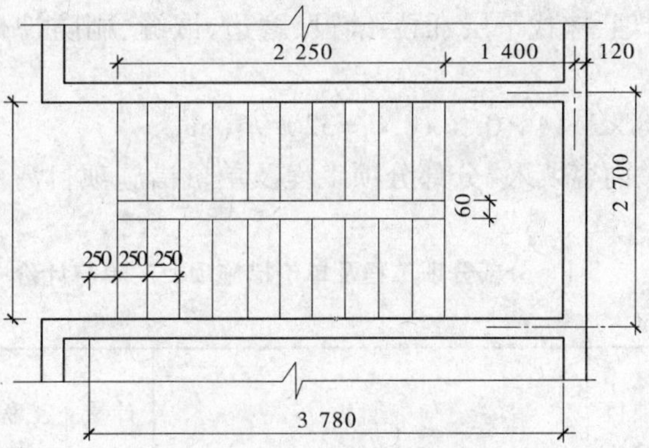

图5-20　某楼梯平面示意

5.2　楼地面装饰工程计量与计价规范应用

知识目标:

1. 掌握楼地面装饰工程清单工程量计算规则。
2. 熟悉楼地面装饰工程清单项目编码及特征描述内容。
3. 掌握楼地面装饰工程清单综合单价的确定方法。

能力目标:

1. 会进行楼地面装饰工程清单工程量计算。
2. 能编制楼地面装饰工程工程量清单。
3. 会进行楼地面装饰工程清单综合单价的确定。

4. 能编制楼地面工程工程量清单计价表。

典型任务

任务1 楼地面装饰工程工程量清单编制

【任务背景】 某装饰工程二层大厅楼地面设计为大理石拼花图案，如图5-21所示，地面面积 $15 \times 22 = 330(m^2)$。地面中有钢筋混凝土柱8根，直径为1.2 m，楼面找平层1∶3水泥砂浆厚度20 mm。大理石图案为圆形，直径为1.8 m，图案外边线为2.4 m×2.4 m，共4个，其余为规格块料点缀图案，规格块料600 mm×600 mm，点缀100个，100 mm×100 mm。试编制大理石地面分部分项工程量清单。

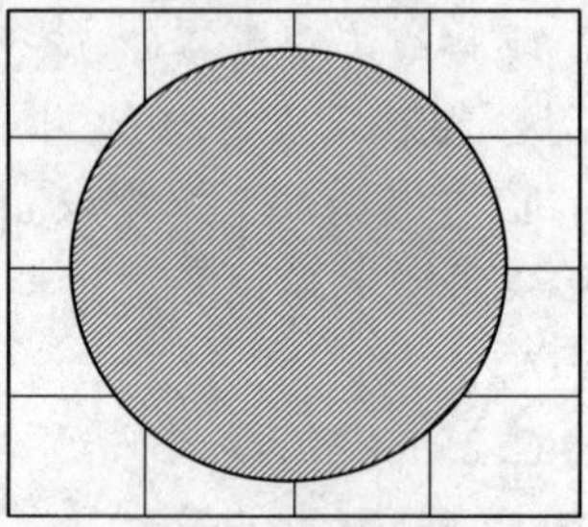

图5-21 大理石拼花图案

【任务分析与实施】

根据计量规范GB 50854—2013表L.2块料面层列项。

工程内容：基层清理、抹找平层、面层铺设、磨边、嵌缝、刷防护材料、酸洗、打蜡、材料运输。

工程数量：$330 - 8 \times 3.14 \times 0.6 \times 0.6 = 320.96(m^2)$。

将上述结果及相关内容填入"分部分项工程及单价措施项目清单与计价表"，如表5-1所示。

表5-1 分部分项工程及单价措施项目清单与计价

工程名称：某装饰工程　　　　第1页　共1页

序号	项目编码	项目名称	项目特征	计量单位	工程数量	金额(元)		
						综合单价	合价	其中：暂估价
1	011102001001	石材楼地面	1. 找平层厚度、砂浆配合比 2. 结合层厚度、砂浆配合比 3. 面层材料品种、规格、颜色 4. 嵌缝材料种类 5. 防护层材料种类 6. 酸洗、打蜡要求	m^2	320.96			

基础知识

知识1　计量规范项目设置及应用说明

楼地面装饰工程工程量清单项目划分共计8节43项，计量规范常用项目摘录如下。

1　整体面层及找平层

整体面层及找平层工程量清单项目的设置、项目特征描述的内容、计量单位及工程量计算规则，应按表5-2的规定执行。

表5-2　整体面层及找平层（编码：011101）

项目编码	项目名称	项目特征	计量单位	工程量计算规则
011101001	水泥砂浆楼地面	1. 找平层厚度、砂浆配合比 2. 素水泥浆遍数 3. 面层厚度、砂浆配合比 4. 面层做法要求	m^2	按设计图示尺寸以面积计算。扣除凸出地面构筑物、设备基础、室内铁道、地沟等所占面积，不扣除间壁墙和≤0.3 m^2的柱、垛、附墙烟囱及孔洞所占面积。门洞、空圈、暖气包槽、壁龛的开口部分不增加面积
011101002	现浇水磨石楼地面	1. 找平层厚度、砂浆配合比 2. 面层厚度、水泥石子浆配合比 3. 嵌条材料种类、规格 4. 石子种类、规格、颜色 5. 颜料种类、颜色 6. 图案要求 7. 磨光、酸洗、打蜡要求		
011101003	细石混凝土楼地面	1. 找平层厚度、砂浆配合比 2. 面层厚度、混凝土强度等级		
011101004	菱苦土楼地面	1. 找平层厚度、砂浆配合比 2. 面层厚度 3. 打蜡要求		
011101005	自流坪楼地面	1. 找平层砂浆配合比、厚度 2. 界面剂材料种类 3. 中层漆材料种类、厚度 4. 面漆材料种类、厚度 5. 面层材料种类		
011101006	平面砂浆找平层	找平层厚度、砂浆配合比		按设计图示尺寸以面积计算

注：1. 水泥砂浆面层处理是拉毛还是提浆压光应在面层做法要求中描述。

2. 平面砂浆找平层只适用于仅做找平层的平面抹灰。

3. 间壁墙指墙厚≤120 mm的墙。

4. 楼地面混凝土垫层另按《计量规范》附录E.1垫层项目编码列项，除混凝土外的其他材料垫层按《计量规范》表D.4垫层项目编码列项。

2　块料面层

块料面层工程量清单项目的设置、项目特征描述的内容、计量单位及工程量计算规则,应按表 5-3 的规定执行。

表 5-3　块料面层(编码:011102)

项目编码	项目名称	项目特征	计量单位	工程量计算规则
011102001	石材楼地面	1. 找平层厚度、砂浆配合比 2. 结合层厚度、砂浆配合比 3. 面层材料品种、规格、颜色 4. 嵌缝材料种类 5. 防护层材料种类 6. 酸洗、打蜡要求	m^2	按设计图示尺寸以面积计算。门洞、空圈、暖气包槽、壁龛的开口部分并入相应的工程量内
011102002	碎石材楼地面			
011102003	块料楼地面			

注:1. 在描述碎石材项目的面层材料特征时可不用描述规格、颜色。

2. 石材、块料与黏接材料的结合面刷防渗材料的种类在防护层材料种类中描述。

3　橡塑面层

橡塑面层工程量清单项目的设置、项目特征描述的内容、计量单位及工程量计算规则,应按表 5-4 的规定执行。

表 5-4　橡塑面层(编码:011103)

项目编码	项目名称	项目特征	计量单位	工程量计算规则
011103001	橡胶板楼地面	1. 黏结层厚度、材料种类 2. 面层材料品种、规格、颜色 3. 压线条种类	m^2	按设计图示尺寸以面积计算。门洞、空圈、暖气包槽、壁龛的开口部分并入相应的工程量内
011103002	橡胶卷材楼地面			
011103003	塑料板楼地面			
011103004	塑料卷材楼地面			

注:本表项目中如涉及找平层,另按《计量规范》附录表 L.3 找平层项目编码列项。

4　其他材料面层

其他材料面层工程量清单项目的设置、项目特征描述的内容、计量单位及工程量计算规则,应按表 5-5 所列的规定执行。

表5-5　其他材料面层(编码:011104)

项目编码	项目名称	项目特征	计量单位	工程量计算规则
011104001	地毯楼地面	1. 面层材料品种、规格、品牌、颜色 2. 防护材料种类 3. 黏结材料种类 4. 压线条种类	m^2	按设计图示尺寸以面积计算。门洞、空圈、暖气包槽、壁龛的开口部分并入相应的工程量内
011104002	竹木(复合)地板	1. 龙骨材料种类、规格、铺设间距 2. 基层材料种类、规格 3. 面层材料品种、规格、颜色 4. 防护材料种类		
011104003	金属复合地板			
011104004	防静电活动地板	1. 支架高度、材料种类 2. 面层材料品种、规格、颜色 3. 防护材料种类		

5　踢脚线

踢脚线工程量清单项目的设置、项目特征描述的内容、计量单位及工程量计算规则，应按表5-6所列的规定执行。

表5-6　踢脚线(编码:011105)

项目编码	项目名称	项目特征	计量单位	工程量计算规则
011105001	水泥砂浆踢脚线	1. 踢脚线高度 2. 底层厚度、砂浆配合比 3. 面层厚度、砂浆配合比	1. m^2 2. m	1. 以 m^2 计量，按设计图示长度乘以高度以面积计算 2. 以m计量，按延长米计算
011105002	石材踢脚线	1. 踢脚线高度 2. 粘贴层厚度、材料种类 3. 面层材料品种、规格、颜色 4. 防护材料种类		
011105003	块料踢脚线			
011105004	塑料板踢脚线	1. 踢脚线高度 2. 粘贴层厚度、材料种类 3. 面层材料品种、规格、颜色		
011105005	木质踢脚线	1. 踢脚线高度 2. 基层材料种类 3. 面层材料品种、规格、颜色		
011105006	金属踢脚线			
011105007	防静电踢脚线			

注:石材、块料与黏结材料的结合面刷防渗材料的种类在防护层材料种类中描述。

6 楼梯面层

楼梯面层工程量清单项目的设置、项目特征描述的内容、计量单位及工程量计算规则,应按表 5-7 所列的规定执行。

表 5-7 楼梯面层(编码:011106)

<table>
<tr><th>项目编码</th><th>项目名称</th><th>项目特征</th><th>计量单位</th><th>工程量计算规则</th></tr>
<tr><td>011106001</td><td>石材楼梯面层</td><td rowspan="3">1. 找平层厚度、砂浆配合比
2. 黏结层厚度、材料种类
3. 面层材料品种、规格、颜色
4. 防滑条材料种类、规格
5. 勾缝材料种类
6. 防护层材料种类
7. 酸洗、打蜡要求</td><td rowspan="9">m²</td><td rowspan="9">按设计图示尺寸以楼梯(包括踏步、休息平台及≤500 mm的楼梯井)水平投影面积计算。楼梯与楼地面相连时,算至梯口梁内侧边沿;无梯口梁者,算至最上一层踏步边沿加300 mm</td></tr>
<tr><td>011106002</td><td>块料楼梯面层</td></tr>
<tr><td>011106003</td><td>拼碎块料面层</td></tr>
<tr><td>011106004</td><td>水泥砂浆楼梯面层</td><td>1. 找平层厚度、砂浆配合比
2. 面层厚度、砂浆配合比
3. 防滑条材料种类、规格</td></tr>
<tr><td>011106005</td><td>现浇水磨石楼梯面层</td><td>1. 找平层厚度、砂浆配合比
2. 面层厚度、水泥石子浆配合比
3. 防滑条材料种类、规格
4. 石子种类、规格、颜色
5. 颜料种类、颜色
6. 磨光、酸洗、打蜡要求</td></tr>
<tr><td>011106006</td><td>地毯楼梯面层</td><td>1. 基层种类
2. 面层材料品种、规格、颜色
3. 防护材料种类
4. 黏结材料种类
5. 固定配件材料种类、规格</td></tr>
<tr><td>011106007</td><td>木板楼梯面层</td><td>1. 基层材料种类、规格
2. 面层材料品种、规格、颜色
3. 黏结材料种类
4. 防护材料种类</td></tr>
<tr><td>011106008</td><td>橡胶板楼梯面层</td><td rowspan="2">1. 黏结层厚度、材料种类
2. 面层材料品种、规格、颜色
3. 压线条种类</td></tr>
<tr><td>011106009</td><td>塑料板楼梯面层</td></tr>
</table>

注:1. 在描述碎石材项目的面层材料特征时可不用描述规格、颜色。

2. 石材、块料与黏结材料的结合面刷防渗材料的种类在防护层材料种类中描述。

7 台阶装饰

台阶装饰工程量清单项目的设置、项目特征描述的内容、计量单位及工程量计算规则,应按表5-8所列的规定执行。

表5-8 台阶装饰(编码:011107)

项目编码	项目名称	项目特征	计量单位	工程量计算规则
011107001	石材台阶面	1. 找平层厚度、砂浆配合比 2. 黏结层材料种类 3. 面层材料品种、规格、颜色 4. 勾缝材料种类 5. 防滑条材料种类、规格 6. 防护材料种类	m^2	按设计图示尺寸以台阶(包括最上层踏步边沿加300 mm)水平投影面积计算
011107002	块料台阶面			
011107003	拼碎块料台阶面			
011107004	水泥砂浆台阶面	1. 找平层厚度、砂浆配合比 2. 面层厚度、砂浆配合比 3. 防滑条材料种类		
011107005	现浇水磨石台阶面	1. 找平层厚度、砂浆配合比 2. 面层厚度、砂浆配合比 3. 防滑条材料种类、规格 4. 石子种类、规格、颜色 5. 颜料种类、颜色 6. 磨光、酸洗、打蜡要求		
011107006	剁假石台阶面	1. 找平层厚度、砂浆配合比 2. 面层厚度、砂浆配合比 3. 剁假石要求		

注:1. 在描述碎石材项目的面层材料特征时可不用描述规格、颜色。

2. 石材、块料与黏结材料的结合面刷防渗材料的种类在防护层材料种类中描述。

8 零星装饰项目

零星装饰项目工程量清单项目的设置、项目特征描述的内容、计量单位及工程量计算规则,应按表5-9所列的规定执行。

表 5-9　零星装饰项目(编码:011108)

项目编码	项目名称	项目特征	计量单位	工程量计算规则
011108001	石材零星项目	1. 工程部位 2. 找平层厚度、砂浆配合比 3. 黏结层厚度、材料种类 4. 面层材料品种、规格、颜色 5. 勾缝材料种类 6. 防护材料种类 7. 酸洗、打蜡要求	m^2	按设计图示尺寸以面积计算
011108002	拼碎石材零星项目			
011108003	块料零星项目			
011108004	水泥砂浆零星项目	1. 工程部位 2. 找平层厚度、砂浆配合比 3. 面层厚度、砂浆厚度		

注:1. 楼梯、台阶牵边和侧面镶贴块料面层,不大于 0.5 m^2 的少量分散的楼地面镶贴块料面层,应按本表执行。
2. 石材、块料与黏结材料的结合面刷防渗材料的种类在防护层材料种类中描述。

知识 2　计价规范中关于项目特征不符情况说明

发包人在招标工程量清单中对项目特征的描述,应被认为是准确的和全面的,并且与实际施工要求相符合。承包人应根据发包人提供的招标工程量清单,根据项目特征描述的内容及有关要求实施合同工程,直到项目被改变。

承包人应按照发包人提供的设计图纸实施合同工程,若在合同履行期间出现设计图纸(含设计变更)与招标工程量清单任一项目的特征描述不符,且该变化引起该项目工程造价增减变化的,应根据实际施工的项目特征,按以下条款的规定重新确定相应工程量清单项目的综合单价,并调整合同价款:

(1)已标价工程量清单中有适用于变更工程项目的,应采用该项目的单价;但当工程变更导致该清单项目的工程数量发生变化,且工程量偏差超过 15% 时,该项目单价应按照本规范的规定调整;当工程量增加 15% 以上时,增加部分的工程量的综合单价应予调低;当工程量减少 15% 以上时,减少后剩余部分的工程量的综合单价应予调高。

(2)已标价工程量清单中没有适用但有类似于变更工程项目的,可在合理范围内参照类似项目的单价。

(3)已标价工程量清单中没有适用也没有类似于变更工程项目的,应由承包人根据变更工程资料、计量规则和计价办法、工程造价管理机构发布的信息价格和承包人报价浮动率提出变更工程项目的单价,并应报发包人确认后调整。承包人报价浮动率可按下列公式计算:

招标工程　　承包人报价浮动率 $L = (1 - 中标价/招标控制价) \times 100\%$

非招标工程　　承包人报价浮动率 $L = (1 - 报价/施工图预算) \times 100\%$

(4)已标价工程量清单中没有适用也没有类似于变更工程项目,且工程造价管理机构发布的信息价格缺价的,应由承包人根据变更工程资料、计量规则、计价办法和通过市场调查等取得有合法依据的市场价格提出变更工程项目的单价,并应报发包人确认后调整。

典型任务

任务2 楼地面分部分项工程量清单计价表编制

【任务背景】 试编制任务1大理石地面分部分项工程量清单计价表。

【任务分析与实施】

依据《山东省建筑工程消耗量定额》(省价目表2011)组价。

综合单价计算如下:

(1)项目发生的工程内容:铺设找平层、大理石面层、地面酸洗打蜡。

(2)依据现行消耗量定额,计算工程量,确定定额项目。

①1∶3水泥砂浆找平层工程量:$330-8\times3.14\times0.6\times0.6=320.96(m^2)$。

套用定额9-1-4子目。

②大理石面层(规格块料)。

规格块料工程量:$320.96-2.4\times2.4\times4$(图案外边线)$=320.96-23.04=297.92(m^2)$。

套用定额9-1-36子目。

③大理石面层(图案):$3.14\times0.9\times0.9\times4=10.17(m^2)$。

图案套用定额9-1-49子目。

④大理石面层(图案周边异形块料)。

异形块料工程量:$2.4\times2.4\times4$(图案外边线)$-10.17=23.04-10.17=12.87(m^2)$。

套用定额9-1-36(换)子目。

提示:图案周边异形块料另加工料工程量12.87 m^2。

套用定额9-1-50子目。

⑤大理石点缀。

工程量:$100\times0.1\times0.1=1.00(m^2)$。

套用定额9-1-40子目。

⑥大理石地面酸洗打蜡。

工程量:320.96 m^2。

套用定额9-1-160子目。

(3)分别计算清单项目每计量单位应包含的各项工程内容的工程数量。

水泥砂浆找平层:$320.96\div320.96=1.0$。

大理石楼地面:$297.92\div320.96=0.928\,2$。

成品大理石拼图案:$10.17\div320.96=0.031\,7$。

大理石异型块料:$12.87\div320.96=0.040\,1$。

异形块料另加工料：12.87 ÷320.96 =0.040 1。

点缀大理石楼地面：1.0 ÷320.96 =0.003 1。

楼地面酸洗打蜡：320.96 ÷320.96 =1.0。

(4)人、材、机单价选用省信息价。

(5)计算清单项目每计量单位所含各项工程内容的人工费、材料费、机械费。

(6)根据企业情况确定管理费费率为 102%，利润率为 34%，均以人工费为计费基础。

(7)综合单价：19.99 +185.68 +2.05 +27.18 =234.90(元/m²)。

(8)合价：234.90 ×320.96 =7 5393.50(元)。

(9)将上述计算结果及相关内容填入“分部分项工程量清单综合单价分析表”和“分部分项工程及单价措施项目清单与计价表”中，如表 5-10、表 5-11 所示。

表 5-10　分部分项工程量清单综合单价分析表

工程名称：某装饰工程　　　　第 1 页　共 1 页

项目编码		011102001001		项目名称		石材楼地面				计量单位	m²
清单综合单价组成明细											
定额编号	定额名称	定额单位	数量	单价				合价			
				人工费	材料费	机械费	管理费和利润	人工费	材料费	机械费	管理费和利润
9-1-4	1:3砂浆找平层20	10 m²	1.0	41.34	52.41	3.17	56.10	4.13	5.24	0.32	5.61
9-1-36	大理石楼地面		0.928 2	127.20	1 734.32	12.70	173.13	11.81	160.98	1.18	16.07
9-1-49	成品大理石拼图案		0.031 7	161.12	2 822.39	3.17	217.67	0.51	8.94	0.01	0.69
9-1-36H	图案周边异形块料		0.040 1	127.20	2 301.56	12.70	172.07	0.51	9.23	0.05	0.69
9-1-50	异形块料另加工料		0.003 1	163.24	13.30	121.42	219.45	0.65	0.05	0.49	0.88
9-1-40	点缀大理石楼地面		1.0	146.81	1 706.20	12.70	225.81	0.05	0.53		0.07
9-1-160	楼地面酸洗打蜡			23.32	7.09	0.00	31.70	2.33	0.71		3.17
人工单价		小计						19.99	185.68	2.05	27.18
综合工日 53 元/工日		未计价材料费									
清单项目综合单价								234.90			
材料费明细	主要材料名称、规格、型号					单位	数量	单价(元)	合价(元)	暂估单价(元)	暂估合价(元)
	(略)										
	其他材料费							—		—	
	材料费小计							—	185.68	—	0.00

表5-11　分部分项工程及单价措施项目清单与计价

工程名称:某装饰工程　　　　第1页　共1页

序号	项目编码	项目名称	项目特征	计量单位	工程数量	金额(元)		
						综合单价	合价	其中:暂估价
1	011102001001	石材楼地面	1. 找平层厚度、砂浆配合比 2. 结合层厚度、砂浆配合比 3. 面层材料品种、规格、颜色 4. 嵌缝材料种类 5. 防护层材料种类 6. 酸洗、打蜡要求	m^2	320.96	234.90	75 393.50	

能力训练

某办公楼楼地面装饰图如图5-22所示。墙厚240 mm,门洞尺寸:M1:1 800 mm×2 400 mm,M2:1 000 mm×2 100 mm。地面做法:找平层采用20 mm厚1∶3干硬性水泥砂浆,石材、块料面层结合层采用10 mm厚水泥砂浆(掺5%108胶),地毯采用10 mm厚泡沫塑料衬垫固定安装,办公室及大厅四周均采用15 mm厚1∶2水泥砂浆打底,素水泥浆粘贴150 mm高米色瓷质踢脚线,会议室四周安装150 mm高的硬木踢脚线,采用胶粘剂粘贴在9 mm的胶合板上。试编制楼地面装饰工程工程量清单。

项目评估

班级:　　　　姓名:　　　　学号:　　　　得分:

要求:课堂完成,采用10分制。

目的:评估学生对该项目知识、能力的掌握程度。

一、多项选择题(每题2分,共4分)

1. 在某装饰工程工程量清单中,分项全瓷地板砖楼地面(011102003001)的项目特征应描述的主要内容是(　　)。

A. 找平层厚度　　　　B. 结合层厚度

C. 垫层材料种类、厚度　　　　D. 面层材料规格、品种

E. 砂浆配合比

2. 清单项目块料楼梯面层工程量计算规则,下列说法正确的是(　　)。

A. 按设计图示尺寸以楼梯水平投影面积计算

B. 包括踏步、休息平台及≤500 mm的楼梯井

C. 楼梯与楼地面相连时,算至梯口梁内侧边沿

D. 无梯口梁者,算至最上一层踏步边沿加300 mm

E. 无梯口梁者,算至最上一层踏步边沿加200 mm

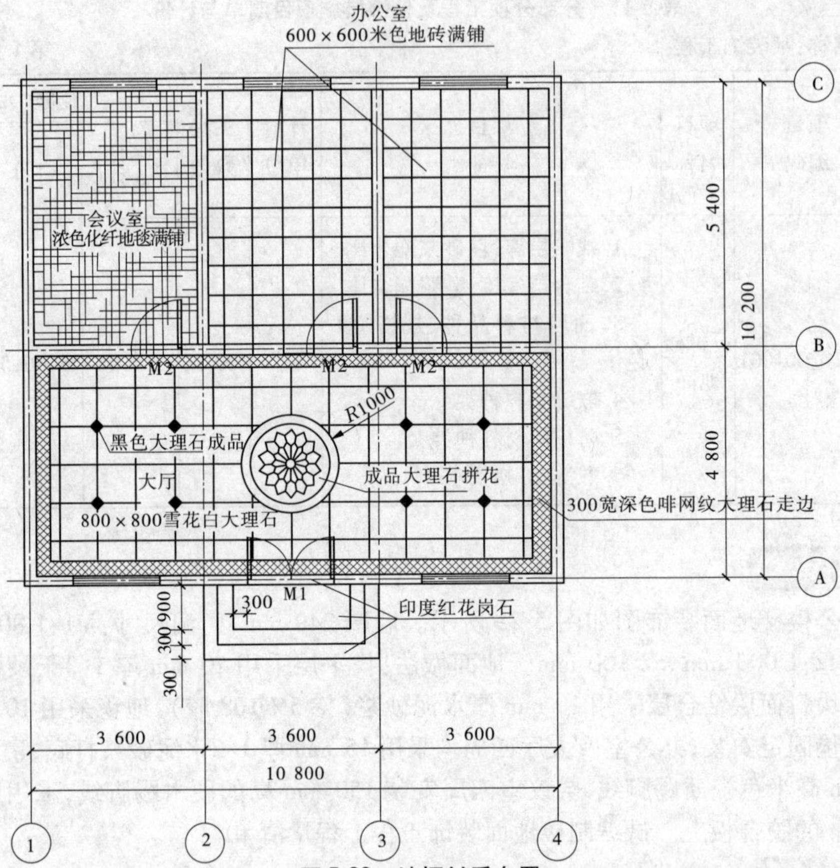

图 5-22　地坪材质布置

二、实务题(共 6 分)

某展览厅花岗石地面如图 5-23 所示。墙厚 240 mm,门洞口宽 1 000 mm,地面找平层 C20 细石混凝土 40 mm 厚,细石混凝土现场搅拌。地面中有钢筋混凝土柱 8 根,直径 800 mm;3 个花岗石图案为圆形,直径 1.8 m,图案外边线 2.4 m×2.4 m;其余为规格块料点缀图案,规格块料 600 mm×600 mm,点缀 32 个,150 mm×150 mm。250 mm 宽济南青花岗岩围边,均用 1:2.5 水泥砂浆粘贴。试编制该地面工程工程量清单,并依据地区计价表计算清单项目综合单价。

图 5-23　某展览厅花岗石地面

项目6 墙、柱面装饰工程

6.1 墙、柱面装饰工程定额应用

知识目标:

1. 理解消耗量定额中墙、柱面装饰工程有关说明、解释。
2. 熟悉消耗量定额中墙、柱面装饰工程定额项目表。
3. 掌握消耗量定额中墙、柱面装饰工程工程量计算规则。

能力目标:

1. 会进行墙、柱面装饰工程定额项目工程量的计算。
2. 会查套定额项目并进行直接费的计算。
3. 会应用消耗量定额(计价表)中的说明、解释对定额项目进行调整换算。

典型任务

任务1 墙、柱面装饰工程定额项目工程量计算

【任务背景】 如图6-1所示,间壁墙采用轻钢龙骨双面镶嵌石膏板,门口尺寸为900 mm×2 000 mm,柱面水泥砂浆粘贴6 mm车边镜面玻璃,装饰断面为400 mm×400 mm。计算工程量,确定定额项目。

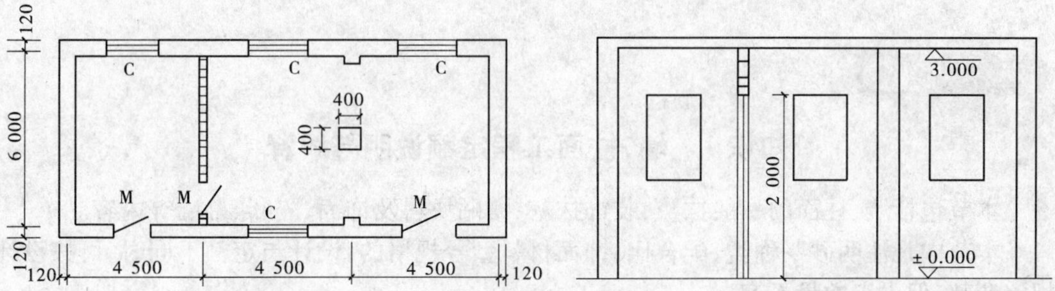

(a)平面图 (b)剖面图

图6-1 平面图及剖面图

【任务分析与实施】

根据工程量计算规则及定额说明,铝合金(轻钢)间壁、隔断、各种幕墙,按设计四周外边线的框外围面积计算(见图6-2)。

铝合金(轻钢)间壁、隔断、幕墙 = 净长度 × 净高度 - 门窗面积

应注意定额龙骨按附墙、附柱考虑,设计龙骨外挑时,其相应定额项目乘以系数1.15。

墙、柱饰面龙骨工程量 = 图示长度 × 高度 × 系数

柱面贴块料面层按块料外围周长乘装饰高度以 m^2 计算。

柱面贴块料工程量 = 柱装饰块料外围周长 × 装饰高度

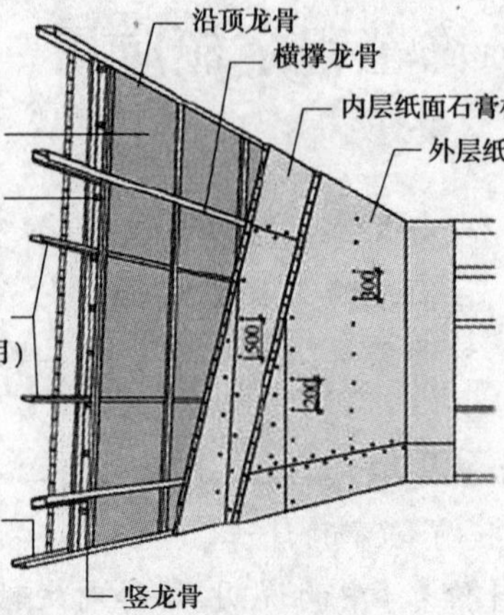

图 6-2 间壁墙工程构造示意图

(1)间壁墙龙骨的工程量 = [(6.00 - 0.24) ×3 - 0.9 ×2] ×1.15 = 17.80(m^2)。

间壁墙采用轻钢龙骨安装,套用定额 9 - 2 - 259 子目。

(2)间壁墙双面石膏板的工程量 = [(6.00 - 0.24) ×3 - 0.9 ×2] ×2 = 30.96(m^2)。

轻钢龙骨安装石膏板,套用定额 9 - 2 - 269 子目。

(3)柱面的工程量 = 0.4 ×4 ×3 = 4.80(m^2)。

水泥砂浆粘贴镜面玻璃柱面,套用定额 9 - 2 - 286 子目。

基础知识

知识 1　墙、柱面工程定额说明与解释

本节包括墙、柱面的一般抹灰、装饰抹灰、镶贴块料及饰面、隔断、幕墙等内容。

本节中凡注明砂浆种类、配合比、饰面材料型号规格的,设计与定额不同时,可按设计规定调整,但人工数量不变。

墙面抹石灰砂浆分二遍、三遍、四遍,其标准如表 6-1 所示。其中,墙面抹石灰砂浆子目中的“遍数”不含罩面的麻刀石灰浆。

表6-1 三种抹灰对应标准

名称	普通抹灰	中级抹灰	高级抹灰
抹灰遍数	二遍:一底一面	三遍:一底一中一面	四遍:一底一中二面
主要工序	分层找平、修整、表面压光	阳角找方、设置标筋、分层找平、修整、表面压光	阳角找方、设置标筋、分层找平、修整、表面压光
外观质量	表面光滑、清净、接槎平整	表面光滑、清净、接槎平整、压线清晰、顺直	表面光滑、清净、颜色均匀、无抹纹、压线平直方正

(1)定额中厚度为××mm者,抹灰种类为一种一层。

(2)厚度为××mm+××mm者,抹灰种类为二种二层,前面数据为打底抹灰厚度,后面数据为罩面抹灰厚度。

(3)厚度为××mm+××mm+××mm者,抹灰种类为三种三层,前面数据为打底抹灰厚度,中间数据为中层抹灰厚度,后面数据为罩面抹灰厚度。

抹灰厚度,设计与定额取定不同时,除定额有调整项目的可以换算外,其他不做调整。抹灰厚度,定额按不同的砂浆种类分别列在项目中,调整时按相应项目分别调整。

窗台(无论内、外)抹灰的砂浆种类和厚度,与墙面一致时,不另计算;否则,按其展开宽度,按相应零星项目或者装饰线条计算。

圆弧形墙面的抹灰,圆弧形、锯齿形墙面镶贴块料、饰面,按相应项目人工乘以系数1.15。

凸弧形装饰线条按下列规定执行补充定额:

(1)凸弧形装饰线条,系指突出墙面、断面外形为弧形(由抹灰形成)的直线线条。

(2)凸弧形装饰线条,区分不同断面,按设计长度,以m计算。

(3)突出墙面的矩形混凝土或砖外表面,抹灰形成凸弧形装饰线条,该线条的断面面积,应扣除混凝土或砖所占的矩形面积。

(4)线条纵向成弧形,或者纵向直线连续长度小于2 m时,人工乘以系数1.15。

墙面抹灰(含一般抹灰和装饰抹灰)的工程量,应扣除零星抹灰所占面积,不扣除各种装饰线条所占面积。

外墙贴面砖项目,灰缝宽按5 mm以内、10 mm以内和20 mm以内列项,其人工、材料已综合考虑。如灰缝超过20 mm以上者,其块料及灰缝材料用量允许调整,其他不变。

镶贴块料面层子目,除定额已注明留缝宽度的项目外,其余项目均按密缝编制。若设计留缝宽度与定额不同,其相应项目的块料和勾缝砂浆用量可以调整,其他不变。

墙、柱面干挂大理石、花岗岩子目,定额按块料挂在膨胀螺栓上编制。若设计挂在龙骨上,龙骨单独计算,执行相应龙骨项目;扣除子目中的膨胀螺栓消耗量,其余不变。

定额内除注明者外,均未包括压条、收边、装饰线(板),设计有要求时,按相应定额计算。

墙、柱饰面中的面层、基层、龙骨均未包括刷防火涂料,设计有要求时,按相应定额计算。

幕墙、隔墙(间壁)、隔断所用的轻钢及铝合金龙骨,设计与定额不同时允许换算,人工用量不变(轻钢龙骨损耗率6%,铝合金龙骨损耗率7%)。

块料镶贴和装饰抹灰的“零星项目”适用于挑檐、天沟、腰线、窗台线、门窗套、压顶、栏板、扶手、遮阳板、雨缝周边等,一般抹灰中的“零星项目”适用于各种壁柜、碗柜、过人洞、暖气壁龛、池槽、花台,以及 1 m^2 以内的抹灰;“装饰线条”抹灰适用于门窗套、挑檐、腰线、压顶、遮阳板、楼梯边梁、宣传栏边框等展开度小于 300 mm 以内的竖、横线条抹灰。展开宽度超过 300 mm 时按“零星项目”执行。

墙面镶贴块料高度大于 300 mm 时,按墙面、墙裙项目套用;小于 300 mm 按踢脚线项目套用。

木龙骨基层项目中龙骨是按双向计算的,设计为单向时,人工、材料、机械消耗量乘以系数 0.55。

基层板上钉铺造型层,定额按不满铺考虑,若在基层板上满铺板,可套用造型层相应项目,人工消耗量乘以系数 0.85。

玻璃幕墙、隔墙中设计有平开窗、推拉窗者,木隔断(间壁)、铝合金隔断(间壁)设计有门者,扣除门窗面积:门窗按相应章节规定计算。

知识 2 墙、柱面工程工程量计算规则

1 内墙抹灰工程量计算规则

(1)内墙抹灰以 m^2 计算。

计算时应扣除:门窗洞口和空圈所占的面积。

不扣除:踢脚板、挂镜线、单个面积在 0.3 m^2 以内的孔洞和墙与构件交接处的面积。

不增加:洞侧壁和顶面面积。

合并计算:墙垛和附墙烟囱侧壁面积与内墙抹灰工程量合并计算。

(2)内墙面抹灰的长度,以主墙间的图示净长尺寸计算。其高度确定如下:

①无墙裙的,其高度按室内地面或楼面至顶棚底面之间的距离计算。

②有墙裙的,其高度按墙裙顶至顶棚底面之间的距离计算。

③有顶棚的,其高度至顶棚底面另加 100mm 计算。

内墙抹灰工程量 = 主墙间净长度 × 墙面高度 − 门窗等面积 + 垛的侧面抹灰面积

2 外墙抹灰工程量计算规则

(1)外墙抹灰面积按设计外墙抹灰的垂直投影面积以 m^2 计算。

计算时应扣除:门窗洞口、外墙裙和单个面积大于 0.3m^2孔洞所占面积。

不另增加:洞口侧壁面积。

并入计算:附墙垛、梁、柱侧面抹灰面积并入外墙面工程量内计算。

外墙抹灰工程量 = 外墙面长度 × 墙面高度 − 门窗等面积 + 垛梁柱的侧面抹灰面积

(2)外墙裙抹灰面积按其长度乘高度计算(扣除或不扣除内容同外墙抹灰)。

外墙裙抹灰工程量 = 外墙面长度 × 墙裙高度 − 门窗所占面积 + 垛梁柱的侧面抹灰面积

(3)其他抹灰。展开宽度在300 mm以内者，按延长米计算，展开宽度超过300 mm时，按图示尺寸的展开面积计算。

其他抹灰工程量 = 展开宽度在300 mm以内的实际长度

或　　其他抹灰工程量 = 展开宽度在300 mm以上的实际面积

解释：展开宽度在300 mm以内按延长米计算的，套用“装饰线条”定额项目：9−2−19(石灰砂浆)或9−2−26(水泥砂浆)；展开宽度超过300mm，套用“零星抹灰”定额项目：9−2−25(水泥砂浆)、9−2−36(混合砂浆)、9−2−44(石膏砂浆)等。

(4)栏板、栏杆(包括立柱、扶手或压顶等)设计抹灰做法相同时，抹灰按垂直投影面积以 m^2 计算。设计抹灰做法不同时，按其他抹灰规定计算。

栏板、栏杆工程量 = 栏板、栏杆长度 × 栏板、栏杆抹灰高度

解释：此处指的是外表面抹灰的砖栏板、混凝土栏板、栏杆。当立柱、扶手或压顶各部位的抹灰做法相同时，按照垂直投影面积以 m^2 计算，套用相应的抹灰定额项目；当各部位的抹灰做法不相同时，按其他抹灰规定计算，按照各部件的展开宽度来计算延长米或者展开面积，套用“零星抹灰”定额项目。

(5)墙面勾缝按设计勾缝墙面的垂直投影面积计算。不扣除门窗洞口、门窗套、腰线等零星抹灰所占的面积，附墙柱和门窗洞口侧面的勾缝面积亦不增加。独立柱、房上烟囱勾缝，按图示尺寸以 m^2 计算。

墙面勾缝工程量 = 墙面长度 × 墙面高度

3　外墙装饰抹灰工程量计算规则

(1)外墙各种装饰抹灰：均按设计外墙抹灰的垂直投影面积计算。计算时应扣除门窗洞口、空圈及单个面积大于0.3 m^2 孔洞所占面积，其侧壁面积不另增加。附墙垛侧面抹灰面积并入外墙抹灰工程量内计算。

外墙装饰抹灰工程量 = 外墙面长度 × 抹灰高度 − 门窗等面积 + 垛梁柱的侧面抹灰面积

(2)挑檐、天沟、腰线、栏板、门窗套、窗台线、压顶等均按图示尺寸的展开面积以 m^2 计算。

解释：该规则所述的部件均按展开面积计算，套用“零星项目装饰抹灰”项目。

(3)柱装饰抹灰按结构断面周长乘设计柱抹灰高度，以 m^2 计算。

柱装饰抹灰工程量 = 柱结构断面周长 × 设计柱抹灰高度

解释：依此规则计算出工程量，按照是否为独立柱、柱面抹灰材料，套用相应柱面抹灰的定额项目。

4　块料面层工程量计算规则

(1)墙面贴块料面层：按图示尺寸的实贴面积计算。

墙面贴块料工程量 = 图示长度 × 装饰高度

(2)柱面贴块料面层：块料外围周长乘装饰高度以 m^2 计算。

柱面贴块料工程量 = 柱装饰块料外围周长 × 装饰高度

解释:此处要注意的是,"柱装饰块料外围周长"也就是柱面装饰成活后的周长。一般图纸上注明的是柱的结构尺寸,在计算柱装饰块料外围周长时应在结构尺寸上再加上柱面装饰结合层厚度和块料材料的厚度。

5 墙、柱饰面、隔断、幕墙工程量计算规则

(1)墙、柱饰面龙骨按图示尺寸长度乘以高度,以 m^2 计算。定额龙骨按附墙、附柱考虑,若遇其他情况,按下列规定乘以系数处理:

①设计龙骨外挑时,其相应定额项目乘以系数 1.15;

②设计木龙骨包圆柱,其相应定额项目乘以系数 1.18;

③设计金属龙骨包圆柱,其相应定额项目乘以系数 1.20。

墙、柱饰面龙骨工程量 = 图示长度 × 高度 × 系数

(2)墙、柱饰面基层板、造型层按图示尺寸面积,以 m^2 计算。面层按展开面积,以 m^2 计算。

解释:单块面积在 0.03 m^2 以内的墙柱饰面面层,其材料与周边饰面面层不一致时应单独计算,且不扣除周边饰面面层的工程量,如图 6-3 所示。

墙、柱饰面基层面层工程量 = 图示长度 × 高度

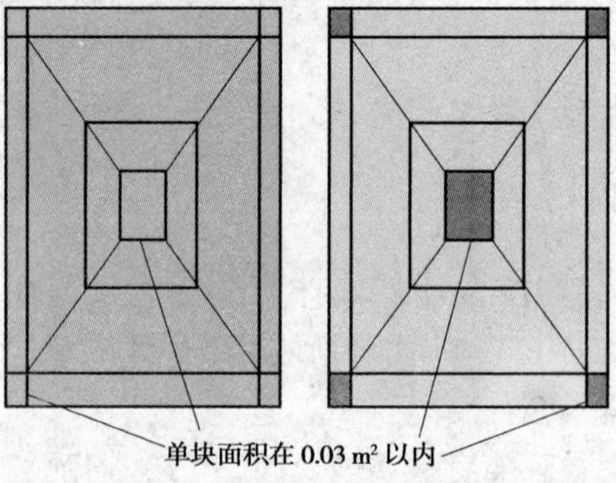

图 6-3 墙、柱饰面示意图

例如,某工程墙面设计如图 6-4 所示,计算其造型层工程量。

造型层工程量 = $S_1 + S_2 + S_3 + S_4$。

(3)木间壁、隔断按图示尺寸长度乘以高度,以 m^2 计算。有门窗者扣除门窗面积,门窗扇执行其他章节有关规定。其中花式木隔断如图 6-5 所示。

木间壁、隔断工程量 = 图示长度 × 高度 − 门窗面积

(4)玻璃间壁、隔断按上横档顶面至下横档底面之间的图示尺寸,以 m^2 计算。

(5)铝合金(轻钢)间壁、隔断、各种幕墙,按设计四周外边线的框外围面积计算。

铝合金(轻钢)间壁、隔断、幕墙的面积 = 净长度 × 净高度 − 门窗面积

(6)墙面保温项目,按设计图示尺寸以 m^2 计算。

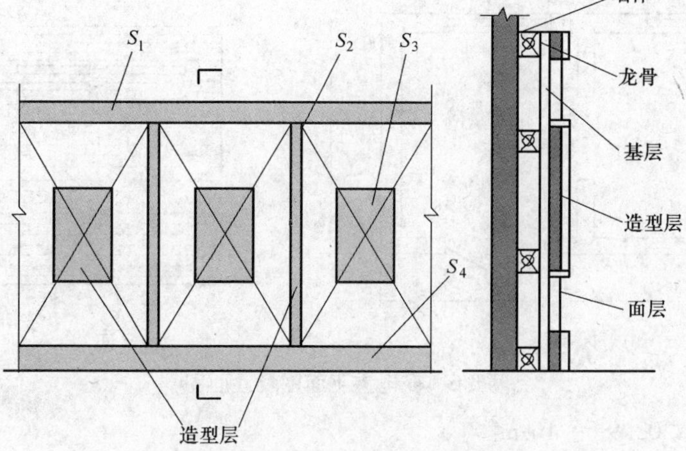

(a) 墙立面图 (b) 墙剖面图

图6-4 墙立面图及剖面图

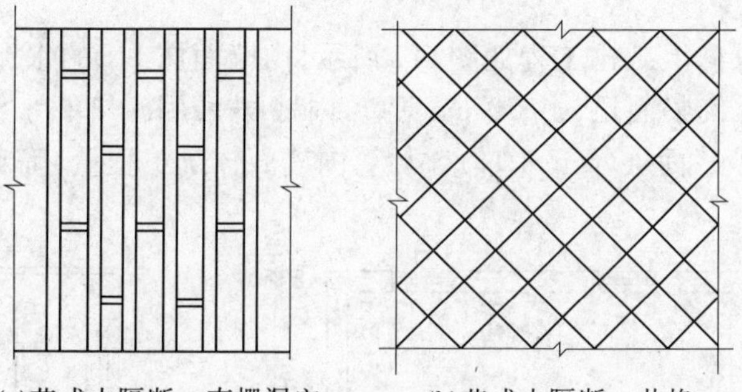

(a)花式木隔断—直栅漏空 (b)花式木隔断—井格

图6-5 花式木隔断

典型任务

任务2 墙、柱面装饰工程定额直接费计算

【任务背景】 某变电室，外墙面尺寸如图6-6所示，M：1 500 mm×2 000 mm；C－1：1 500 mm×1 500 mm；C－2：1 200 mm×800 mm；门窗侧面宽度100 mm，外墙水泥砂浆粘贴规格为194 mm×94 mm瓷质外墙砖，灰缝5 mm。计算该墙面工程定额直接费。

【任务分析与实施】

依据消耗量定额工程量计算规则，计算出外墙面工程量，查套定额项目，确定定额单价（定额基价），计算出定额直接费。

定额直接费＝工程量×定额单价

外墙面砖的工程量＝(6.24＋3.90)×2×4.20－1.50×2.00－1.50×1.50－1.20×0.80×4＋[1.50＋2.00×2＋1.50×4＋(1.20＋0.80)×2×4]×0.10＝78.84(m^2)。

外墙面水泥砂浆粘贴（规格194 mm×94 mm，灰缝5 mm）瓷质外墙砖，套用定额9－2－216子目。

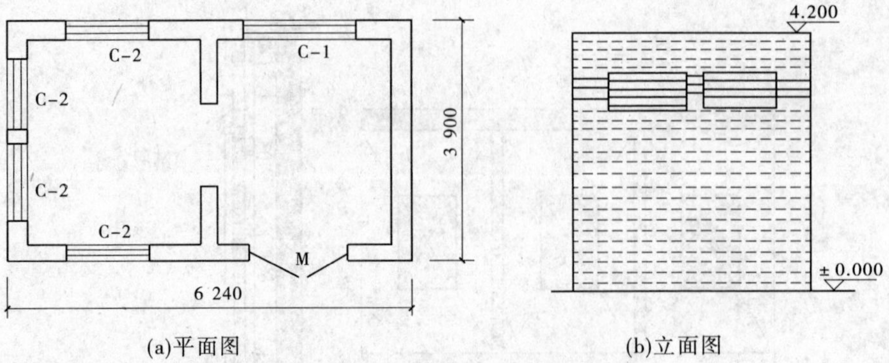

图6-6　变电室平面图及立面图

定额基价:1 203.9 元/10 m^2。

定额直接费:78.84 m^2 ×1 203.9 元/10 m^2 =9 491.55 元。

能力训练

【训练6-1】　某砖混结构工程如图6-7所示,内墙面抹1∶2的水泥砂浆底,1∶3的石灰砂浆找平层,麻刀石灰浆面层,共20 mm厚。内墙裙采用1∶3的水泥砂浆打底(19 mm厚),1∶2.5的水泥砂浆面层(6 mm厚)。计算内墙面抹灰工程量,确定定额项目。

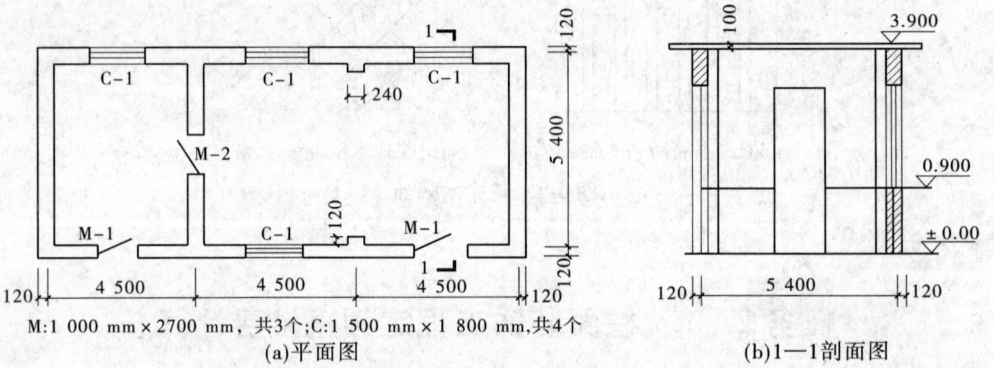

图6-7　平面图及剖面图

【训练6-2】　某砖混结构工程如图6-8所示,M:1 000 mm×2 500 mm,C:1 200 mm×1 500 mm。外墙面抹水泥砂浆,底层为1∶3水泥砂浆打底14 mm厚,面层为1∶2水泥砂浆抹面6 mm厚;外墙裙水刷石,1∶3水泥砂浆打底12 mm厚,素水泥浆二遍,1∶2.5水泥白石子10 mm厚,挑檐水刷石,厚度与配合比均与定额相同。计算外墙面抹灰和外墙裙及挑檐装饰抹灰工程量,确定定额项目。

【训练6-3】　某工程外墙裙贴蘑菇石板,实贴尺寸如图6-9所示,高度为1 200 mm,门口宽为1 000 mm,门口侧面宽为80 mm。计算工程量,确定定额项目。

【训练6-4】　某单位大门砖柱4根,砖柱块料外转尺寸如图6-10所示,面层水泥砂浆

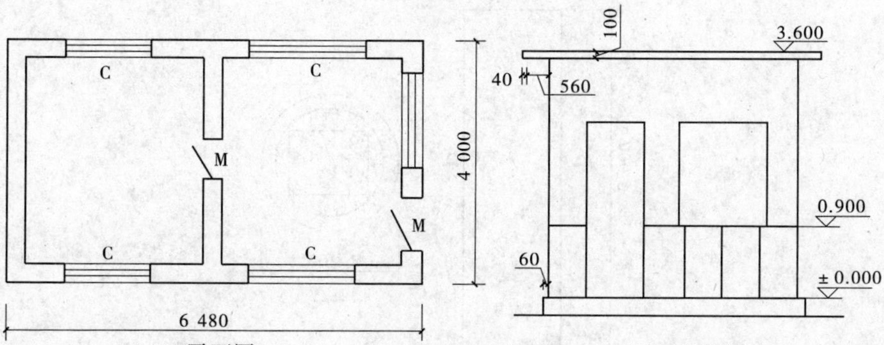

(a)平面图 (b)立面图

图6-8 平面图及立面图

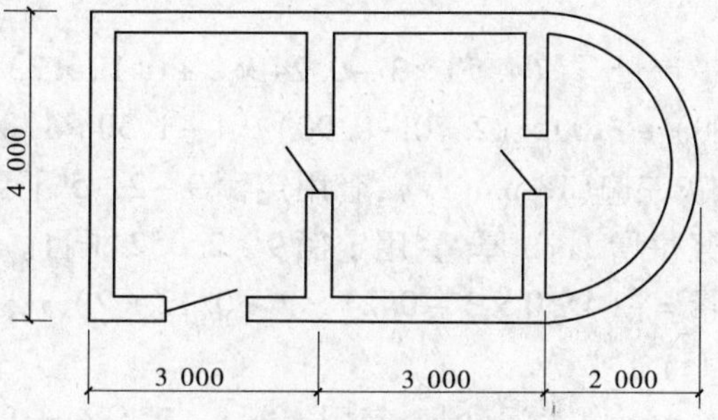

图6-9 平面图

贴玻璃马赛克。计算工程量,确定定额项目。

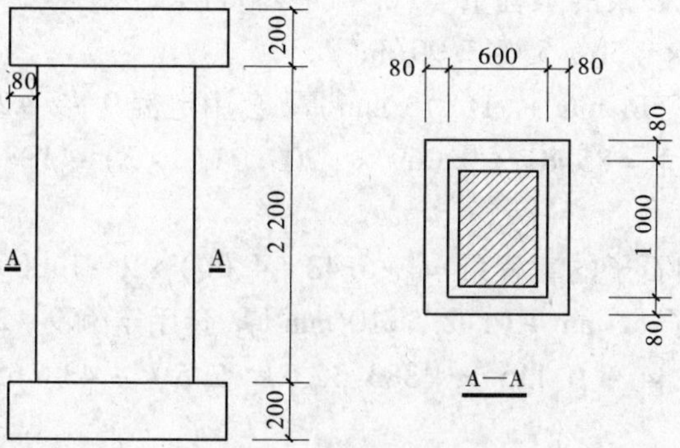

图6-10 砖柱立面图

【训练6-5】 木龙骨,五合板基层,不锈钢柱面尺寸如图6-11所示,共4根,龙骨断面30 mm×40 mm,间距250 mm。计算工程量,确定定额项目。

【训练6-6】 某墙面工程,三合板基层,贴丝绒墙面500 mm×1 000 mm,共16块。胶合板墙裙13 m长,净高0.9 m,木龙骨(成品)40 mm×30 mm,间距400 mm,中密度板基层,面层贴不拼花榉木夹板。计算工程量,确定定额项目。

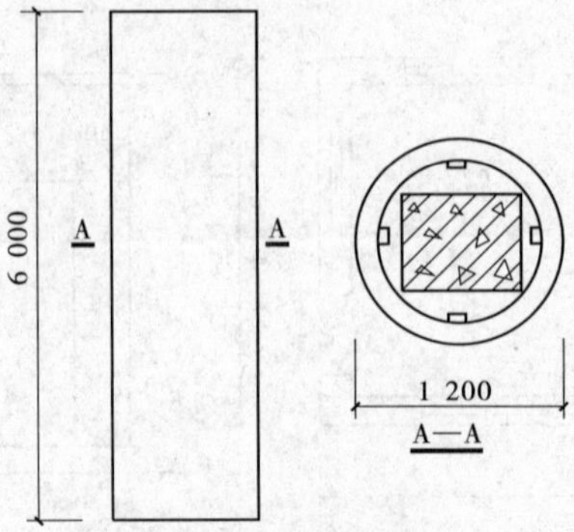

图 6-11　柱示意图

训练指导

【训练 6-1】

(1)内墙面抹灰的工程量 = [(4.50×3 − 0.24×2 + 0.12×2)×2 + (5.40 − 0.24)×4]×(3.90 − 0.10 − 0.90) − 1.00×(2.70 − 0.90)×4 − 1.50×1.80×4 = 118.76(m^2)。

石灰砂浆砖墙面抹灰三遍(18 mm 厚),套用定额 9 − 2 − 5 子目。

抹灰层 1:3石灰砂浆每增 1mm 厚,套用定额 9 − 2 − 52 子目。

(2)内墙裙的工程量 = [(4.50×3 − 0.24×2 + 0.12×2)×2 + (5.40 − 0.24)×4 − 1.00×4]×0.9 = 38.84(m^2)。

砖墙裙抹 14 mm + 6 mm 厚水泥砂浆,套用定额 9 − 2 − 20 子目。

抹灰层 1:3水泥砂浆每增 1 mm 厚,注意增 5 mm,套用定额 9 − 2 − 54 子目。

【训练 6-2】

(1)外墙面抹水泥砂浆的工程量 = (6.48 + 4.00)×2×(3.6 − 0.10 − 0.90) − 1.00×(2.50 − 0.90) − 1.20×1.50×5 = 43.90(m^2)。

砖墙面抹水泥砂浆 14 mm + (1:2)6 mm 厚,套用定额 9 − 2 − 20(换)子目。

换算后的定额单价 = 85.81 + 0.069×[209.04(1:2) − 198.96(1:2.5)] = 86.51(元/10 m^2)。

(2)外墙裙水刷白石子的工程量 = [(6.48 + 4.00)×2 − 1.00]×0.90 = 17.96(m^2)。

砖墙面水刷白石子 12 mm + (1:2.5)10 mm 厚,套用定额 9 − 2 − 74(换)子目。

定额价格 = 189.44 + 0.115×[383.32(1:2.5) − 438.65(1:1.5)] = 183.08(元/10 m^2)。

(3)素水泥浆的工程量 = [(6.48 + 4.00)×2 − 1.00]×0.90 = 17.96(m^2)。

每增一遍素水泥浆(无 108 胶),套用定额 9 − 2 − 112 子目。

(4)分格嵌缝的工程量 = [(6.48 + 4.00)×2 − 1.00]×0.90 = 17.96(m^2)。

分格嵌缝,套用定额 9 − 2 − 110 子目。

(5)挑檐水刷石的工程量 = [(6.48 + 4.00)×2 + 0.60×8]×(0.10 + 0.04) = 3.61(m^2)。

挑檐水刷白石子 12 mm + 10 mm 厚,套用定额 9 − 2 − 77 子目。

【训练6-3】

(1)平直墙面的工程量 $=(6.0\times2+4.0-1+0.08\times2)\times1.2=18.19(m^2)$。

墙面贴蘑菇石板,套用定额9-2-136子目。

(2)圆弧形墙面的工程量 $=2\times3.14\times1.2=7.54(m^2)$。

圆弧形墙面蘑菇石板,套用定额9-2-136(换)子目。

换算后定额价格 $=3\ 323.14+339.64\times0.15=3\ 374.09$(元/10 m^2)。

【训练6-4】

(1)柱面的工程量 $=(0.6+1.0)\times2\times2.2\times4=28.16(m^2)$。

柱面水泥砂浆贴玻璃马赛克,套用定额9-2-161子目。

(2)压顶及柱脚的工程量 $=[(0.76+1.16)\times2\times0.2+(0.68+1.08)\times2\times0.08]\times2\times4=8.40(m^2)$。

压顶及柱脚水泥砂浆贴玻璃马赛克,套用定额9-2-162子目 。

【训练6-5】

(1)木龙骨现场制作安装的工程量 $=1.20\times3.14\times6.00\times4\times1.18=106.71(m^2)$。

设计木龙骨包圆柱,其相应定额项目乘以系数1.18。

龙骨断面 $=3\times4=12(cm^2)$。

龙骨断面12 cm^2,间距250 mm,套用定额9-2-232子目。

(2)木龙骨上钉基层板的工程量 $=1.20\times3.14\times6.00\times4=90.43(m^2)$。

木龙骨上五合板基层,套用定额9-2-265(换)子目。

换算后定额基价 $=648.03+13.16\times0.15=650.00$(元/10 m^2)。

(3)圆柱不锈钢面的工程量 $=1.20\times3.14\times6.00\times4=90.43(m^2)$。

圆柱面包镜面不锈钢板,套用定额9-2-297子目。

(4)不锈钢卡口槽的工程量 $=6.00\times4=24.00(m^2)$。

不锈钢卡口槽,套用定额9-2-298子目。

【训练6-6】

(1)丝绒墙面的工程量 $=0.5\times1.00\times16=8.00(m^2)$。

三合板上贴软包丝绒墙面,套用定额9-2-305子目。

(2)墙裙成品木龙骨安装的工程量 $=13\times0.9=11.70(m^2)$。

龙骨断面12 cm^2, 间距400 mm,套用定额9-2-249子目。

(3)基层板的工程量 $=13\times0.9=11.70(m^2)$。

木龙骨上钉中密度板基层,套用定额9-2-267子目。

(4)胶合板墙裙面层的工程量 $=13\times0.9=11.70(m^2)$。

面层贴不拼花榉木夹板,套用定额9-2-281子目。

项目评估

班级:　　　　　　　　姓名:　　　　　　　　学号:　　　　　　　　得分:

要求:课堂完成,采用10分制。

目的:评估学生对该项目知识、能力的掌握程度。

一、单项选择题(每题0.5分,共3分)

1. 内墙面、墙裙抹灰面积计算时,应该扣除的部分是(　　)。

A. 踢脚线面积　　B. 挂镜线面积

C. 墙与构件交接处面积　　D. 0.3 m^2 孔洞所占面积

2. 内墙面、墙裙抹灰面积计算时,(　　)应并入墙面、墙裙抹灰面积内计算。

A. 孔洞侧壁增加面积　　B. 附墙柱的侧面抹灰

C. 门窗洞口侧壁增加面积　　D. 孔洞的侧壁不增加面积

3. 女儿墙(包括泛水、挑砖)内侧抹灰按(　　)计算。

A. 垂直投影面积　　B. 垂直投影面积乘以系数1.10

C. 垂直投影面积乘以系数0.90　　D. 垂直投影面积乘以系数1.25

4. 外墙抹灰面积计算时,(　　)应并入外墙面抹灰面积工程量内。

A. 孔洞侧壁增加面积　　B. 附墙柱的侧面抹灰

C. 门窗洞口侧壁增加面积　　D. 孔洞的侧壁不增加面积

5. 定额龙骨按附墙、附柱考虑,若遇设计木龙骨包圆柱,其相应定额项目乘以系数(　　)。

A. 1.20　　B. 1.18

C. 1.15　　D. 1.10

6. 抹灰工程凡注明砂浆种类、配合比、饰面材料型号规格的,设计与定额不同时(　　)。

A. 人、材、机用量均可换算　　B. 可以换算,但人工、机械用量不变

C. 不能换算　　D. 可以换算,但人工数量不变

二、实务题(共7分)

某银行营业厅室内有四根圆柱:成品木龙骨30 mm×40 mm,间距250 mm,细木工板基层,镜面不锈钢面层;柱高3.9 m,如图6-12所示。计算工程量,确定定额项目,计算定额直接费。

图6-12　柱装饰断面图

6.2 墙、柱面装饰工程计量与计价规范应用

知识目标：

1. 掌握墙、柱面装饰工程清单工程量计算规则。
2. 熟悉墙、柱面装饰工程清单项目编码及特征描述内容。
3. 掌握墙、柱面装饰工程清单综合单价的确定方法。

能力目标：

1. 会进行墙、柱面装饰工程清单工程量计算。
2. 能编制墙、柱面装饰工程工程量清单。
3. 会进行墙、柱面装饰工程清单综合单价的确定。
4. 能编制墙、柱面装饰工程工程量清单计价表。

典型任务

任务1 墙、柱面装饰工程工程量清单编制

【任务背景】 某工程砖外墙面用1∶2水泥砂浆粘贴瓷质外墙砖，外墙面砖的型号为194 mm×94 mm，灰缝10 mm，门窗侧壁100 mm。门窗尺寸分别为：M－1：900 mm×2 000 mm；M－2：1 200 mm×2 000 mm；M－3：1 000 mm×2 000 mm；C－1：1 500 mm×1 500 mm；C－2：1 800 mm×1 500 mm；C－3：3 000 mm×1 500 mm，如图6-13所示。试编制外墙面砖装饰工程量清单。

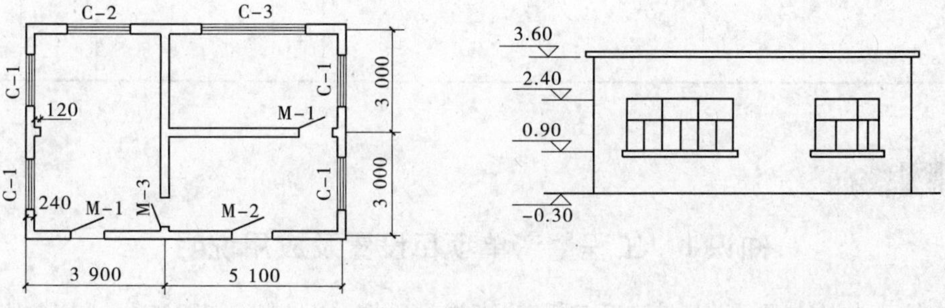

(a)平面图 (b)北立面图

图6-13 某工程平、立面示意图

【任务分析与实施】

根据计量规范GB 50854—2013表M.4墙面块料面层列项。

项目编码：011204003001。

工程内容：基层清理、砂浆制作、运输、黏结层铺贴、面层安装、嵌缝、刷防护材料、磨

光、酸洗、打蜡。

工程量计算规则：按镶贴表面积计算。

工程数量：外墙面砖工程量 = 墙面工程量 − 门洞口工程量 + 洞口侧壁工程量

$$S = (3.9 + 5.1 + 0.24 + 3 \times 2 + 0.24) \times 2 \times (3.6 + 0.3) - (1.5 \times 1.5 \times 4 + 1.8 \times 1.5 + 3 \times 1.5 + 0.9 \times 2 + 1.2 \times 2) + \{(1.5 + 1.5 + 1.8 + 1.5 + 3 + 1.5) \times 2 + 0.9 + 2 \times 2 + 1.2 + 2 \times 2\} \times 0.1$$

$$= 15.48 \times 2 \times 3.9 - (9 + 2.7 + 4.5 + 1.8 + 2.4) + 3.17$$

$$= 103.51(m^2)$$

将上述计算结果及相关内容填入“分部分项工程和单价措施项目清单与计价表”，如表 6-2 所示。

表 6-2　分部分项工程和单价措施项目清单与计价表

工程名称：某装饰工程　　　　第 1 页　共 1 页

序号	项目编码	项目名称	项目特征	计量单位	工程数量	金额(元)		
						综合单价	合价	其中：暂估价
1	011204003001	块料墙面	1. 墙体类型：砖墙 2. 安装方式：水泥砂浆粘贴 3. 面层材料品种、规格、颜色：194 mm × 94 mm 瓷质外墙砖 4. 缝宽、嵌缝材料种类：缝宽 10 mm	m^2	103.51			

基础知识

知识 1　工程量清单项目设置及应用说明

墙、柱面装饰与隔断、幕墙工程工程量清单项目划分共计 10 节 35 项。计量规范常用项目摘录如下。

1　墙面抹灰

墙面抹灰工程量清单项目的设置、项目特征描述的内容、计量单位及工程量计算规则，应按表 6-3 的规定执行。

表6-3 墙面抹灰(编码:011201)

<table>
<tr><th>项目编码</th><th>项目名称</th><th>项目特征</th><th>计量单位</th><th>工程量计算规则</th></tr>
<tr><td>011201001</td><td>墙面一般抹灰</td><td rowspan="2">1. 墙体类型
2. 底层厚度、砂浆配合比
3. 面层厚度、砂浆配合比
4. 装饰面材料种类
5. 分格缝宽度、材料种类</td><td rowspan="4">m^2</td><td rowspan="4">按设计图示尺寸以面积计算。扣除墙裙、门窗洞口及单个 > 0.3 m^2 的孔洞面积,不扣除踢脚线、挂镜线和墙与构件交接处的面积,门窗洞口和孔洞的侧壁及顶面不增加面积。附墙柱、梁、垛、烟囱侧壁并入相应的墙面面积内:
1. 外墙抹灰面积按外墙垂直投影面积计算。
2. 外墙裙抹灰面积按其长度乘以高度计算。
3. 内墙抹灰面积按主墙间的净长乘以高度计算。
(1)无墙裙的,高度按室内楼地面至天棚底面计算;
(2)有墙裙的,高度按墙裙顶至天棚底面计算;
(3)有吊顶天棚抹灰,高度算至天棚底。
4. 内墙裙抹灰面按内墙净长乘以高度计算</td></tr>
<tr><td>011201002</td><td>墙面装饰抹灰</td></tr>
<tr><td>011201003</td><td>墙面勾缝</td><td>1. 勾缝类型
2. 勾缝材料种类</td></tr>
<tr><td>011201004</td><td>立面砂浆找平层</td><td>1. 基层类型
2. 找平层砂浆厚度、配合比</td></tr>
</table>

说明:1. 立面砂浆找平项目适用于仅做找平层的立面抹灰。

2. 墙面抹石灰砂浆、水泥砂浆、混合砂浆、聚合物水泥砂浆、麻刀石灰浆、石膏灰浆等按本表中墙面一般抹灰列项;墙面水刷石、斩假石、干粘石、假面砖等按本表中墙面装饰抹灰列项。

3. 飘窗突出外墙面增加的抹灰并入外墙工程量内。

4. 有吊顶天棚的内墙面抹灰,抹至吊顶以上部分在综合单价中考虑。

2 柱(梁)面抹灰

柱(梁)面抹灰工程量清单项目的设置、项目特征描述的内容、计量单位及工程量计算规则应按表6-4的规定执行。

表 6-4　柱(梁)面抹灰(编码:011202)

项目编码	项目名称	项目特征	计量单位	工程量计算规则
011202001	柱、梁面一般抹灰	1. 柱(梁)体类型 2. 底层厚度、砂浆配合比 3. 面层厚度、砂浆配合比 4. 装饰面材料种类 5. 分格缝宽度、材料种类	m^2	1. 柱面抹灰:按设计图示柱断面周长乘高度以面积计算; 2. 梁面抹灰:按设计图示梁断面周长乘高度以面积计算
011202002	柱、梁面装饰抹灰			
011202003	柱、梁面砂浆找平	1. 柱(梁)体类型 2. 找平的砂浆厚度、配合比		
011202004	柱面勾缝	1. 勾缝类型 2. 勾缝材料种类		按设计图示柱断面周长乘高度以面积计算

说明:1. 砂浆找平项目适用于仅做找平层的柱(梁)面抹灰。

2. 柱(梁)面抹石灰砂浆、水泥砂浆、混合砂浆、聚合物水泥砂浆、麻刀石灰浆、石膏灰浆等按本表中柱(梁)面一般抹灰列项;柱(梁)面水刷石、斩假石、干粘石、假面砖等按本表中柱(梁)面装饰抹灰项目列项。

3　零星抹灰

零星抹灰工程量清单项目的设置、项目特征描述的内容、计量单位及工程量计算规则应按表 6-5 的规定执行。

表 6-5　零星抹灰(编码:011203)

项目编码	项目名称	项目特征	计量单位	工程量计算规则
011203001	零星项目一般抹灰	1. 基层类型、部位 2. 底层厚度、砂浆配合比 3. 面层厚度、砂浆配合比 4. 装饰面材料种类 5. 分格缝宽度、材料种类	m^2	按设计图示尺寸以面积计算
011203002	零星项目装饰抹灰			
011203003	零星项目砂浆找平	1. 基层类型、部位 2. 找平的砂浆厚度、配合比		

说明:1. 零星项目抹石灰砂浆、水泥砂浆、混合砂浆、聚合物水泥砂浆、麻刀石灰浆、石膏灰浆等按本表中零星项目一般抹灰编码列项;水刷石、斩假石、干粘石、假面砖等按本表中零星项目装饰抹灰项目列项。

2. 墙、柱(梁)面≤0.5 m^2 的少量分散的抹灰按本表中零星抹灰项目编码列项。

4　墙面块料面层

墙面块料面层工程量清单项目的设置、项目特征描述的内容、计量单位及工程量计算规则应按表 6-6 的规定执行。

表6-6　墙面块料面层(编码:011204)

项目编码	项目名称	项目特征	计量单位	工程量计算规则
011204001	石材墙面	1. 墙体类型 2. 安装方式 3. 面层材料品种、规格、颜色 4. 缝宽、嵌缝材料种类 5. 防护材料种类 6. 磨光、酸洗、打蜡要求	m^2	按镶贴表面积计算
011204002	碎拼石材墙面			
011204003	块料墙面			
011204004	干挂石材钢骨架	1. 骨架种类、规格 2. 防锈漆品种遍数	t	按设计图示尺寸以质量计算

说明:1. 在描述碎块项目的面层材料特征时可不用描述规格、颜色。

2. 石材、块料与黏结材料的结合面刷防渗材料的种类在防护层材料种类中描述。

3. 安装方式可描述为砂浆或黏结剂粘贴、挂贴、干挂等,不论哪种安装方式,都要详细描述与组价相关的内容。

5　柱(梁)面镶贴块料

柱(梁)面镶贴块料工程量清单项目的设置、项目特征描述的内容、计量单位及工程量计算规则应按表6-7的规定执行。

表6-7　柱(梁)面镶贴块料(编码:011205)

项目编码	项目名称	项目特征	计量单位	工程量计算规则
011205001	石材柱面	1. 柱截面类型、尺寸 2. 安装方式 3. 面层材料品种、规格、颜色 4. 缝宽、嵌缝材料种类 5. 防护材料种类 6. 磨光、酸洗、打蜡要求	m^2	按镶贴表面积计算
011205002	块料柱面			
011205003	拼碎块柱面			
011205004	石材梁面	1. 安装方式 2. 面层材料品种、规格、品牌、颜色 3. 缝宽、嵌缝材料种类 4. 防护材料种类 5. 磨光、酸洗、打蜡要求		
011205005	块料梁面			

说明:1. 在描述碎块项目的面层材料特征时可不用描述规格、颜色。

2. 石材、块料与黏结材料的结合面刷防渗材料的种类在防护层材料种类中描述。

3. 柱(梁)面干挂石材的钢骨架按表6-6相应项目编码列项。

6　零星镶贴块料

零星镶贴块料工程量清单项目的设置、项目特征描述的内容、计量单位及工程量计算规则应按表6-8的规定执行。

表 6-8 零星镶贴块料(编码:011206)

项目编码	项目名称	项目特征	计量单位	工程量计算规则
011206001	石材零星项目	1. 基层类型、部位 2. 安装方式 3. 面层材料品种、规格、颜色 4. 缝宽、嵌缝材料种类 5. 防护材料种类 6. 磨光、酸洗、打蜡要求	m^2	按镶贴表面积计算
011206002	块料零星项目			
011206003	拼碎块零星项目			

说明:1. 在描述碎块项目的面层材料特征时可不用描述规格、颜色。

2. 石材、块料与黏结材料的结合面刷防渗材料的种类在防护层材料种类中描述。

3. 柱(梁)面干挂石材的钢骨架按表 6-6 相应项目编码列项。

4. 墙、柱面≤0.5 m^2 的少量分散的镶贴块料面层按本表中零星项目执行。

7 墙饰面

墙饰面工程量清单项目的设置、项目特征描述的内容、计量单位及工程量计算规则应按表 6-9 的规定执行。

表 6-9 墙饰面(编码:011207)

项目编码	项目名称	项目特征	计量单位	工程量计算规则
011207001	装饰板墙面	1. 龙骨材料种类、规格、中距 2. 隔离层材料种类、规格 3. 基层材料种类、规格 4. 面层材料品种、规格、颜色 5. 压条材料种类、规格	m^2	按设计图示墙净长乘净高以面积计算。扣除门窗洞口及单个 >0.3 m^2 的孔洞所占面积
011207002	墙面装饰浮雕	1. 基层类型 2. 浮雕材料种类 3. 浮雕样式		按设计图示尺寸以面积计算

8 柱(梁)饰面

柱(梁)饰面工程量清单项目的设置、项目特征描述的内容、计量单位及工程量计算规则应按表 6-10 的规定执行。

表 6-10 柱(梁)饰面(编码:011208)

项目编码	项目名称	项目特征	计量单位	工程量计算规则
011208001	柱(梁)面装饰	1. 龙骨材料种类、规格、中距 2. 隔离层材料种类、规格 3. 基层材料种类、规格 4. 面层材料品种、规格、颜色 5. 压条材料种类、规格	m^2	按设计图示饰面外围尺寸以面积计算。柱帽、柱墩并入相应柱饰面工程量内
011208002	成品装饰柱	1. 柱截面、高度尺寸 2. 柱材质	1. 根 2. m	1. 以根计量,按设计数量计算 2. 以 m 计量,按设计长度计算

9 幕墙

幕墙工程量清单项目的设置、项目特征描述的内容、计量单位及工程量计算规则应按表 6-11 的规定执行。

表 6-11 幕墙(编码:011209)

项目编码	项目名称	项目特征	计量单位	工程量计算规则
011209001	带骨架幕墙	1. 骨架材料种类、规格、中距 2. 面层材料品种、规格、颜色 3. 面层固定方式 4. 隔离带、框边封闭材料品种、规格 5. 嵌缝、塞口材料种类	m^2	按设计图示框外围尺寸以面积计算。与幕墙同种材质的窗所占面积不扣除
011209002	全玻(无框玻璃)幕墙	1. 玻璃品种、规格、颜色 2. 黏结塞口材料种类 3. 固定方式		按设计图示尺寸以面积计算。带肋全玻幕墙按展开面积计算

说明:幕墙钢骨架按《计量规范》附录表 M.4 干挂石材钢骨架编码列项。

10 隔断

隔断工程量清单项目的设置、项目特征描述的内容、计量单位及工程量计算规则应按表 6-12 的规定执行。

表 6-12　隔断(编码:011210)

项目编码	项目名称	项目特征	计量单位	工程量计算规则
011210001	木隔断	1. 骨架、边框材料种类、规格 2. 隔板材料品种、规格、颜色 3. 嵌缝、塞口材料品种 4. 压条材料种类	m^2	按设计图示框外围尺寸以面积计算。不扣除单个≤0.3 m^2 的孔洞所占面积;浴厕门的材质与隔断相同时,门的面积并入隔断面积内
011210002	金属隔断	1. 骨架、边框材料种类、规格 2. 隔板材料品种、规格、颜色 3. 嵌缝、塞口材料品种		
011210003	玻璃隔断	1. 边框材料种类、规格 2. 玻璃品种、规格、颜色 3. 嵌缝、塞口材料品种		按设计图示框外围尺寸以面积计算。不扣除单个≤0.3 m^2 的孔洞所占面积
011210004	塑料隔断	1. 边框材料种类、规格 2. 隔板材料品种、规格、颜色 3. 嵌缝、塞口材料品种		
011210005	成品隔断	1. 隔断材料品种、规格、颜色 2. 配件品种、规格	1. m^2 2. 间	1. 以 m^2 计量,按设计图示框外围尺寸以面积计算 2. 以间计量,按设计间的数量计算
011210006	其他隔断	1. 骨架、边框材料种类、规格 2. 隔板材料品种、规格、颜色 3. 嵌缝、塞口材料品种	m^2	按设计图示框外围尺寸以面积计算。扣除单个≤0.3 m^2 的孔洞所占面积

11　其他说明

(1)飘窗突出外墙面增加的抹灰并入外墙工程量内,以外墙线作为分界线。

(2)“墙面装饰浮雕”项目,在使用规范时,凡不属于仿古建筑工程的项目,可按表6-10编码列项。

(3)有关墙面装饰项目,不含立面防腐、防水、保温以及刷油漆的工作内容。防水按《计量规范》附录J屋面及防水工程相应项目编码列项;保温按《计量规范》附录K保温、隔热、防腐工程相应项目编码列项;刷油漆按《计量规范》附录P油漆、涂料、裱糊工程相应项目编码列项。

知识2 计价规范中工程量偏差情况说明

合同履行期间,当应予计算的实际工程量与招标工程量清单出现偏差,且符合以下两点规定时,发承包双方应调整合同价款。

(1)对于任一招标工程量清单项目,当因本规范规定的工程量偏差和工程变更等原因导致工程量偏差超过15%时,可进行调整。当工程量增加15%以上时,增加部分的工程量的综合单价应予调低;当工程量减少15%以上时,减少后剩余部分的工程量的综合单价应予调高。

(2)当工程量出现以上情况的变化,且该变化引起相关措施项目相应发生变化时,按系数或单一总价方式计价的,工程量增加的措施项目费调增,工程量减少的措施项目费调减。

典型任务

任务2 墙、柱面分部分项工程量清单计价表编制

【任务背景】 试编制任务1外墙面装饰分部分项工程量清单计价表。

【任务分析与实施】

依据《山东省建筑工程消耗量定额》(省价目表2011)组价。

综合单价计算如下:

(1)该项目发生的工程内容:黏结层铺贴、面层安装、嵌缝。

(2)依据现行消耗量定额,计算工程量,确定定额项目。

瓷质外墙面砖的工程量 $S=103.51\ m^2$(同清单计算规则)。

套用定额9-2-217子目。

(3)计算清单项目每计量单位应包含的各项工程内容的工程数量。

瓷质外墙面砖面层:$103.51\div103.51=1.00$。

(4)人、材、机单价选用省信息价。

(5)计算清单项目每计量单位所含各项工程内容人工费、材料费、机械费。

(6)根据企业情况确定管理费费率为49%,利润率为16%,均以人工费为计费基础。

(7)综合单价:$23.27+86.97+0.99+15.12=126.35$(元/$m^2$)。

(8)合价:$126.35\times103.51=13\ 078.49$(元)。

将上述计算结果及相关内容填入"分部分项工程量清单综合单价分析表"和"分部分项工程及单价措施项目清单与计价表"中,如表6-13、表6-14所示。

表 6-13　分部分项工程量清单综合单价分析表

工程名称:某装饰工程　　　　　　　　　　　　　　　　　　第1页　共1页

项目编码	011204003001		项目名称		块料墙面				计量单位	m^2	
清单综合单价组成明细											
定额编号	定额名称	定额单位	数量	单价				合价			
				人工费	材料费	机械费	管理费和利润	人工费	材料费	机械费	管理费和利润
9-2-217	砂浆粘贴面砖 194×94 灰缝 10 内	10 m^2	1.0	232.67	869.73	9.94	151.20	23.27	86.97	0.99	15.12
人工单价		小计						23.27	86.97	0.99	15.12
综合工日 53 元/工日		未计价材料费									
清单项目综合单价								126.35			
材料费明细	主要材料名称、规格、型号			单位	数量	单价(元)	合价(元)	暂估单价(元)	暂估合价(元)		
	(略)										
	其他材料费					—		—			
	材料费小计					—	86.97	—	0.00		

表 6-14　分部分项工程及单价措施项目清单与计价表

工程名称:某装饰工程　　　　　　　　　　　　　　　　　　第1页　共1页

序号	项目编码	项目名称	项目特征	计量单位	工程数量	金额(元)		
						综合单价	合价	其中:暂估价
1	011204003001	块料墙面	1. 墙体类型:砖墙 2. 安装方式:水泥砂浆粘贴 3. 面层材料品种、规格、颜色:194 mm×94 mm 瓷质外墙砖 4. 缝宽、嵌缝材料种类:缝宽 10 mm	m^2	103.51	126.35	13 078.49	

能力训练

某工程平面图见图5-1，立面图、剖面图如图6-14、图6-15所示，内墙面抹1∶2的水泥砂浆底，1∶3的石灰砂浆找平层，麻刀石灰浆面层，共20 mm厚。外墙面抹水泥砂浆，底层为1∶3水泥砂浆打底14 mm厚，面层为1∶2水泥砂浆抹面6 mm厚；外墙裙水刷石，1∶3水泥砂浆打底12 mm厚，素水泥浆二遍，1∶2.5水泥白石子10 mm厚，挑檐水刷石，厚度与配合比均与定额相同，挑出尺寸600 mm。C－1：1 500 mm×2 100 mm，C－2：2 400 mm×2 100 mm；M－1：1 500 mm×3 100 mm，M－2：1 000 mm×3 100 mm。试编制该工程墙面装饰工程量清单与计价表。

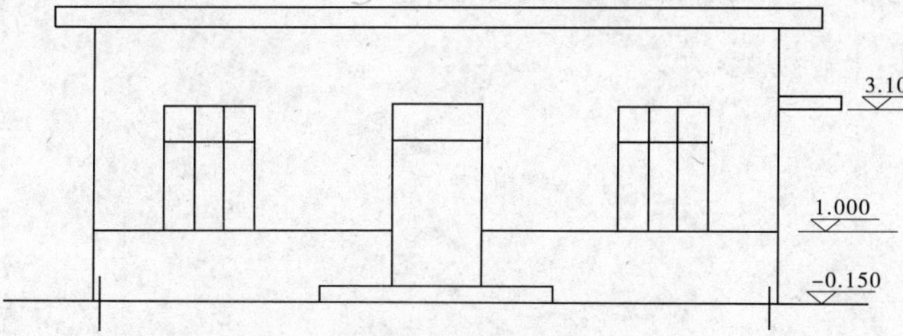

图6-14　立面示意图

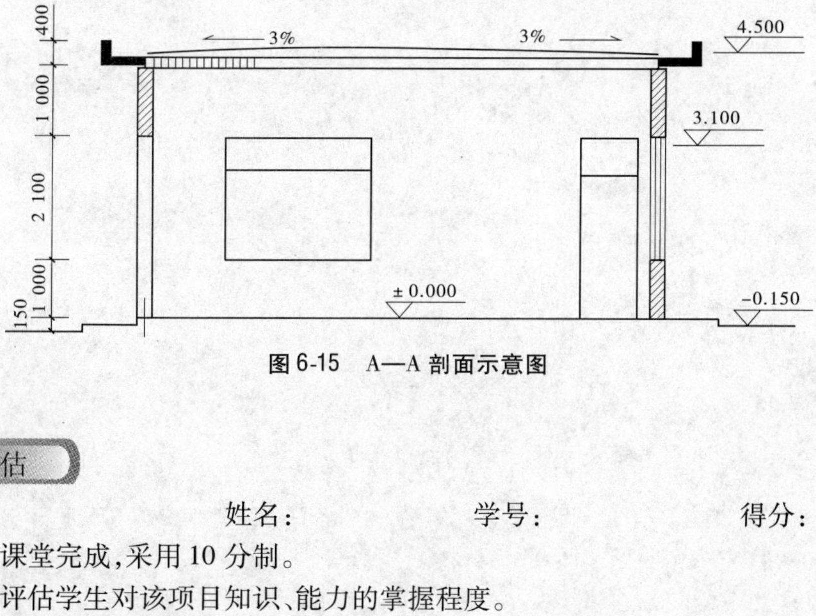

图6-15　A—A剖面示意图

项目评估

班级：　　　　姓名：　　　　学号：　　　　得分：

要求：课堂完成，采用10分制。

目的：评估学生对该项目知识、能力的掌握程度。

一、多项选择题（每题2分，共4分）

1. 在某装饰工程工程量清单中，分项大理石墙面（011204001001）的项目特征应描述的主要内容是（　　）。

A. 墙体类型　　B. 安装方式

C. 垫层材料的种类、厚度　　D. 面层材料规格、品种、颜色

E. 缝宽、嵌缝材料种类

2. 下列清单项目装饰板墙面工程量计算规则，说法正确的是(　　)。

A. 按设计图示墙净长乘净高以面积计算

B. 扣除门窗洞口面积

C. 扣除单个 $>0.3\ m^2$ 的孔洞所占面积

D. 不扣除单个 $>0.3\ m^2$ 的孔洞所占面积

E. 扣除单个 $<0.3\ m^2$ 的孔洞所占面积

三、实务题(共6分)

某银行营业厅室内有四根圆柱：木龙骨30 mm×40 mm，间距250 mm，成品木龙骨；细木工板基层，镜面不锈钢面层；柱高3.9 m，如图6-12所示。试编制该工程工程量清单与计价表。

项目7　顶棚装饰工程

7.1　顶棚装饰工程定额应用

知识目标：

1. 理解消耗量定额中顶棚装饰工程有关说明、解释。
2. 熟悉消耗量定额中顶棚装饰工程定额项目表。
3. 掌握消耗量定额中顶棚装饰工程工程量计算规则。

能力目标：

1. 会进行顶棚装饰工程定额项目工程量的计算。
2. 会查套定额项目并进行直接费的计算。
3. 会应用消耗量定额中的说明、解释对定额项目进行调整换算。

典型任务

任务1　顶棚装饰工程定额项目工程量计算

【任务背景】　预制钢筋混凝土板底吊不上人型装配式U形轻钢龙骨，间距为450 mm×450 mm，龙骨上铺钉中密度板，面层粘贴4 mm厚铝塑板，尺寸如图7-1所示。计算顶棚工程量，确定定额项目。

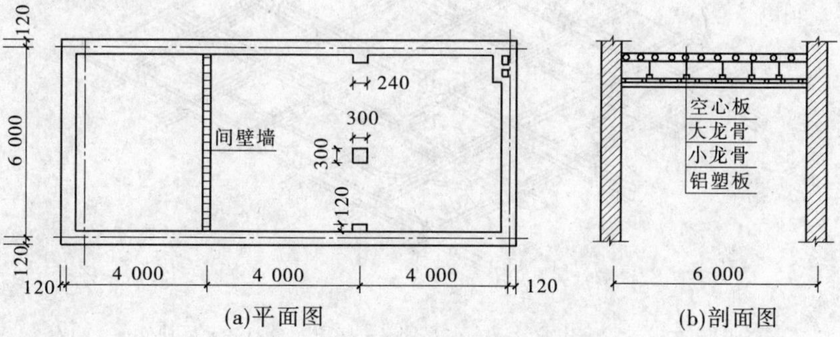

图7-1　顶棚平面图及剖面图

【任务分析与实施】

(1)轻钢龙骨的工程量 = (12 − 0.24) × (6 − 0.24) = 67.74(m^2)。

不上人型装配式U形轻钢龙骨(一级)，间距为450 mm×450 mm，套用定额9－3－27子目。

(2)基层板的工程量 = (12 − 0.24) × (6 − 0.24) − 0.30 × 0.30 = 67.65(m^2)。

U 形轻钢龙骨上铺钉中密度板,套用定额 9 − 3 − 81 子目。

(3)铝塑板面层的工程量 = (12 − 0.24) × (6 − 0.24) − 0.30 × 0.30 = 67.65(m^2)。

面层粘贴 4 mm 厚铝塑板,套用定额 9 − 3 − 110 子目。

基础知识

知识 1　定额说明与解释

(1)顶棚工程包括顶棚抹灰、顶棚龙骨、顶棚饰面、采光顶棚等内容。

(2)本节中凡注明砂浆种类、配合比、饰面材料型号规格的,设计规定与定额不同时,可按设计规定换算,其他不变。

解释:定额子目中注明砂浆种类、配合比、饰面材料型号规格的,可以按设计规定调整砂浆种类、砂浆配合比、饰面材料型号规格,调整时人工的消耗数量和材料的消耗数量保持不变;未注明的子目不得调整。饰面材料型号规格的换算主要是指施工工艺相同,仅面层材料型号规格与定额不同的情况下的换算。例如:木夹板面层,定额中仅列举木夹板,而实际木夹板材质、品种很多,不可能在定额中一一列出,故允许换算饰面材料。

(3)楼梯底面(包括侧面及连接梁、平台梁、斜梁的侧面)抹灰,按楼梯水平投影面积乘以系数 1.31,并入相应顶棚抹灰工程量计算。

(4)本节中龙骨是按常用材料及规格编制的,设计规定与定额不同时,可以换算,其他不变。材料的损耗率分别为:木龙骨 6%,轻钢龙骨 6%,铝合金龙骨 7%。

顶棚龙骨吊顶安装示意图如图 7-2 和图 7-3 所示。

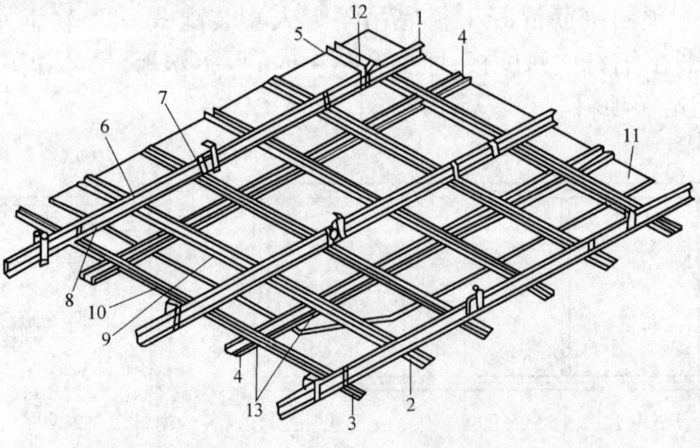

1—大龙骨;2—中龙骨;3—小龙骨;4—横撑龙骨;5—大吊挂件;
6—中吊挂件;7—小吊挂件;8—大接插件;9—中接插件;10—小接插件;
11—罩面板;12—吊杆;13—龙骨支托连接

图 7-2　U 形轻钢龙骨吊顶安装示意

(5)定额中顶棚等级划分:

①顶棚面层在同一标高者为"一级"顶棚。

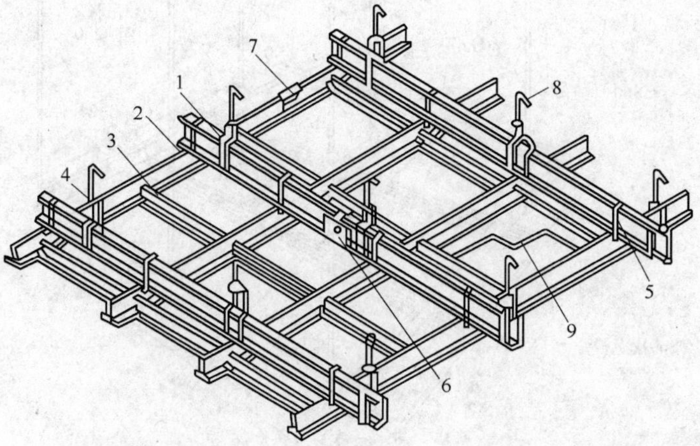

1—大龙骨;2—中龙骨;3—小龙骨;4—大吊挂件; 5—中吊挂件;
6—大接插件;7—中接插件;8—小接插件;9—吊杆

图 7-3　LT 形铝合金龙骨吊顶安装示意

②顶棚面层不在同一标高,且龙骨有跌级高差者为“二级—三级”顶棚。

解释:顶棚等级划分的标准是顶棚面层是否在同一标高上,且标高的不同是由于龙骨有跌级高差形成的。

房间内全部吊顶、局部向下跌落,最大跌落线向外,最小跌落线向里,每边各加 0. 60 m,两条 0. 60 m 线范围内的吊顶为二、三级吊顶顶棚,其余为一级吊顶顶棚。

若最大跌落线向外且距墙边不大于 1. 2 m,最大跌落线以外的全部吊顶为二、三级吊顶顶棚。

若最小跌落线任意两边之间的距离(或直径)不大于 1. 8 m,最小跌落线以内的全部吊顶为二、三级吊顶顶棚。

若房间内局部为板底抹灰顶棚、局部向下跌落,两条 0. 6 m 线范围内的抹灰顶棚不得计算为吊顶顶棚;吊顶顶棚与抹灰顶棚只有一个跌级时,该吊顶顶棚的龙骨则为一级龙骨,该吊顶顶棚的饰面则按二、三级顶棚饰面计算。

(6)定额中顶棚龙骨、顶棚面层分别列项,使用时分别套用相应定额。对于二级及以上顶棚的面层,人工乘以系数 1. 1。

解释:对于二级及以上顶棚的面层,应按其展开面积计算,但考虑跌级高差给面层施工带来的难度,故该项目人工增加 10% ,人工消耗量乘以系数 1. 1。

(7)轻钢龙骨、铝合金龙骨定额按双层结构(中、小龙骨贴大龙骨底面吊挂)编制,如采用单层结构(大、中龙骨底面在同一水平面上),扣除定额内小龙骨及相应配件数量,人工乘以系数 0. 85。

解释:所谓单层结构,是指双向龙骨形成的网片由吊筋与吊点固定的情况;双层结构是指双向龙骨形成的网片固定在单向设置的主龙骨上,主龙骨通过吊筋与吊点固定的情况(见图 7-4)。顶棚龙骨用量可按实际用量调整,人工、机械用量不变,吊筋的材质、用量不同时可以调整。

(8)顶棚装饰面开挖灯孔,按每开 10 个灯孔用工 1. 0 工日计算。

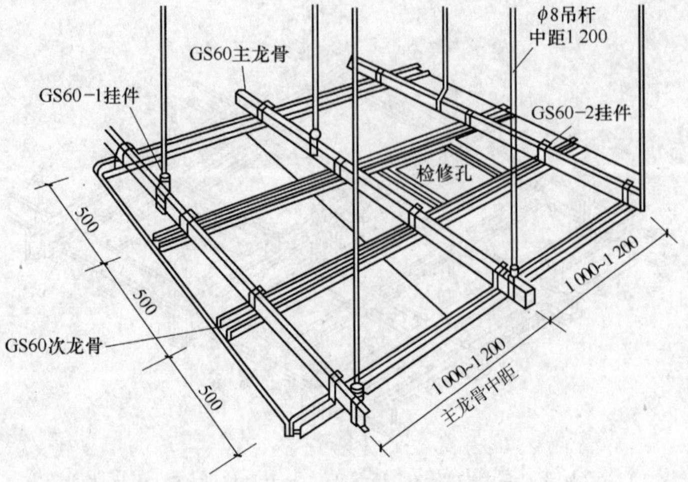

图 7-4　龙骨双层结构示意

知识 2　工程量计算规则

1　顶棚抹灰工程量计算规则

(1)顶棚抹灰面积,按主墙间的净面积计算;不扣除柱、垛、间壁墙、附墙烟囱、检查口和管道所占的面积。带梁顶棚、梁两侧抹灰面积,并入顶棚抹灰工程量内计算。

顶棚抹灰工程量 = 主墙间的净长度 × 主墙间的净宽度 + 梁侧面面积

(2)密肋梁和井字梁顶棚抹灰面积,按展开面积计算。

井字梁顶棚抹灰工程量 = 主墙间的净长度 × 主墙间的净宽度 + 梁侧面面积

(3)顶棚抹灰带有装饰线时,装饰线按延长米计算。装饰线的道数以一个突出的棱角为一道线。

装饰线工程量 = ∑(房间净长度 + 房间净宽度) ×2

解释:此处顶棚抹灰仍为平面抹灰,只是带有突出的装饰线条,装饰线条抹灰套用定额 9－3－19、9－3－20,以延长米为单位。

(4)檐口顶棚及阳台、雨篷底的抹灰面积,并入相应的顶棚抹灰工程量内计算。

解释:檐口顶棚及阳台、雨篷底的抹灰面积,按照设计的砂浆种类、厚度等,套用相应的顶棚抹灰定额。

(5)顶棚中的折线、灯槽线、圆弧形线、拱形线等艺术形式的抹灰,按展开面积计算,并入相应的顶棚抹灰工程量内。

2　各种吊顶顶棚龙骨计算规则

各种吊顶顶棚龙骨按主墙间净空面积以 m^2 计算;不扣除间壁墙、检查口、附墙烟囱、柱、灯孔、垛和管道所占面积。

一级吊顶顶棚龙骨工程量 = 主墙间的净长度 × 主墙间的净宽度

解释:注意此规则中"不扣除间壁墙、检查口、附墙烟囱、柱、灯孔、垛和管道所占面积”,同样由于上述部分所增加的工料也不增加。

(1)二、三级顶棚龙骨的工程量,按龙骨跌级高差外边线所含最大矩形面积以 m^2 计算,套用二、三级顶棚龙骨定额项目。

二、三级顶棚龙骨工程量 = 跌级高差最外边线长度 × 跌级高差最外边线宽度

一级吊顶顶棚龙骨工程量 = 主墙间的净长度 × 主墙间的净宽度 − 二、三级顶棚龙骨工程量

(2)计算顶棚龙骨时,顶棚中的折线、跌落、高低吊顶槽等面积不展开计算。

解释:对于顶棚中的折线、跌落、高低吊顶槽等不展开计算面积,主要是因为定额中的二、三级顶棚龙骨项目中已考虑了这些因素。

3 顶棚饰面工程量计算规则

(1)顶棚装饰面积,按主墙间设计面积以 m^2 计算;不扣除间壁墙、检查口、附墙烟囱、附墙垛和管道所占面积,但应扣除独立柱、灯带、大于 0.3 m^2 的灯孔及与顶棚相连的窗帘盒所占的面积。

顶棚饰面工程量 = 主墙间的净长度 × 主墙间的净宽度 − 独立柱等所占面积

解释:注意此规则中“不扣除间壁墙、检查口、附墙烟囱、附墙垛和管道所占面积”,同样由于上述部分所增加的工料也不增加;独立柱所占面积扣除,附墙柱不扣除;灯带要扣除,灯带饰面按设计灯带饰面做法另套定额计算;“0.3 m^2 的灯孔”是指单个灯孔面积;“与顶棚相连的窗帘盒”是指暗窗帘盒。

(2)顶棚中的折线、跌落、拱形、高低灯槽及其他艺术形式顶棚面层均按展开面积计算。

顶棚面层构造按如图 7-5 所示的示意图区分。

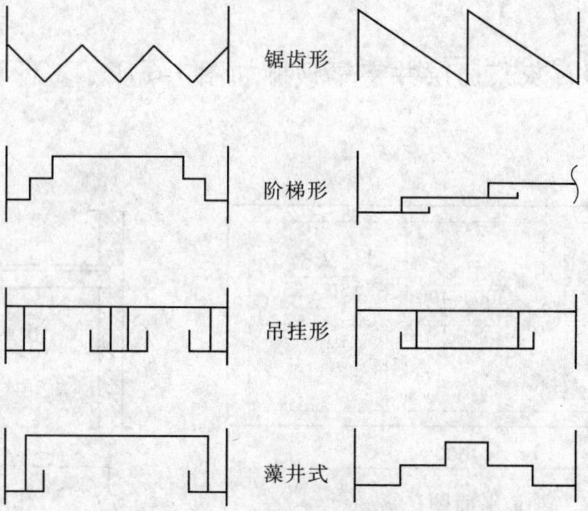

图 7-5 艺术造型顶棚断面示意

艺术形式顶棚饰面工程量 = $\sum$展开长度 × 展开宽度

解释:顶棚的饰面层均按照展开面积计算,其中折线、跌落等面层有高差且龙骨有跌级的二、三级顶棚的面层工程量套用定额时人工还要乘以系数 1.1。应注意,定额里龙骨和面层是分开列项的,两者的计算规则略有不同。

典型任务

任务2　顶棚装饰工程定额直接费计算

【任务背景】　T形铝合金龙骨，双层(300 mm×300 mm)不上人一级顶棚，上搁18 mm厚矿棉板，工程量为32.8 m^2。计算顶棚工程量，确定定额项目，计算定额直接费。

【任务分析与实施】

(1)铝合金龙骨的工程量=32.8 m^2。

T形铝合金龙骨，双层(300 mm×300 mm)不上人一级顶棚，套用定额9－3－43子目。

定额基价=743.52元/10 m^2。

(2)矿棉板的工程量=32.8 m^2。

矿棉板搁在龙骨上，套用定额9－3－123子目。

定额基价=350.43元/10 m^2。

表7-1　工程预算

序号	定额号	项目名称	单位	数量	单价	合价
1	9－3－43	装配式T形龙骨300 mm×300 mm一级	10 m^2	3.28	743.52	2 438.75
2	9－3－123	顶棚搁在龙骨上矿棉板饰面	10 m^2	3.28	350.43	1 149.41
		装饰项目直接工程费				3 588.16

能力训练

【训练7-1】　麻刀石灰浆面层井字梁顶棚如图7-6所示。计算工程量，确定定额项目。

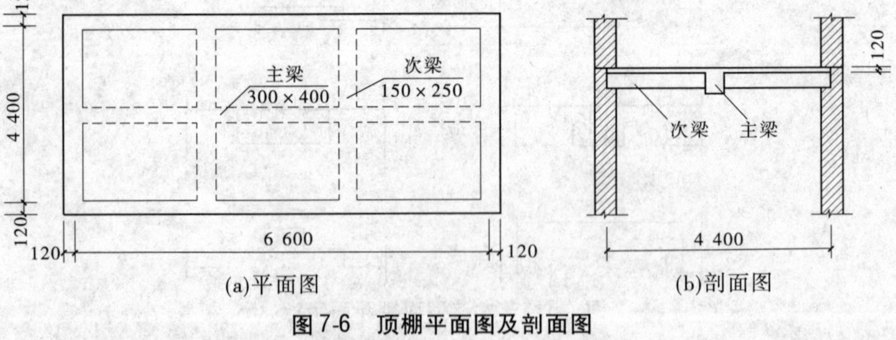

图7-6　顶棚平面图及剖面图

【训练7-2】　某三级顶棚尺寸如图7-7所示，预制钢筋混凝土板下吊双层楞木，面层为塑料板。计算顶棚工程量，确定定额项目。

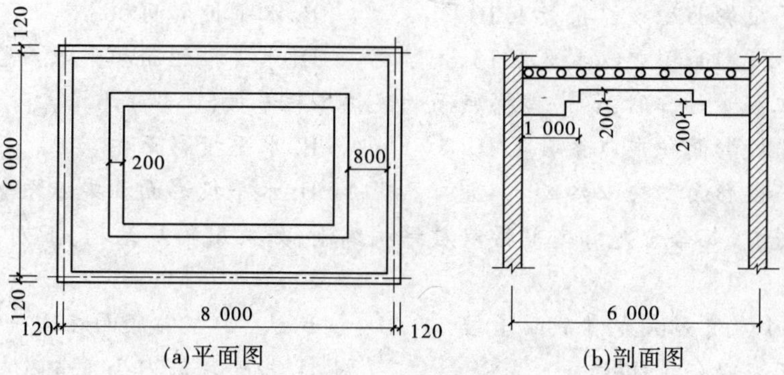

图7-7　顶棚平面图及剖面图

训练指导

【训练7-1】

顶棚抹灰工程量 = (6.60 − 0.24) × (4.40 − 0.24) + (0.40 − 0.12) × 6.36 × 2 + (0.25 − 0.12) × 3.86 × 2 × 2 − (0.25 − 0.12) × 0.15 × 4 = 31.95(m^2)。

现浇混凝土面顶棚麻刀石灰浆面层，套用定额9－3－1子目。

【训练7-2】

(1)双层楞木(一级)的工程量 = (8.00 − 0.24 − 1.00 × 2 − 0.6 × 2) × (6 − 0.24 − 1.00 × 2 − 0.6 × 2) = 11.67(m^2)。

双层楞木(一级)龙骨顶棚，套用定额9－3－22子目。

(2)双层楞木(二、三级)的工程量 = (8 − 0.24) × (6 − 0.24) − 11.67 = 33.03(m^2)。

双层楞木(二、三级)龙骨顶棚，套用定额9－3－24子目。

(3)塑料板顶棚工程量 = (8 − 0.24) × (6 − 0.24) + (8.00 − 0.24 − 0.90 × 2 + 6.00 − 0.24 − 0.90 × 2) × 2 × 0.2 × 2 = 52.63(m^2)。

塑料板顶棚，套用定额9－3－118(换)子目。

项目评估

班级：　　　　　姓名：　　　　　学号：　　　　　得分：

要求：课堂完成，采用10分制。

目的：评估学生对该项目知识、能力的掌握程度。

一、单项选择题(每题0.5分，共3分)

1. 定额中顶棚部分说明中，错误的是(　　)。
   A. 顶棚面层在同一标高者为一级顶棚
   B. 顶棚面层不在同一标高者为二、三级顶棚
   C. 顶棚检查孔的工料需另外计算
   D. 二级及以上顶棚面层人工乘以系数1.10
2. 顶棚工程量计算时，板式楼梯底面的装饰工程量按(　　)计算。

A. 水平投影面积乘以系数 1.10　　B. 水平投影面积

C. 水平投影面积乘以系数 1.15　　D. 水平投影面积乘以系数 1.37

3. 顶棚工程量计算时,梁式楼梯底面的装饰工程量按(　　)计算。

A. 水平投影面积乘以系数 1.10　　B. 水平投影面积

C. 水平投影面积乘以系数 1.15　　D. 水平投影面积乘以系数 1.37

4. 轻钢龙骨、铝合金龙骨定额按双层结构编制,如采用单层结构,下列说法不正确的是(　　)。

A. 中、小龙骨贴大龙骨底面吊挂　　B. 大、中龙骨底面在同一水平面上

C. 人工乘以系数 0.85　　D. 扣除定额内小龙骨及相应配件数量

5. 针对定额中龙骨材料的换算,关于损耗率下列说法不正确的是(　　)。

A. 木龙骨 6%　　B. 轻钢龙骨 6%

C. 铝合金龙骨 6%　　D. 铝合金龙骨 7%

6. 顶棚装饰面积,按主墙间设计面积以 m^2 计算,应扣除(　　)所占面积。

A. 间壁墙　　B. 窗帘盒

C. 检查口　　D. 附墙烟囱

二、实务题(共 7 分)

某房间木龙骨石膏板吊顶,具体装修做法如图 7-8 所示,墙厚 240 mm,试计算顶棚工程定额工程量,确定定额项目。

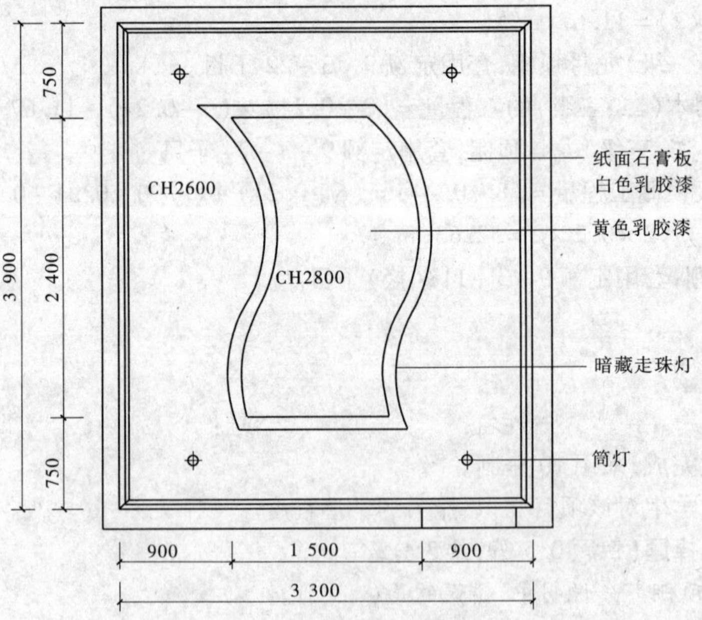

图 7-8　顶棚平面布置

7.2　顶棚装饰工程计量与计价规范应用

知识目标：

1. 掌握顶棚装饰工程清单工程量计算规则。
2. 熟悉顶棚装饰工程清单项目编码及特征描述内容。
3. 掌握顶棚装饰工程清单综合单价的确定方法。

能力目标：

1. 会进行顶棚装饰工程清单工程量计算。
2. 能编制顶棚装饰工程工程量清单。
3. 会进行顶棚装饰工程清单综合单价的确定。
4. 能编制顶棚装饰工程工程量清单计价表。

典型任务

任务1　工程量清单计量与计价规范应用

【任务背景】　某酒店包厢顶棚平面如图7-9所示，设计轻钢龙骨防火胶板吊顶（龙骨间距450 mm×450 mm，不上人），九夹板基层，暗窗帘盒，宽200 mm，墙厚240 mm，试编制顶棚工程工程量清单及工程量清单报价。

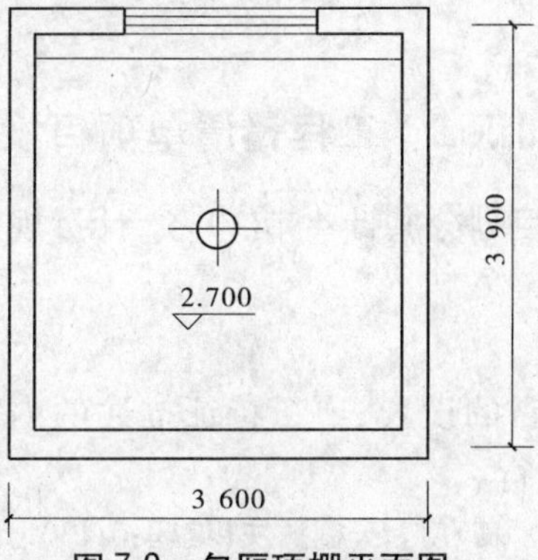

图7-9　包厢顶棚平面图

【任务分析与实施】

顶棚吊顶工程量清单的编制：

根据计量规范GB 50854—2013表N.2天棚吊顶列项。

项目编码：011302001001。

工程内容：基层清理、抹找平层、面层铺设、磨边、嵌缝、刷防护材料、酸洗、打蜡、材料运输。

工程量计算规则：按设计图示尺寸以水平投影面积计算。天棚面中的灯槽及跌级、锯齿形、吊挂式、藻井式天棚面积不展开计算。不扣除间壁墙、检查口、附墙烟囱、柱垛和管道所占面积，扣除单个 0.3 m^2 以外的孔洞、独立柱及与天棚相连的窗帘盒所占的面积。

工程数量：天棚吊顶清单工程量(S) = 主墙间的面积 − 窗帘盒的工程量

$S=(3.6-0.24)\times(3.9-0.24)-(3.6-0.24)\times0.2=3.36\times3.66-3.36\times0.2=$ 11.63(m^2)。

将上述计算结果及相关内容填入"分部分项工程和单价措施项目清单与计价表"，如表 7-2 所示。

表 7-2　分部分项工程和单价措施项目清单与计价表

工程名称：某工程　　　　第 1 页　共 1 页

序号	项目编码	项目名称	项目特征	计量单位	工程数量	金额(元)		
						综合单价	合价	其中：暂估价
1	011302001001	吊顶天棚	1. 吊顶形式：一级不上人吊顶 2. 龙骨类型、材料种类、规格、中距：轻钢龙骨，@ 450 mm × 450 mm 3. 基层材料种类、规格：九夹板 4. 面层材料品种、规格：防火板	m^2	11.63			

基础知识

知识 1　工程量清单项目设置

天棚工程工程量清单项目划分共计 4 节 10 项，计量规范常用项目摘录如下。

1　天棚抹灰

天棚抹灰工程量清单项目的设置、项目特征描述的内容、计量单位及工程量计算规则，应按表 7-3 所列的规定执行。

表 7-3　天棚抹灰(编码:011301)

项目编码	项目名称	项目特征	计量单位	工程量计算规则
011301001	天棚抹灰	1. 基层类型 2. 抹灰厚度、材料种类 3. 砂浆配合比	m^2	按设计图示尺寸以水平投影面积计算。不扣除间壁墙、垛、柱、附墙烟囱、检查口和管道所占的面积，带梁天棚、梁两侧抹灰面积并入天棚面积内，板式楼梯底面抹灰按斜面积计算，锯齿形楼梯底板抹灰按展开面积计算

2　天棚吊顶

天棚吊顶工程量清单项目的设置、项目特征描述的内容、计量单位及工程量计算规则,应按表 7-4 所列的规定执行。

表 7-4　天棚吊顶(编码:011302)

项目编码	项目名称	项目特征	计量单位	工程量计算规则
011302001	天棚吊顶	1. 吊顶形式 2. 龙骨类型、材料种类、规格、中距 3. 基层材料种类、规格 4. 面层材料品种、规格、颜色 5. 压条材料种类、规格 6. 嵌缝材料种类 7. 防护材料种类	m^2	按设计图示尺寸以水平投影面积计算。天棚面中的灯槽及跌级、锯齿形、吊挂式、藻井式天棚面积不展开计算。不扣除间壁墙、检查口、附墙烟囱、柱垛和管道所占面积,扣除单个 >0.3 m^2 的孔洞、独立柱及与天棚相连的窗帘盒所占的面积
011302002	格栅吊顶	1. 龙骨类型、材料种类、规格、中距 2. 基层材料种类、规格 3. 面层材料品种、规格 4. 防护材料种类		按设计图示尺寸以水平投影面积计算
011302003	吊筒吊顶	1. 吊筒形状、规格 2. 吊筒材料种类 3. 防护材料种类		
011302004	藤条造型悬挂吊顶	1. 骨架材料种类、规格 2. 面层材料品种、规格		
011302005	织物软雕吊顶			
011302006	网架(装饰)吊顶	网架材料品种、规格		

3　采光天棚

采光天棚工程量清单项目的设置、项目特征描述的内容、计量单位及工程量计算规则,应按表 7-5 所列的规定执行。

表 7-5　天棚抹灰(编码:011303)

项目编码	项目名称	项目特征	计量单位	工程量计算规则
011303001	采光天棚	1. 骨架类型 2. 固定类型、固定材料品种、规格 3. 面层材料品种、规格 4. 嵌缝、塞口材料种类	m^2	按框外围展开面积计算

说明:采光天棚骨架不包括在工作内容中,应单独按《计量规范》附录 F 金属结构工程相关项目编码列项。

4　天棚其他装饰

天棚其他装饰工程量清单项目的设置、项目特征描述的内容、计量单位及工程量计算规则,应按表 7-6 所列的规定执行。

表 7-6　天棚其他装饰(编码:011304)

项目编码	项目名称	项目特征	计量单位	工程量计算规则
011304001	灯带(槽)	1. 灯带型式、尺寸 2. 格栅片材料品种、规格 3. 安装固定方式	m^2	按设计图示尺寸以框外围面积计算
011304002	送风口、回风口	1. 风口材料品种、规格 2. 安装固定方式 3. 防护材料种类	个	按设计图示数量计算

5　其他说明

天棚装饰刷油漆、涂料、裱糊,按《计量规范》附录 P 油漆、涂料、裱糊工程相应项目编码列项。

知识 2　计价规范中工程量清单缺项说明

(1)合同履行期间,由于招标工程量清单中缺项,新增分部分项工程清单项目的,应按照《计价规范》有关规定确定单价,并调整合同价款。

(2)新增分部分项工程清单项目后,引起措施项目发生变化的,应按照《计价规范》有关规定,在承包人提交的实施方案被发包人批准后调整合同价款。

(3)由于招标工程量清单中措施项目缺项,承包人应将新增措施项目实施方案提交发包人批准后,按照《计价规范》有关规定调整合同价款。

典型任务

任务2 顶棚分部分项工程量清单计价表编制

【任务背景】 试编制任务1顶棚装饰分部分项工程量清单计价表。

【任务分析与实施】

分部分项工程量清单计价表的编制:

依据《山东省建筑工程消耗量定额》(省价目表2011)组价。

综合单价计算如下:

(1)该项目发生的工程内容:龙骨安装、基层板铺贴、面层铺贴、嵌缝。

(2)依据现行消耗量定额,计算工程量,确定定额项目。

轻钢龙骨的工程量 = 主墙间的面积 = $(3.6-0.24)\times(3.9-0.24)=3.36\times3.66=12.30(m^2)$。

轻钢龙骨,套用定额9-3-27子目。

九夹板基层的工程量 = 主墙间的面积 - 窗帘盒的工程量 = $11.63\ m^2$。

九夹板基层,套用定额9-3-85子目。

防火板面层的工程量 = $11.63\ m^2$。

防火板面层,套用定额9-3-95子目。

(3)分别计算清单项目每计量单位应包含的各项工程内容的工程数量。

轻钢龙骨:$12.30\div11.63=1.058(m^2)$。

九夹板基层:$11.63\div11.63=1.00(m^2)$。

防火板面层:$11.63\div11.63=1.00(m^2)$。

(4)人、材、机单价选用省信息价。

(5)计算清单项目每计量单位所含各项工程内容人工费、材料费、机械费。

(6)根据企业情况确定管理费费率为49%,利润率为16%,均以人工费为计费基础。

(7)综合单价:$22.56+170.81+1.20+14.65=209.22$(元/$m^2$)。

(8)合价:$209.22\times11.63=2\ 433.23$(元)。

将上述计算结果及相关内容填入“分部分项工程量清单综合单价分析表”和“分部分项工程及单价措施项目清单与计价表”中,如表7-7、表7-8所示。

表 7-7　分部分项工程量清单综合单价分析表

工程名称:某装饰工程　　　　第 1 页　共 1 页

项目编码		011302001001		项目名称		天棚吊顶				计量单位	m^2
清单综合单价组成明细											
定额编号	定额名称	定额单位	数量	单价				合价			
				人工费	材料费	机械费	管理费和利润	人工费	材料费	机械费	管理费和利润
9－3－27	装配式 U 形龙骨 450 mm×450 mm 一级	10 m^2	1.058	87.45	765.42	11.37	56.83	9.25	80.98	1.20	6.01
9－3－85	轻钢龙骨上铺钉九夹板基层		1.0	57.77	361.48	0	37.50	5.78	36.15	0	3.75
9－3－95	防火板木夹板面层			75.26	536.82	0	48.90	7.53	53.68	0	4.89
人工单价		小计						22.56	170.81	1.20	14.65
综合工日 53 元/工日		未计价材料费									
清单项目综合单价								209.19			
材料费明细	主要材料名称、规格、型号					单位	数量	单价（元）	合价（元）	暂估单价（元）	暂估合价（元）
	（略）										
	其他材料费							—		—	
	材料费小计							—	170.78	—	0.00

表 7-8　分部分项工程及单价措施项目清单与计价表

工程名称:某装饰工程　　　　第 1 页　共 1 页

序号	项目编码	项目名称	项目特征	计量单位	工程数量	金额(元)		
						综合单价	合价	其中：暂估价
1	011302001001	吊顶天棚	1. 吊顶形式:一级不上人吊顶 2. 龙骨类型、材料种类、规格、中距:轻钢龙骨,450 mm×450 mm 3. 基层材料种类、规格:九夹板 4. 面层材料品种、规格:防火板	m^2	11.63	209.22	2 433.23	

能力训练

某会议室顶棚装饰如图7-10所示。龙骨采用装配式U形轻钢龙骨，不上人型，龙骨中距450 mm×450 mm，基层板采用三合板面刷防护油漆两遍，送风口(400 mm×800 mm)及回风口(500 mm×500 mm)均为铝合金材质，试编制顶棚工程工程量清单。

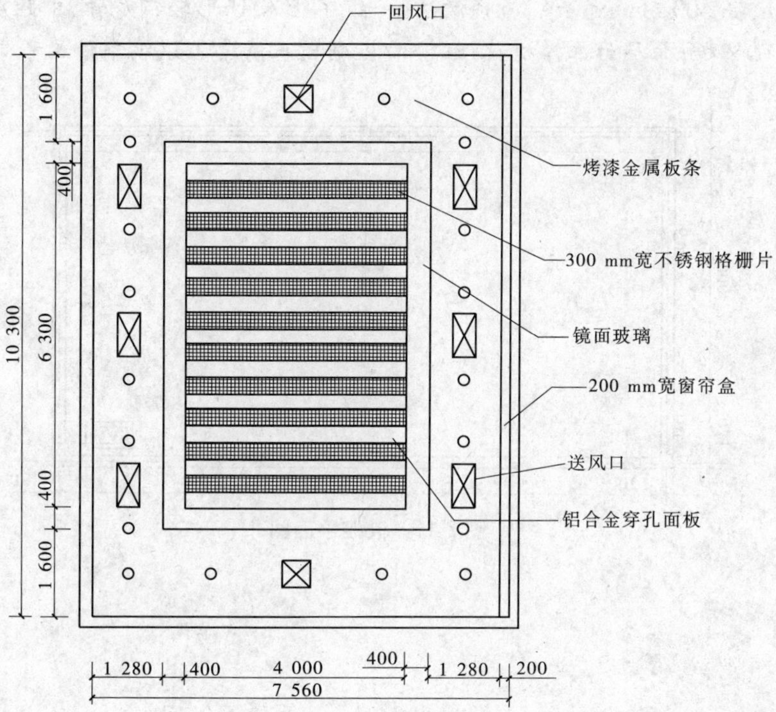

图7-10 顶棚平面布置图

项目评估

班级: 姓名: 学号: 得分:

要求:课堂完成，采用10分制。

目的:评估学生对该项目知识、能力的掌握程度。

一、多项选择题(每题2分，共4分)

1. 在某装饰工程工程量清单中，分项天棚混合砂浆抹灰(011301001001)的项目特征应描述的主要内容是(　　)。

A. 基层类型　　B. 安装方式

C. 抹灰厚度　　D. 材料种类

E. 砂浆配合比

2. 下列关于清单项目天棚吊顶工程量计算规则，说法正确的是(　　)。

A. 按设计图示尺寸以水平投影面积计算

B. 不扣除间壁墙、检查口、附墙烟囱、柱垛和管道所占面积

C. 扣除单个 >0.3 m^2 的孔洞、独立柱及与天棚相连的窗帘盒所占的面积

D. 不扣除单个 >0.3 m^2 的孔洞、独立柱及与天棚相连的窗帘盒所占的面积

E. 天棚面中的灯槽及跌级、锯齿形、吊挂式、藻井式天棚面积不展开计算

二、实务题(共6分)

某办公室天棚装修,平面如图7-11所示。天棚设检查口一个(0.5 m×0.5 m),窗帘盒宽200 mm,高400 mm,通长。吊顶做法:一级不上人U形轻钢龙骨,中距450 mm×450 mm;基层为九夹板;面层为红榉拼花;红榉面板刷硝基清漆。试编制该工程工程量清单。

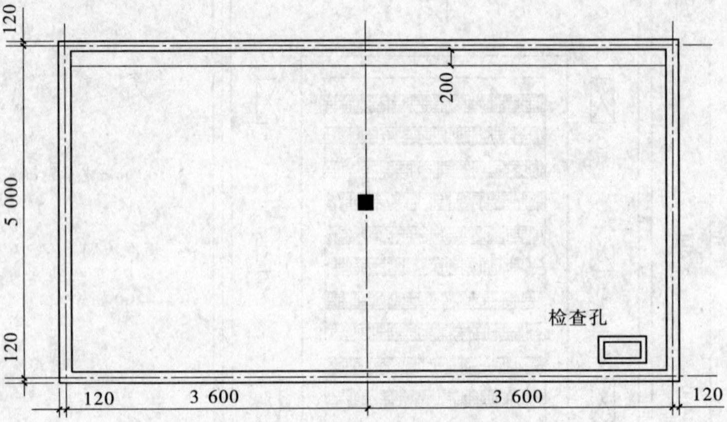

图7-11　天棚平面图

项目8　油漆、涂料、裱糊装饰工程

8.1　油漆、涂料、裱糊装饰工程定额应用

知识目标：

1. 理解消耗量定额中油漆、涂料、裱糊装饰工程有关说明、解释。
2. 熟悉消耗量定额中油漆、涂料、裱糊装饰工程定额项目表。
3. 掌握消耗量定额中油漆、涂料、裱糊装饰工程工程量计算规则。

能力目标：

1. 会进行油漆、涂料、裱糊装饰工程定额项目工程量的计算。
2. 会查套定额项目并进行直接费的计算。
3. 会应用消耗量定额中的说明、解释对定额项目进行调整换算。

典型任务

任务1　油漆、涂料、裱糊装饰工程定额项目工程量计算

【任务背景】　某工程如图8-1所示，地面刷过氯乙烯涂料，三合板木墙裙上润油粉，刷硝基清漆六遍，墙面、顶棚刷乳胶漆三遍（光面）。计算工程量，确定定额项目。

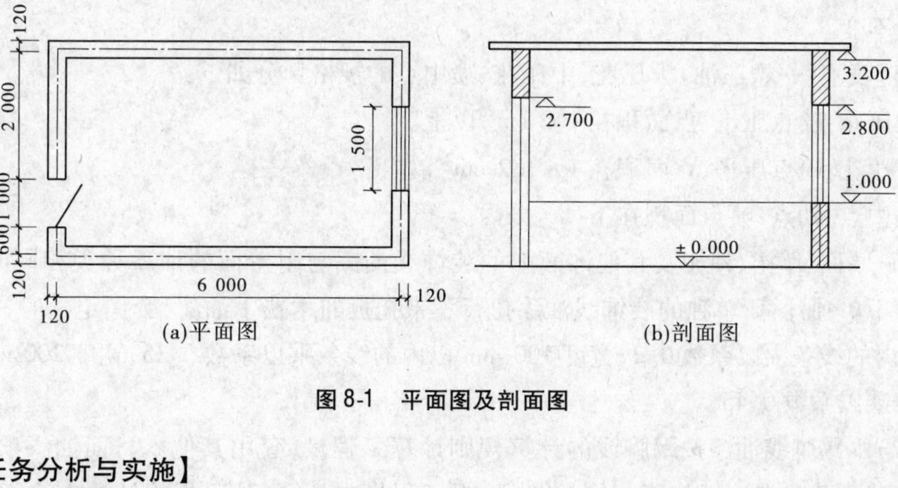

图8-1　平面图及剖面图

【任务分析与实施】

（1）地面刷过氯乙烯涂料的工程量 $=(6.00-0.24)\times(3.60-0.24)=19.35(m^2)$。

地面刷过氯乙烯涂料，套用定额9－4－186子目。

(2)墙裙刷硝基清漆的工程量$=[(6.00-0.24+3.60-0.24)\times2-1.00+0.12\times2]\times1.00\times1.00$(系数)$=17.48(m^2)$。

刷硝基清漆五遍，套用定额9－4－93子目。

墙裙刷硝基清漆每增加一遍，套用定额9－4－98子目。

(3)顶棚刷乳胶漆的工程量$=(6.00-0.24)\times(3.60-0.24)=19.35(m^2)$。

顶棚刷乳胶漆两遍，套用定额9－4－151子目。

顶棚刷乳胶漆每增加一遍，套用定额9－4－157子目。

(4)墙面刷乳胶漆的工程量$=(5.76+3.36)\times2\times2.20-1.00\times(2.70-1.00)-1.50\times1.8=35.73(m^2)$。

墙面刷乳胶漆两遍(光面)，套用定额9－4－152子目。

墙面刷乳胶漆每增加一遍，套用定额9－4－158子目。

基础知识

知识1　定额说明与解释

(1)油漆、涂料及裱糊包括木材面、金属面、抹灰面油漆及裱糊等内容。

(2)本节项目中刷涂料、刷油采用手工操作，喷塑、喷涂、喷油采用机械操作，实际操作方法不同时，不做调整。

(3)定额已综合考虑在同一平面上的分色及门窗内外分色的因素，如需做美术图案的另行计算。

(4)硝基清漆需增刷硝基亚光漆者，套用硝基清漆每增一遍子目，换算油漆种类，油漆用量不变。

(5)喷塑(一塑三油)大压花、中压花、喷中点的规格划分如下：

大压花：喷点压平、点面积在1.2 cm^2以上。

中压花：喷点压平、点面积在1～1.2 cm^2以内。

喷中点、幼点：喷点面积在1 cm^2以内。

(6)墙面、墙裙、顶棚及其他饰面上的装饰线油漆与附着面的油漆种类相同时，装饰线油漆不单独计算；单独的装饰线油漆执行不带托板的木扶手油漆，套用定额时，宽度50 mm以内的线条乘以系数0.2，宽度100 mm以内的线条乘以系数0.35，宽度200 mm以内的线条乘以系数0.45。

(7)木踢脚线油漆按踢脚线的计算规则计算工程量，套用其他木材面油漆项目。木踢脚线油漆若与木地板油漆相同，并入地板工程量内计算，其工程量计算方法和系数不变。

(8)抹灰面油漆、涂料项目中均未包括刮腻子内容,刮腻子按基层处理有关项目单独计算。木夹板、石膏板面刮腻子,套用相应定额,其人工乘以系数1.1,材料乘以系数1.2。

解释:木夹板、石膏板面刮腻子,一般成活后表面易出现裂缝。所以为避免裂缝的出现,在施工工艺上会为此增加人工和材料。

(9)其他木材面工程量系数表中的“零星木装饰”项目,指木材面油漆工程量系数表中未列的项目。

知识2 工程量计算规则

(1)楼地面、顶棚面、墙、柱面的喷(刷)涂料、油漆工程,其工程量按各自抹灰的工程量计算规则计算。涂料系数表中有规定的,按规定计算工程量并乘以系数表中的系数。裱糊项目工程量,按设计裱糊面积,以 m^2 计算。

涂刷工程量 = 抹灰面工程量

裱糊工程量 = 设计裱糊面积(实贴面积)

解释:在抹灰面上喷(刷)涂料、油漆工程,工程量就按照抹灰的工程量规则计算。

(2)木材面、金属面油漆的工程量分别按油漆、涂料系数表的规定,并乘以系数表内的系数,以 m^2 计算。

油漆工程量 = 代表项工程量 × 各项相应系数

解释:在木材面、金属面上喷(刷)涂料、油漆工程,要按照定额附表的规定计算。

(3)明式窗帘盒按延长米计算工程量,套用木扶手(不带托板)项目,暗式窗帘盒按展开面积计算工程量,套用其他木材面油漆项目。

(4)基层处理的工程量按其面层的工程量套用基层处理相应子目。

基层处理工程量 = 面层工程量

解释:此处基层处理是指木材面上清漆封底、漂白褪色、墙面刮腻子等做法,其工程量按照相应的面层工程量计算。

(5)木材面刷防火涂料,按所刷木材面的面积计算工程量;木方面刷防火涂料,按木方所附墙、板面的投影面积计算工程量。

木材面刷防火涂料 = 板方框外围投影面积

解释:此处要注意木方面刷防火涂料,并不是按照实际涂刷的面积计算木方面的展开面积,而是按木方所附墙、板面的投影面积计算工程量。

油漆涂料工程量系数表见表8-1 ~ 表8-3。

表 8-1 木材面油漆工程量系数

定额项目	项目名称	系数	工程量计算方法
单层木门	单层木门	1.00	按单面洞口面积
	一板一纱木门	1.36	
	单层全玻门	0.83	
	木百叶门	1.25	
	厂库大门	1.10	
单层玻璃窗	单层玻璃窗	1.00	按单面洞口面积
	双层(一玻一纱)窗	1.36	
	双层(单裁口)窗	2.00	
	单层组合窗	0.83	
	双层组合窗	1.13	
	木百叶窗	1.50	
木扶手(不带托板)	木扶手(不带托板)	1.00	按延长米
	木扶手(带托板)	2.60	
	窗帘盒	2.04	
	封檐板、顺水板	1.74	
	挂衣板、黑板框	0.52	
	挂镜线、窗帘棍	0.35	
墙面墙裙	无造型层墙面墙裙	1.00	长 ×宽 投影面积
	有造型层墙面墙裙	1.25	
木地板	木地板、木踢脚线	1.00	长 ×宽 投影面积
	木楼梯(不包括底面)	2.30	
其他木材面	木板、纤维板、胶合板顶棚、檐口	1.00	长 ×宽
	清水板条顶棚、檐口	1.07	
	木方格吊顶顶棚	1.20	
	吸音板墙面、顶棚面	0.87	
	鱼鳞板墙	2.48	
	窗台板、筒子板、盖板、门窗套、踢脚线	1.00	
	暖气罩	1.28	
	屋面板(带檩条)	1.11	斜长×宽
	木间壁、木隔断	1.90	单面外围面积
	玻璃隔断露明墙筋	1.65	
	木栅栏、木栏杆带扶手	1.82	
木地板	木屋架	1.79	跨度(长)×中高×1/2
木地板	衣柜、壁柜	1.00	展开面积
木地板	零星木装修	1.00	展开面积

表8-2 金属面油漆工程量系数

定额项目	项目名称	系数	工程量计算方法
单层钢门窗	单层钢门窗	1.00	洞口面积
	双层(一玻一纱)钢门窗	1.48	
	钢百叶钢门	2.74	
	半截百叶钢门	2.22	
	满钢门或包铁皮门	1.63	
	钢折叠门	2.30	
	射线防护门	2.96	框(扇)外围面积
	厂库房平开、推拉门	1.70	
	钢丝网大门	0.81	
	间壁	1.85	长×宽
	平板屋面	0.74	斜长×宽
	瓦垄板屋面	0.89	
	排水、伸缩缝盖板	0.78	展开面积
	吸气罩	1.63	水平投影面积
其他金属面	钢屋架、天窗架、挡风架、屋架梁	1.00	质量(t)
	支撑、檩条	1.00	
	墙架(空腹式)	0.50	
	墙架(格板式)	0.82	
	钢柱、吊车梁、花式梁、柱、空花构件	0.63	
	操作台、走台、制动梁、钢梁、车挡	0.71	
	钢栅栏门、栏杆、窗栅	1.71	
	钢爬梯	1.18	
	轻型屋架	1.42	
	踏步式钢扶梯	1.05	
	零星铁件	1.32	
平板屋面	平板屋面	1.00	斜长×宽
	瓦垄板屋面	1.20	
	排水、伸缩缝盖板	1.05	展开面积
	吸气罩	2.20	水平投影面积
	包镀锌铁皮门	2.20	洞口面积

表 8-3　抹灰面工程量系数

定额项目	项目名称	系数	工程量计算方法
抹灰面	槽形底板、混凝土折板	1.30	长 ×宽
	有梁底板	1.10	
	密肋、井字梁底板	1.50	
	混凝土平板式楼梯底	2.20	水平投影面积

典型任务

任务 2　油漆、涂料、裱糊装饰工程定额直接费计算

【任务背景】　某工程如图 8-2 所示，内墙抹灰面满刮腻子二遍，贴对花墙纸；挂镜线刷底油一遍，调和漆二遍；挂镜线以上及顶棚刷仿瓷涂料二遍。试计算该工程定额直接费。

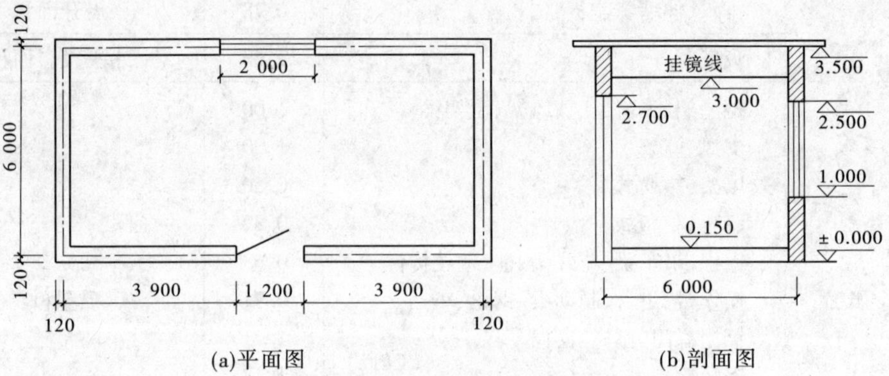

图 8-2　平面图及剖面图

【任务分析与实施】

(1)挂镜线的工程量 = (9 − 0.24 + 6 − 0.24) × 2 × 0.35(系数) = 10.16(m)。

挂镜线刷底油一遍、调和漆二遍，套用定额 9 − 4 − 4 子目。

(2)内墙抹灰面满刮腻子二遍的工程量 = (9 − 0.24 + 6 − 0.24) × 2 × (3.00 − 0.15) − 1.20 × (2.70 − 0.15) − 2.00 × 1.50 = 76.70(m^2)。

内墙抹灰面满刮腻子二遍，套用定额 9 − 4 − 209 子目。

(3)内墙贴对花墙纸的工程量 = (9 − 0.24 + 6 − 0.24) × 2 × (3.00 − 0.15) − 1.20 × (2.70 − 0.15) − 2.00 × 1.50 + [1.20 + (2.70 − 0.15) × 2 + (2.00 + 1.50) × 2] × 0.12 = 78.30(m^2)。

内墙贴对花墙纸，套用定额 9 − 4 − 197 子目。

(4)仿瓷涂料的工程量 = (9 − 0.24 + 6 − 0.24) × 2 × 0.50 + (9 − 0.24) × (6 − 0.24) = 64.98(m^2)。

刷仿瓷涂料二遍,套用定额 9－4－164 子目。

以上计算结果填入工程预算表中,见表 8-4。

表 8-4 工程预算

序号	定额号	项目名称	单位	数量	单价	合价
1	9－4－4	底油一遍调和漆二遍木扶不带托板	10m	1.016	37.68	38.28
2	9－4－209	顶棚、内墙抹灰面满刮腻子二遍	10 m^2	7.67	37.41	286.93
3	9－4－197	墙面贴对花墙纸	10 m^2	7.83	311.45	2 438.65
4	9－4－164	抹灰面刷仿瓷涂料二遍	10 m^2	6.498	90.44	587.68
		装饰项目直接工程费				3 351.54

能力训练

某大厅装饰工程如图 8-3、图 8-4 所示,240 mm 砖墙,墙体中心线尺寸为12 000 mm × 18 000 mm,800 mm × 800 mm 独立柱 4 根,M－1:4 000 mm × 3 600 mm,C1:2 100 mm × 2 600 mm。地面做法:20 mm 厚 1:3水泥砂浆找平、30 mm 厚 1:2干硬性水泥砂浆粘贴 800 mm × 800 mm 米色玻化砖,玻化砖踢脚线,高度 150 mm。墙体用 1:1:3混合砂浆抹灰 20 mm 厚,墙面乳胶漆一底两面,吊顶做法为轻钢龙骨石膏板面刮成品腻子面罩乳胶漆一底两面,高度 3 600 mm,窗帘盒 200 mm × 200 mm。试编制该大厅装饰油漆、涂料分部分项工程量清单与计价表。

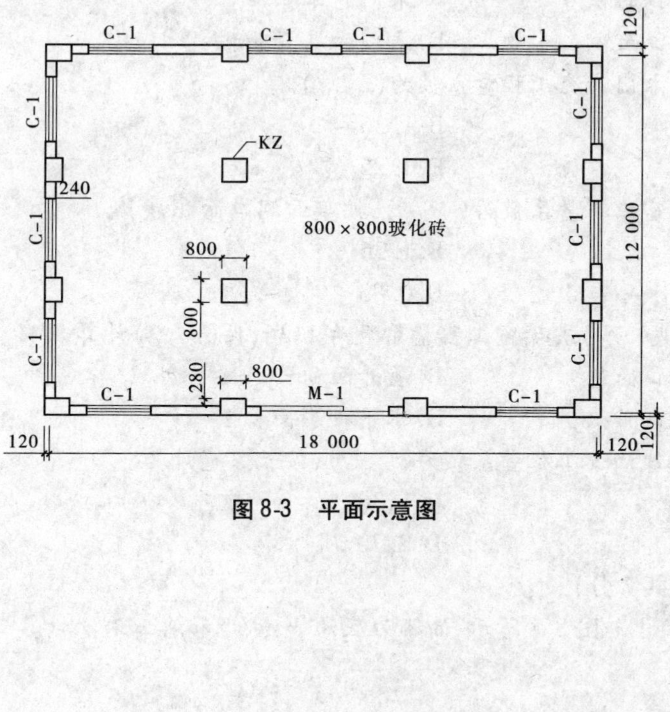

图 8-3 平面示意图

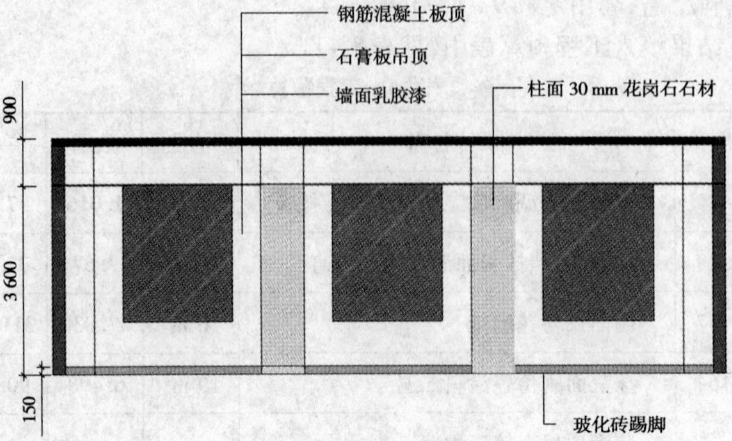

图 8-4　墙面装饰示意图

项目评估

班级:　　　　　　姓名:　　　　　　学号:　　　　　　得分:

要求:课堂完成,采用 10 分制。

目的:评估学生对该项目知识、能力的掌握程度。

一、单项选择题(每题 0.5 分,共 3 分)

1. 木质窗帘盒的油漆工程量按(　　)计算乘以定额规定的工程量系数。

A. 延长米　　B. 展开面积

C. 水平投影面积　　D. 水平投影长度

2. 双层(一板一纱)木门的油漆工程量按(　　)计算乘以定额规定的工程量系数。

A. 双面洞口面积　　B. 木门的体积

C. 单面洞口面积　　D. 木门的展开面积

3. 一板一纱木门油漆工程量系数为(　　)。

A. 1.00　　B. 1.36

C. 0.83　　D. 1.25

4. 单层玻璃窗工程量系数为(　　),按单面洞口面积计算。

A. 1.00　　B. 1.36

C. 2.00　　D. 0.83

5. 双层(一玻一纱)玻璃窗工程量系数为 1.36,按(　　)计算。

A. 双面洞口面积　　B. 展开面积

C. 单面洞口面积　　D. 水平投影面积

6. 硬木踢脚线油漆工程量系数为(　　),按长 × 宽计算。

A. 1.00　　B. 1.36

C. 2.00　　D. 2.30

二、实务题(共 7 分)

全玻璃门,尺寸如图 8-5 所示,油漆为底油一遍、调和漆三遍。计算工程量,确定定额项目。

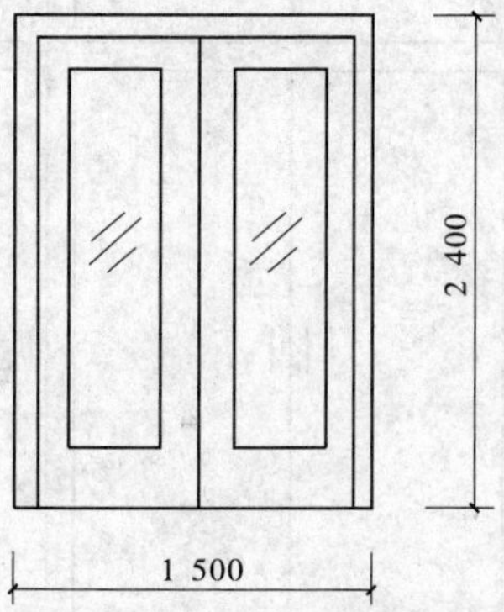

图 8-5　全玻璃门

8.2　油漆、涂料、裱糊装饰工程计量与计价规范应用

知识目标:

1. 掌握油漆、涂料、裱糊装饰工程清单工程量计算规则。
2. 熟悉油漆、涂料、裱糊装饰工程清单项目编码及特征描述内容。
3. 掌握油漆、涂料、裱糊装饰工程清单综合单价的确定方法。

能力目标:

1. 会进行油漆、涂料、裱糊装饰工程清单工程量计算。
2. 能编制油漆、涂料、裱糊装饰工程工程量清单。
3. 会进行油漆、涂料、裱糊装饰工程清单综合单价的确定。
4. 能编制油漆、涂料、裱糊装饰工程工程量清单计价表。

典型任务

任务 1　油漆、涂料、裱糊装饰工程工程量清单编制

【任务背景】　如图 8-6 所示,全玻璃门,洞口尺寸为 1 500 mm × 2 100 mm,共 10 樘。油漆为底漆一遍、调和漆三遍,试编制工程量清单。

【任务分析与实施】

编制木油漆分部分项工程量清单。

根据计量规范 GB 50854—2013 表 P. 1 门油漆列项。

项目编码:011401001001。

工程内容:基层清理、砂浆制作、运输、黏结层铺贴、面层安装、嵌缝、刷防护材料、磨光、酸洗、打蜡。

工程量计算规则:以樘计量,按设计图示数量计量。

工程数量:10 樘。

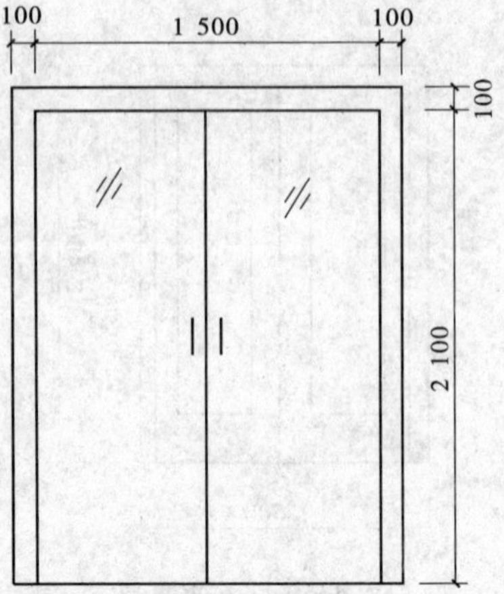

图 8-6　全玻璃门

将上述计算结果及相关内容填入“分部分项工程和单价措施项目清单与计价表”，如表 8-5 所示。

表 8-5　分部分项工程和单价措施项目清单与计价表

工程名称：某装饰工程　　　　第 1 页　共 1 页

序号	项目编码	项目名称	项目特征	计量单位	工程数量	金额(元)		
						综合单价	合价	其中：暂估价
1	011401001001	门油漆	1. 门类型：全玻璃门 2. 门代号及洞口尺寸：1 500 mm×2 100 mm 3. 油漆品种、刷漆遍数：底漆一遍，调和漆三遍	樘	10			

基础知识

知识 1　计量规范及应用说明

油漆、涂料、裱糊工程量清单项目划分共计 8 节 36 项，计量规范常用项目摘录如下。

1　门油漆

门油漆工程量清单项目的设置、项目特征描述的内容、计量单位及工程量计算规则，应按表 8-6 所列的规定执行。

表 8-6 门油漆(编码:011401)

项目编码	项目名称	项目特征	计量单位	工程量计算规则
011401001	门油漆	1. 门类型 2. 门代号及洞口尺寸 3. 腻子种类 4. 刮腻子要求 5. 防护材料种类 6. 油漆品种、刷漆遍数	1. 樘 2. m^2	1. 以樘计量,按设计图示数量计量 2. 以 m^2 计量,按设计图示洞口尺寸以面积计算

说明:1. 木门油漆应区分单层木大门、单层木门、双层(一玻一纱)木门、双层(单裁口)木门、全玻自由门、半玻自由门、装饰门及有框门或无框门等项目,分别编码列项。

2. 金属门油漆应区分平开门、推拉门、钢制防火门等项目,分别编码列项。

3. 以 m^2 计量,项目特征可不必描述洞口尺寸。

2 窗油漆

窗油漆工程量清单项目的设置、项目特征描述的内容、计量单位及工程量计算规则,应按表 8-7 所列的规定执行。

表 8-7 窗油漆(编码:011402)

项目编码	项目名称	项目特征	计量单位	工程量计算规则
011402001	木窗油漆	1. 窗类型 2. 窗代号及洞口尺寸 3. 腻子种类 4. 刮腻子要求 5. 防护材料种类 6. 油漆品种、刷漆遍数	1. 樘 2. m^2	1. 以樘计量,按设计图示数量计量 2. 以 m^2 计量,按设计图示洞口尺寸以面积计算
011402002	金属窗油漆			

说明:1. 木窗油漆应区分单层木窗、双层(一玻一纱)木窗、双层框扇(单裁口)木窗、双层框三层(二玻一纱)木窗、单层组合窗、双层组合窗、木百叶窗、木推拉窗等项目,分别编码列项。

2. 金属窗油漆应区分平开窗、推拉窗、固定窗、组合窗、金属格栅窗等项目,分别编码列项。

3. 以 m^2 计量,项目特征可不必描述洞口尺寸。

3 木扶手及其他板条线条油漆

木扶手及其他板条线条油漆工程量清单项目的设置、项目特征描述的内容、计量单位及工程量计算规则,应按表 8-8 所列的规定执行。

表 8-8 木扶手及其他板条线条油漆(编码:011403)

项目编码	项目名称	项目特征	计量单位	工程量计算规则
011403001	木扶手油漆	1. 断面尺寸 2. 腻子种类 3. 刮腻子遍数 4. 防护材料种类 5. 油漆品种、刷漆遍数	m	按设计图示尺寸以长度计算
011403002	窗帘盒油漆			
011403003	封檐板、顺水板油漆			
011403004	挂衣板、黑板框油漆			
011403005	挂镜线、窗帘棍、单独木线油漆			

说明:木扶手应区分带托板与不带托板,分别编码列项,若是木栏杆带扶手,木扶手不应单独列项,应包含在木栏杆油漆中。

4 木材面油漆

木材面油漆工程量清单项目的设置、项目特征描述的内容、计量单位及工程量计算规则,应按表 8-9 所列的规定执行。

表 8-9 木材面油漆(编码:011404)

项目编码	项目名称	项目特征	计量单位	工程量计算规则
011404001	木板、纤维板、胶合板油漆	1. 腻子种类 2. 刮腻子要求 3. 防护材料种类 4. 油漆品种、刷漆遍数	m^2	按设计图示尺寸以面积计算
011404002	木护墙、木墙裙油漆			
011404003	窗台板、筒子板、盖板、门窗套、踢脚线油漆			
011404004	清水板条天棚、檐口油漆			
011404005	木方格吊顶天棚油漆			
011404006	吸音板墙面、天棚面油漆			
011404007	暖气罩油漆			
011404008	木间壁、木隔断油漆			按设计图示尺寸以单面外围面积计算
011404009	玻璃间壁露明墙筋油漆			
011404010	木栅栏、木栏杆(带扶手)油漆			
011404011	衣柜、壁柜油漆			按设计图示尺寸以油漆部分展开面积计算
011404012	梁柱饰面油漆			
011404013	零星木装修油漆			
011404014	木地板油漆			按设计图示尺寸以面积计算。空洞、空圈、暖气包槽、壁龛的开口部分并入相应的工程量内
011404015	木地板烫硬蜡面	1. 硬蜡品种 2. 面层处理要求		

5 金属面油漆

金属面油漆工程量清单项目的设置、项目特征描述的内容、计量单位及工程量计算规则,应按表8-10所列的规定执行。

表8-10 金属面油漆(编码:011405)

项目编码	项目名称	项目特征	计量单位	工程量计算规则
011405001	金属面油漆	1. 构件名称 2. 腻子种类 3. 刮腻子要求 4. 防护材料种类 5. 油漆品种、刷漆遍数	1. t 2. m^2	1. 以t计量,按设计图示尺寸以质量计算 2. 以 m^2 计量,按设计展开面积计算

6 抹灰面油漆

抹灰面油漆工程量清单项目的设置、项目特征描述的内容、计量单位及工程量计算规则,应按表8-11所列的规定执行。

表8-11 抹灰面油漆(编码:011406)

项目编码	项目名称	项目特征	计量单位	工程量计算规则
011406001	抹灰面油漆	1. 基层类型 2. 腻子种类 3. 刮腻子遍数 4. 防护材料种类 5. 油漆品种、刷漆遍数 6. 部位	m^2	按设计图示尺寸以面积计算
011406002	抹灰线条油漆	1. 线条宽度、道数 2. 腻子种类 3. 刮腻子遍数 4. 防护材料种类 5. 油漆品种、刷漆遍数	m	按设计图示尺寸以长度计算
011406003	满刮腻子	1. 基层类型 2. 腻子种类 3. 刮腻子遍数	m^2	按设计图示尺寸以面积计算

7　喷刷涂料

喷刷涂料工程量清单项目的设置、项目特征描述的内容、计量单位及工程量计算规则,应按表 8-12 所列的规定执行。

表 8-12　喷刷涂料(编码:011407)

项目编码	项目名称	项目特征	计量单位	工程量计算规则
011407001	墙面喷刷涂料	1. 基层类型 2. 喷刷涂料部位 3. 腻子种类 4. 刮腻子要求 5. 涂料品种、刷喷遍数	m^2	按设计图示尺寸以面积计算
011407002	天棚喷刷涂料			
011407003	空花格、栏杆刷涂料	1. 腻子种类 2. 刮腻子遍数 3. 涂料品种、刷喷遍数		按设计图示尺寸以单面外围面积计算
011407004	线条刷涂料	1. 基层清理 2. 线条宽度 3. 刮腻子遍数 4. 刷防护涂料材料、油漆	m	按设计图示尺寸以长度计算
011407005	金属构件刷防火涂料	1. 喷刷防护涂料构件名称 2. 防火等级要求 3. 涂料品种、喷刷遍数	1. t 2. m^2	1. 以 t 计量,按设计图示尺寸以质量计算 2. 以 m^2 计量,按设计展开面积计算
011407006	木材构件喷刷防火涂料		m^2	以 m^2 计量,按设计图示尺寸以面积计算

8　裱糊

裱糊工程量清单项目的设置、项目特征描述的内容、计量单位及工程量计算规则,应按表 8-13 所列的规定执行。

表 8-13　裱糊（编码:011408）

项目编码	项目名称	项目特征	计量单位	工程量计算规则
011409001	墙纸裱糊	1. 基层类型 2. 裱糊构件部位 3. 腻子种类 4. 刮腻子要求 5. 黏结材料种类 6. 防护材料种类 7. 面层材料品种、规格、颜色	m^2	按设计图示尺寸以面积计算
011409002	织锦缎裱糊			

9　其他说明

抹灰面油漆和喷刷涂料工作内容中包括“刮腻子”，但又单独列有“满刮腻子”项目，此项目只适用于仅做“满刮腻子”的项目，不得将抹灰面油漆和刷涂料中“满刮腻子”内容单独分出执行满刮腻子项目。

知识 2　计价规范中暂估价情况说明

（1）发包人在招标工程量清单中给定暂估价的材料、工程设备属于依法必须招标的，应由发承包双方以招标的方式选择供应商，确定价格，并应以此为依据取代暂估价，调整合同价款。

（2）发包人在招标工程量清单中给定暂估价的材料、工程设备不属于依法必须招标的，应由承包人按照合同约定采购，经发包人确认单价后取代暂估价，调整合同价款。

（3）发包人在工程量清单中给定暂估价的专业工程不属于依法必须招标的，应按照规范 GB 50854—2013 第 9. 3 节相应条款的规定确定专业工程价款，并应以此为依据取代专业工程暂估价，调整合同价款。

（4）发包人在招标工程量清单中给定暂估价的专业工程，依法必须招标的，应当由发承包双方依法组织招标选择专业分包人，并接受有管辖权的建设工程招标投标管理机构的监督。

典型任务

任务 2　油漆、涂料、裱糊分部分项工程量清单计价表编制

【任务背景】　试完成任务 1 分部分项工程量清单计价表的编制。

【任务分析与实施】

编制分部分项工程量清单计价表。

依据《山东省建筑工程消耗量定额》（省价目表 2011）组价。

综合单价计算如下：

(1)该项目发生的工程内容为基层清理、刮腻子、刷防护材料、油漆。

(2)依据现行消耗量定额,计算工程量,确定定额项目。

底漆一遍,调和漆两遍工程量:1.5×2.4×0.83(油漆系数)×10=29.88(m^2)。

套用定额9-4-1子目。

每增加一遍调和漆工程量:29.88 m^2。

套用定额9-4-21子目。

(3)分别计算清单项目每计量单位应包含的各项工程内容的工程数量。

底漆一遍,调和漆两遍:29.88÷10=2.988(m^2/樘)。

每增加一遍调和漆:29.88÷10=2.988(m^2/樘)。

(4)人、材、机单价选用省信息价。

(5)计算清单项目每计量单位所含各项工程内容人工费、材料费、机械费。

(6)根据企业情况确定管理费费率为49%,利润率为16%,均以人工费为计费基础。

(7)综合单价:33.41+38.51+0+21.71=93.63(元/樘)。

(8)合价:93.63×10=936.3(元)。

将上述计算结果及相关内容填入"分部分项工程量清单综合单价分析表"和"分部分项工程及单价措施项目清单与计价表"中,如表8-14、表8-15所示。

表8-14 分部分项工程量清单综合单价分析表

工程名称:某装饰工程　　　　第1页　共1页

项目编码		011401001001		项目名称		门油漆				计量单位	樘
清单综合单价组成明细											
定额编号	定额名称	定额单位	数量	单价				合价			
				人工费	材料费	机械费	管理费和利润	人工费	材料费	机械费	管理费和利润
9-4-1	底漆一遍调和漆二遍全玻门	10 m^2	2.988	93.81	89.71	0	60.94	28.03	26.81	0	18.21
9-4-21	调和漆增一遍单层全玻门			18.02	39.17	0	11.71	5.38	11.70	0	3.5
人工单价		小计						33.41	38.51	0	21.71
综合工日53元/工日		未计价材料费						0			
清单项目综合单价								93.63			
材料费明细	主要材料名称、规格、型号					单位	数量	单价(元)	合价(元)	暂估单价(元)	暂估合价(元)
	(略)										
	其他材料费							—		—	
	材料费小计							—	38.51	—	0.00

表8-15　分部分项工程及单价措施项目清单与计价表

工程名称:某装饰工程　　第1页　共1页

序号	项目编码	项目名称	项目特征	计量单位	工程数量	金额(元)		
						综合单价	合价	其中:暂估价
1	011401001001	门油漆	1.门类型:全玻璃门 2.门代号及洞口尺寸:1 500 mm×2 100 mm 3.油漆品种、刷漆遍数:底漆一遍,调和漆三遍	樘	10	93.63	936.3	

能力训练

某工程平面图见图5-10,图8-7为C墙面装饰做法,试编制墙体油漆、涂料、裱糊装饰工程分部分项工程量清单与计价表。

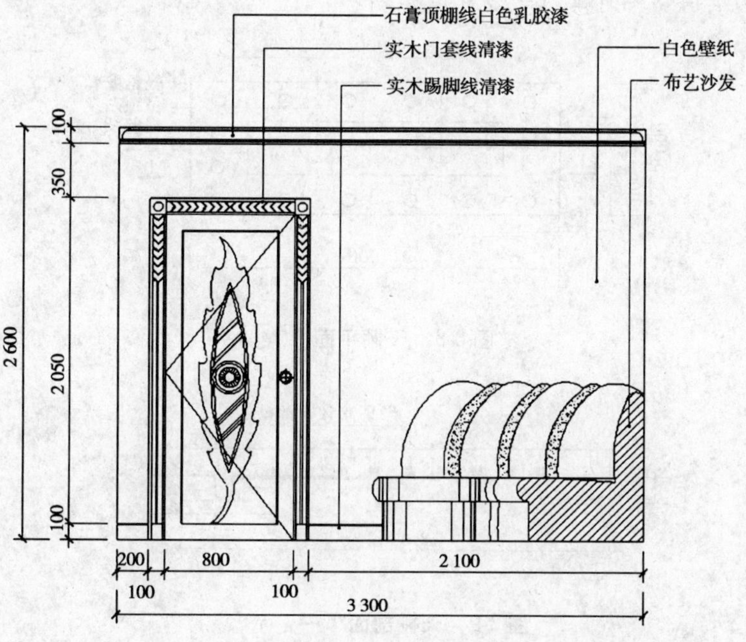

图8-7　C立面图

项目评估

班级:　　　　姓名:　　　　学号:　　　　得分:

要求:课堂完成,采用10分制。

目的:评估学生对该项目知识、能力的掌握程度。

一、多项选择题(每题2分,共4分)

1. 在某装饰工程工程量清单中,分项木墙裙油漆(011404002001)的项目特征应描述的主要内容是(　　)。

A. 腻子种类　　B. 刮腻子要求

C. 抹灰厚度　　D. 防护材料种类

E. 油漆品种、刷漆遍数

2. 下列清单项目门、窗油漆工程量计算规则,说法正确的是(　　)。

A. 以樘计量,按设计图示数量计算

B. 以 m^2 计量,按设计图示洞口尺寸以面积计算

C. 以t计量,按设计图示尺寸以质量计算

D. 以 m^2 计量,按设计展开面积计算

E. 以m计量,按设计图示尺寸以长度计算

二、实务题(共6分)

某天棚工程轻钢龙骨石膏板吊顶见图8-8,剖面示意见图8-9,面层贴发泡壁纸和金属壁纸,试编制该工程工程量清单与计价表。

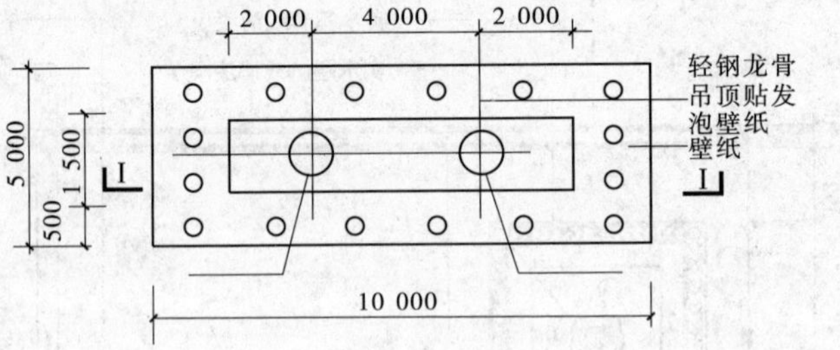

图8-8　天棚平面示意

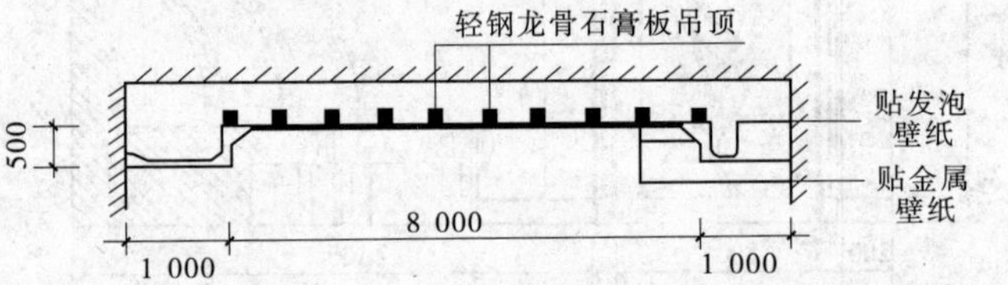

图8-9　天棚剖面Ⅰ—Ⅰ示意

项目9 配套装饰项目

9.1 配套装饰项目定额应用

知识目标:

1. 理解消耗量定额中配套装饰项目有关说明、解释。
2. 熟悉消耗量定额中配套装饰项目定额项目表。
3. 掌握消耗量定额中配套装饰项目工程量计算规则。

能力目标:

1. 会进行配套装饰项目定额工程量的计算。
2. 会查套定额项目并进行直接工程费的计算。
3. 会应用消耗量定额中的说明、解释对定额项目进行调整换算。

典型任务

任务1 配套装饰项目定额工程量计算

【任务背景】 如图9-1所示,起居室的门洞M-4:3 000 mm×2 000 mm,设计做门套装饰。筒子板构造:细木工板基层,柚木装饰面层,厚30 mm。筒子板宽300 mm。贴脸构造:80mm宽柚木装饰线脚。试计算筒子板、贴脸的工程量。

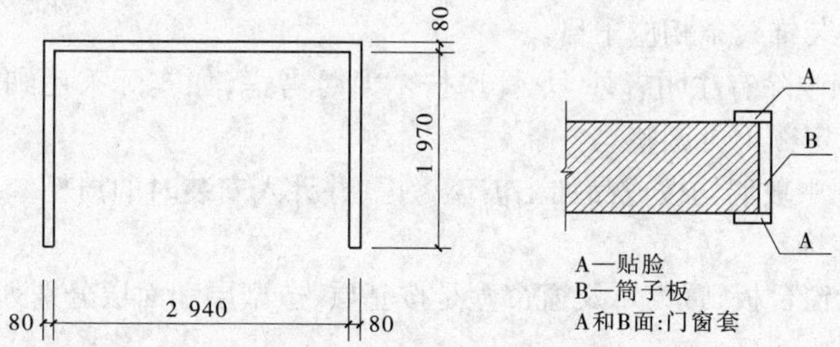

图9-1 门套示意图

【任务分析与实施】

根据定额工程量计算规则及应用说明,基层、造型层及面层的工程量均按设计面积以m^2计算。门窗口套是按基层、造型层和面层分别列项,使用时分别套用相应定额。门窗贴脸按成品线条编制,使用时套用装饰线条相应子目。

装饰线条计算时首先要参照定额子目的划分,分别计算不同分类线条相应的工程量。

装饰线条断部切角拼缝的，按照最大长度计算，如图9-2所示。

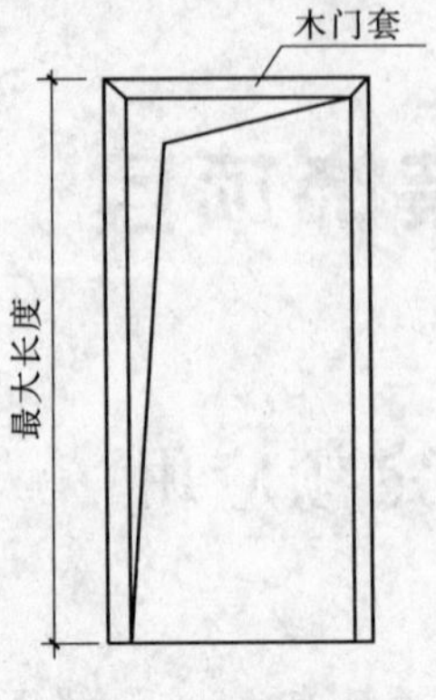

图9-2　门套线示意

筒子板的工程量 $=(1.97\times2+2.94)\times0.3=6.88\times0.3=2.06(m^2)$。

贴脸的工程量 $=(1.97\times2+2.94+0.08\times2)\times0.08=7.04\times0.08=0.56(m^2)$。

基础知识

知识1　定额说明与解释

(1)配套装饰项目包括零星木装饰、装饰线条、卫生间零星装饰、工艺门扇、橱柜、木楼梯及栏杆扶手和其他项目等。

(2)本节定额中成品安装项目，实际使用的材料品种、规格与定额取定不同时，可以换算，但人工、机械的消耗量不变。

(3)本节定额中已包括刷防锈漆，均不包括油漆。油漆按相应项目执行。

(4)本节定额项目中均未包括收口线、封边条、线条边框的工料，使用时另行计算线条用量，套用本节装饰线条相应子目。

(5)本节定额中除有注明者外，龙骨均按木龙骨考虑，如实际采用细木工板、多层板等做龙骨，均执行定额不再调整。

(6)本节定额中玻璃均按成品加工玻璃考虑，并计入安装时的损耗。

(7)零星木装饰：

①门窗口套、窗台板、暖气罩及窗帘盒是按基层、造型层和面层分别列项，使用时分别套用相应定额。

②门窗贴脸按成品线条编制，使用时套用本节装饰线条相应子目。

(8)装饰线条：

①装饰线条均按成品安装编制。

②装饰线条按直线安装编制，如安装圆弧形或其他图案者，按以下规定计算：顶棚面安装圆弧装饰线条，人工乘以系数1.4；墙面安装圆弧装饰线条，人工乘以系数1.2；装饰线条做艺术图案，人工乘以系数1.6。

解释：

①木装饰线按照平面线、角线、顶角线列项划分子目，顶角线专用于天棚角线。

②石装饰线按照粘贴、挂贴、干挂列项，定额上粘贴方式采用大理石胶粘贴；挂贴采用膨胀螺栓固定，铜丝绑扎，水泥砂浆挂贴；干挂采用不锈钢挂件结合大理石胶固定。使用时注意区分布图安装方式分别套用定额。

(9)卫生间零星装饰：

①大理石洗漱台的台面及裙边与挡水板分别列项，台面及裙边子目中综合取定了钢支架的消耗量。洗漱台面按成品考虑，如需现场开孔，执行相应台面加工子目。

②卫生间配件按成品安装编制。

解释：卫生间配件包括浴帘杆、毛巾杆、皂盒、手纸盒、镜面等，定额均按成品配件安装考虑。镜面按带框、不带框划分子目，镜面均为成品镜面，只考虑安装损耗；带框的子目中框的工料未包括在子目中，应另套其他相应子目。

(10)工艺门扇：定额木门扇安装子目中每扇按 3 个合页编制，如与实际不同，合页用量可以调整，每增减 10 个合页，增减 0.25 工日。

解释：

①无框玻璃门扇及配件，定额按开启扇、固定扇、门扇配件及包门框列项。开启扇、固定扇的玻璃按成品考虑。只包含安装损耗，未计入加工损耗。包门框为综合子目，子目中已综合考虑了角钢架制安、基层板、面层板的全部施工工艺。

②夹板门扇制作，定额按木骨架、基层板、造型板、面层分别列项，使用时要组合套用，子目均为门扇的制作项目，门扇安装应再套本节成品门扇安装项目。门扇的实木线封边，使用时另套本节相应木线子目。

③门扇工艺镶嵌，定额按照各种做法分别列项，各镶嵌子目均未包括工艺镶嵌周边固定时用的木线封口条，使用时另套本节相应木线子目。

(11)橱柜：

①橱柜定额按骨架制安，骨架围板、隔板制安，橱柜贴面层、抽屉、门扇龙骨及门扇安装，玻璃柜及五金件安装分别列项，使用时分别套用相应定额。

②橱柜骨架中的木龙骨用量，设计与定额不同时可以换算，但人工、机械消耗量不变。

(12)木楼梯斜长部分的栏板、栏杆、扶手，按平台梁与连接梁外沿之间的水平投影长度，乘以系数 1.15 计算。

(13)美术字安装：

①美术字定额按成品字安装固定编制，美术字不分字体。

②外文或拼音字，以中文意译的单字计算。

③材质适用范围：泡沫塑料有机玻璃字，适用于泡沫塑料、硬塑料、有机玻璃、镜面玻璃等材料制作的字；木质字适用于软、硬质木、合成材等材料制作的字；金属字适用于铝铜材、不锈钢、金、银等材料制作的字。

(14)招牌、灯箱：

①招牌、灯箱分一般及复杂形式。一般形式是指矩形，表面平整无凹凸造型；复杂形式是指异形或表面有凹凸造型的情况。

②招牌内的灯饰不包括在定额内。

知识2 工程量计算规则

(1)基层、造型层及面层的工程量均按设计面积以 m^2 计算。

解释：此处设计面积是指实际铺贴面积，即基层、造型层及面层当为弧面、折面等时均按实际铺贴面积展开计算。

(2)窗台板按设计长度乘以宽度以 m^2 计算；设计未注明尺寸时，按窗宽两边共加 100 mm 计算长度(有贴脸的按贴脸外边线间宽度)，凸出墙面的宽度按 50 mm 计算。

窗台板工程量 =(窗宽 +0.1)×(窗台宽 +0.05)

解释：计算窗台板面积时若板两端有切角，"设计长度"应按照最大长度计算。计算窗台板宽度时，若板外挑边为弧形，宽度也算至最外边切线处。

(3)暖气罩各层按设计面积计算，与壁柜相连时，暖气罩算至壁柜隔板外侧，壁柜套用橱柜相应子目，散热口按其框外围面积单独计算。

解释：暖气罩各层做法均应扣除散热口框外围面积。散热口单独计算面积，按照材质套用定额项目。

(4)百叶窗帘、网扣帘按设计尺寸面积计算，设计未注明尺寸时，按洞口面积计算；窗帘、遮光帘均按帘轨的长度以 m 计算(折叠部分已在定额内考虑)。

(5)明式窗帘盒按设计长度以延长米计算；与天棚相连的暗式窗帘盒，基层板(龙骨)、面层板按展开面积以 m^2 计算。

解释：明式窗帘盒按实际长度以延长米计算，定额单位为 m，定额项目为综合项，包含木龙骨、基层板内容；暗式窗帘盒按展开面积计算，定额单位为 m^2，分别套用木龙骨基层板、面板项目，组合使用，并相应扣除天棚的工程量。

(6)装饰线条应区分材质及规格，按设计延长米计算。

(7)大理石洗漱台按台面及裙边的展开面积计算，不扣除开孔的面积；挡水板按设计面积计算。台面需现场开孔、磨孔边，按个计算。

解释：大理石的导边长度以 m 为单位计算工程量，应按照实际发生的工机消耗做补充定额。

(8)不锈钢、塑铝板包门框按框饰面面积以 m^2 计算。

解释："框饰面面积"是指所包门框的展开面积，该项目为综合项目，包含木龙骨、基层板、面板(不锈钢或塑铝板)。

(9)夹板门门扇木龙骨不分扇的形式，按扇面积计算；基层、造型层及面层按设计面积计算；扇安装按扇个数计算；门扇上镶嵌按镶嵌的外围面积计算。

(10)橱柜木龙骨项目按橱柜正立面的投影面积计算。基层板、造型层板及饰面板按实铺面积计算。抽屉按抽屉正面面板面积计算。

(11)木楼梯按水平投影面积计算，不扣除宽度小于 300 mm 的楼梯井面积，踢脚板、平台和伸入墙内部分不另计算；栏杆、扶手按延长米计算；木柱、木梁按竣工体积以 m^3 计算。

(12)栏板、栏杆、扶手，按设计长度以延长米计算。

(13)美术字安装,按字的最大外围矩形面积以个计算。

解释:外文或拼音字,以中文意译的词语字数计算。美术字定额区分各种材质的美术字,按字的规格大小(按字的最大外围面积 m^2)列项,以安装部位划分子目。美术字为成品,各子目为安装子目。定额价目表已包含美术字成品价格,工程中可按实际价格进行调整。

(14)招牌、灯箱的龙骨按正立面投影面积计算,基层及面层按设计面积计算。

典型任务

任务2 配套装饰项目定额直接费计算

【任务背景】 某工程窗宽2 m,共8个,制作安装细木工板明式窗帘盒,长度为2.30 m,带铝合金窗帘轨(双轨),布窗帘。计算工程量,确定定额项目,并计算定额直接费。

【任务分析与实施】

(1)窗帘盒的工程量=2.30×8=18.40(m)。

细木工板明式窗帘盒,套用定额9-5-37子目。

(2)窗帘轨的工程量=2.30×8=18.40(m)。

铝合金窗帘轨(双轨),套用定额9-5-47子目。

(3)窗帘的工程量=2.30×8=18.40(m)。

布窗帘,套用定额9-5-49子目。

表9-1 工程预算表

序号	定额号	项目名称	单位	数量	单价	合价
1	9-5-37	明式窗帘盒细木工板	10 m	1.84	216.43	398.23
2	9-5-47	金属双窗帘轨	10 m	1.84	410.23	754.82
3	9-5-49	布窗帘	10 m	1.84	1 344.62	2 474.1
		装饰项目直接工程费				3 627.15

能力训练

【训练9-1】 某宾馆有900 mm×2 100 mm的门洞66樘,内外钉贴细木工板门套、贴脸(不带龙骨),榉木夹板贴面,尺寸如图9-3所示。计算工程量,确定定额项目,并计算定额直接费。

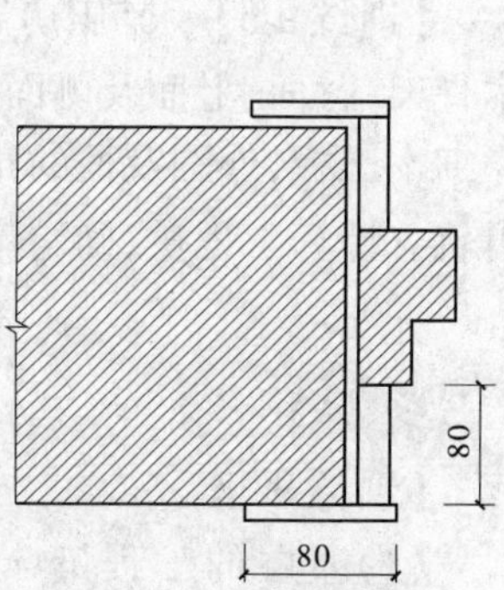

图9-3 门套示意图

【训练9-2】 平墙式暖气罩如图9-4所示,五合板基层,榉木板面层,机制木花格散热口,共18个。计算工程量,确定定额项目,并计算定额直接费。

【训练9-3】 某卫生间洗漱台平面图如图9-5所示,1 500 mm×1 050 mm车边镜,20 mm厚孔雀绿大理石台饰。试计算

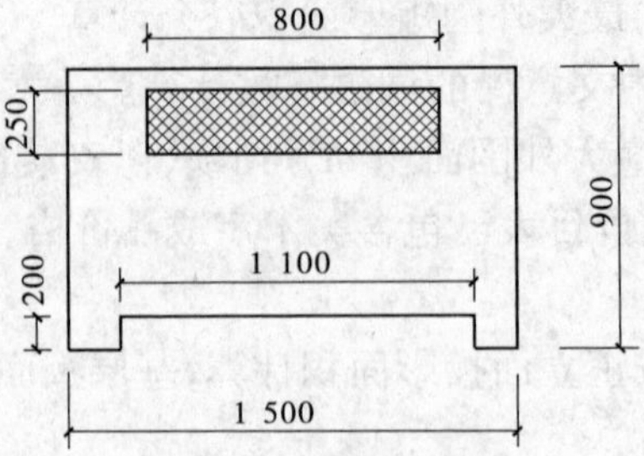

图 9-4 暖气罩示意图

大理石洗漱台及装饰线工程量。

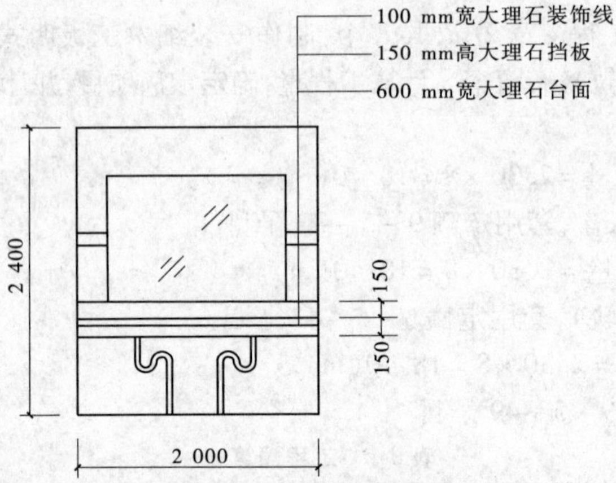

图 9-5 洗漱台平面图

【训练 9-4】 如图 9-6 所示的卫生间采用双孔洗漱台、车边镜面。黑金砂台面尺寸为 2 000 mm×600 mm，设台下洗手盆现场开孔、磨孔边，裙边、挡水板均为黑金砂宽度 200 mm 通长设置，∟40×40×4 角钢支架，挡水板水泥砂浆直接粘贴在墙面上，玻璃胶封边。镜面采用 2 000 mm×1 000 mm 车边镜固定在胶合板基层上，胶合板底采用油毡防水。计算卫生间台面及镜面工程量及定额直接费（角钢用量暂不做调整）。

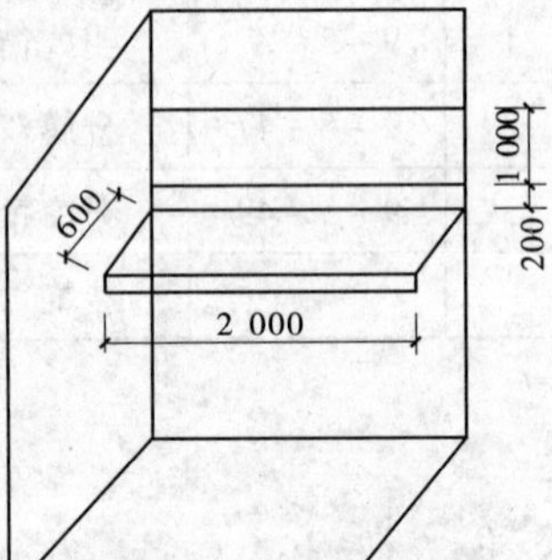

图 9-6 卫生间示意图

【训练 9-5】 某厨房制作安装一吊柜，尺寸如图 9-7 所示，木骨架，背面、上面及侧面为三合板围板，底板与隔板为 18 mm 厚细木工板，外围及框的正面贴榉木板面层，玻璃推拉门，金属滑轨。计算工程量，确定定额项目。

训练指导

【训练 9-1】

(1)基层的工程量 = [(0.90 + 2.10 × 2) × 0.08 + (0.90 + 0.08 × 2 + 2.10 × 2) × 0.08] × 2 × 66 = 109.40(m^2)。

细木工板基层，套用定额 9 - 5 - 6 子目。

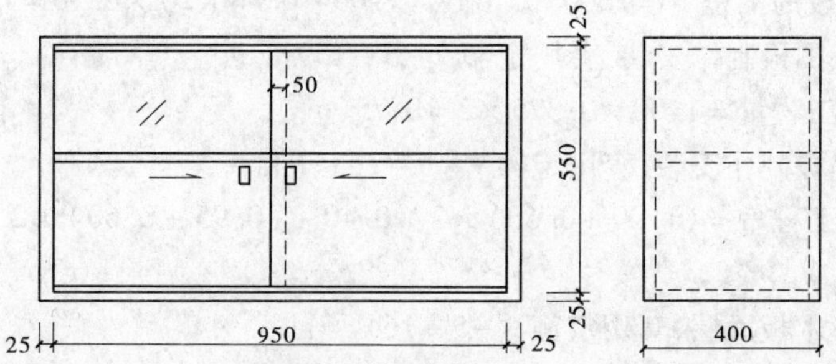

(a)正立面图 (b)侧立面图

图9-7 吊柜示意图

(2)装饰板贴面的工程量 $=[(0.90+2.10\times2)\times0.08+(0.90+0.08\times2+2.10\times2)\times0.08]\times2\times66=109.40(m^2)$。

榉木夹板贴面,套用定额9-5-10子目。

【训练9-2】

(1)基层的工程量 $=(1.5\times0.9-1.10\times0.20-0.80\times0.25)\times18=16.74(m^2)$。

五合板基层,套用定额9-5-27子目。

(2)面层的工程量 $=(1.5\times0.9-1.10\times0.20-0.80\times0.25)\times18=16.74(m^2)$。

粘贴装饰板面层,套用定额9-5-32子目。

(3)散热口安装的工程量 $=0.80\times0.25\times18=3.60(m^2)$。

机制木花格,套用定额9-5-35子目。

【训练9-3】

洗漱台的工程量 = 台面面积 + 裙边面积 $=2\times0.6+2\times(0.15-0.02)=1.2+2\times0.13=1.46(m^2)$。

挡水板面积 $=0.15\times(2+0.6+0.6)=0.15\times3.2=0.48(m^2)$。

挂镜线的工程量 $=2-1.5=0.5(m)$。

【训练9-4】

黑金砂双孔洗漱台的工程量 $S=(0.6+0.2)\times2=1.6(m^2)$。

黑金砂挡水板工程量 $S=0.2\times2=0.4(m^2)$。

现场开孔、磨孔边2个。

卫生间镜面工程量 $S=1\times2=2(m^2)$。

黑金砂洗漱台套用定额9-5-107子目。

黑金砂挡水板套用定额9-5-108子目。

现场开孔套用定额9-5-109子目。

磨孔边套用定额9-5-110子目。

卫生间镜面定额套用9-5-123子目。

【训练9-5】

(1)吊柜骨架制作安装的工程量 $=1.00\times0.60=0.60(m^2)$。

吊柜骨架制作安装(1.0 m^2 以内),套用定额9-5-155子目。

(2)骨架围板的工程量 = 1.00 × 0.60 + (1.00 + 0.60 × 2) × 0.40 = 1.48(m^2)。

骨架三合板围板制作安装,套用定额 9 – 5 – 159 子目。

(3)隔板的工程量 = 1.00 × 0.375 × 2 = 0.75(m^2)。

细木工板隔板制作安装,套用定额 9 – 5 – 163 子目。

(4)面层的工程量 = (1.00 + 0.60) × 2 × 0.40 + (0.95 + 0.60) × 2 × 0.025 + 0.95 × 0.018 = 1.37(m^2)。

基层板贴榉木板面层,套用定额 9 – 5 – 164 子目。

(5)玻璃门扇的工程量 = (1.00 – 0.025 × 2 + 0.05) × 0.55 = 0.55(m^2)。

玻璃门扇,套用定额 9 – 5 – 174 子目。

(6)玻璃滑轨的工程量 = 0.95 × 2 = 1.90(m)。

玻璃滑轨,套用定额 9 – 5 – 178 子目。

项目评估

班级:　　　　　　　姓名:　　　　　　　学号:　　　　　　　得分:

要求:课堂完成,采用 10 分制。

目的:评估学生对该项目知识、能力的掌握程度。

一、单项选择题(每题 1 分,共 4 分)

1. 定额装饰线条是按直线安装编制的,如顶棚面安装圆弧装饰线条,人工乘以系数(　　)。

A. 1.0　　　　B. 1.2

C. 1.4　　　　D. 1.6

2. 窗台板按设计长度乘以宽度以 m^2 计算;设计未注明尺寸时,按窗宽两边共加(　　)计算长度(有贴脸的按贴脸外边线间宽度),凸出墙面的宽度按(　　)计算。

A. 100 mm,50 mm　　　　B. 150 mm,100 mm

C. 200 mm,100 mm　　　　D. 200 mm,150 mm

3. 复杂形式招牌、灯箱是指(　　)。

A. 矩形　　　　B. 表面无凹凸造型

C. 异形　　　　D. 表面平整

4. 木楼梯斜长部分的栏板、栏杆、扶手,按平台梁与连接梁外沿之间的水平投影长度,乘以系数(　　)计算。

A. 1.05　　　　B. 1.15

C. 1.20　　　　D. 1.25

二、实务题(共 6 分)

某宾馆客房共 30 间,客房门 900 mm × 2 100 mm,门贴脸做法为细木工基层板,面贴胡桃木面板;门套线为 80 mm × 8 mm 的实木线,如图 9-8 所示。试计算工程量,确定定额项目。

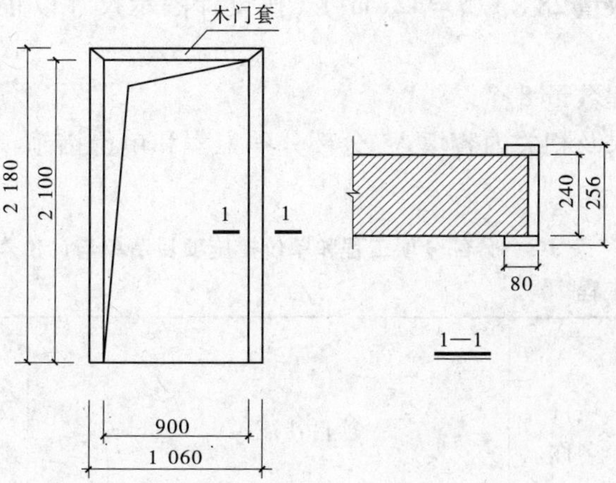

图9-8 客房门示意

9.2 其他装饰工程计量与计价规范应用

知识目标：

1. 掌握其他装饰工程清单工程量计算规则。
2. 熟悉其他装饰工程清单项目编码及特征描述内容。
3. 掌握其他装饰工程清单综合单价的确定方法。

能力目标：

1. 会进行其他装饰工程清单工程量计算。
2. 能编制其他装饰工程工程量清单。
3. 会进行其他装饰工程清单综合单价的确定。
4. 能编制其他装饰工程工程量清单计价表。

典型任务

任务1 其他装饰工程工程量清单编制

【任务背景】 某工程檐口上方设招牌，长28 m，高1.5 m，钢结构龙骨，九夹板基层，塑铝板面层，上嵌8个1 m×1 m泡沫塑料有机玻璃面大字。试编制该工程工程量清单及计价表。

【任务分析与实施】

根据计量规范GB 50854—2013表Q.7、Q.8列项。

项目名称：平面招牌，项目编码：011507001001。

项目名称：有机玻璃字，项目编码：011508002001。

根据相应清单工程量计算规则，计算清单项目工程量。

平面招牌工程数量 $28 \times 1.5 = 42(m^2)$（按设计图示尺寸以正立面边框外围面积计算）。

有机玻璃字工程数量 8 个。

将上述计算结果及相关内容填入“分部分项工程和单价措施项目清单与计价表”，如表 9-2 所示。

表 9-2　分部分项工程和单价措施项目清单与计价表

工程名称：某装饰工程　　　　第 1 页　共 1 页

序号	项目编码	项目名称	项目特征	计量单位	工程数量	金额（元）		
						综合单价	合价	其中：暂估价
1	011507001001	平面招牌	1. 基层材料种类：钢结构龙骨，九夹板基层 2. 面层材料种类：塑铝板	m^2	42			
2	011508003001	有机玻璃字	1. 基层类型：塑铝板 2. 镌字材料品种、颜色：泡沫塑料有机玻璃面 3. 字体规格：1 m×1 m 4. 固定方式：胶粘	个	8			

基础知识

知识 1　计量规范及应用说明

其他装饰工程工程量清单项目划分共计 8 节 62 项，计量规范常用项目摘录如下。

1　柜类、货架

柜类、货架工程量清单项目设置及工程量计算规则，应按表 9-3 所列的规定执行。

表9-3 柜类、货架(编码:011501)

项目编码	项目名称	项目特征	计量单位	工程量计算规则
011501001	柜台	1. 台柜规格 2. 材料种类、规格 3. 五金种类、规格 4. 防护材料种类 5. 油漆品种、刷漆遍数	1. 个 2. m 3. m^3	1. 以个计量,按设计图示数量计算 2. 以m计量,按设计图示尺寸以延长米计算 3. 以m^3计量,按设计图示尺寸以体积计算
011501002	酒柜			
011501003	衣柜			
011501004	存包柜			
011501005	鞋柜			
011501006	书柜			
011501007	厨房壁柜			
011501008	木壁柜			
011501009	厨房低柜			
011501010	厨房吊柜			
011501011	矮柜			
011501012	吧台背柜			
011501013	酒吧吊柜			
011501014	酒吧台			
011501015	展台			
011501016	收银台			
011501017	试衣间			
011501018	货架			
011501019	书架			
011501020	服务台			

2 压条、装饰线

压条、装饰线工程量清单项目设置及工程量计算规则,应按表9-4所列的规定执行。

表9-4　压条、装饰线(编码:011504)

项目编码	项目名称	项目特征	计量单位	工程量计算规则
011504001	金属装饰线	1. 基层类型 2. 线条材料品种、规格、颜色 3. 防护材料种类	m	按设计图示尺寸以长度计算
011504002	木质装饰线			
011504003	石材装饰线			
011504004	石膏装饰线			
011504005	镜面玻璃线			
011504006	铝塑装饰线			
011504007	塑料装饰线			
011504008	GRC装饰线条	1. 基层类型 2. 线条规格 3. 线条安装部位 4. 填充材料种类		

3　扶手、栏杆、栏板装饰

扶手、栏杆、栏板装饰工程量清单项目设置及工程量计算规则,应按表9-5所列的规定执行。

表9-5　扶手、栏杆、栏板装饰(编码:011503)

项目编码	项目名称	项目特征	计量单位	工程量计算规则
011503001	金属扶手、栏杆、栏板	1. 扶手材料种类、规格 2. 栏杆材料种类、规格 3. 栏板材料种类、规格、颜色 4. 固定配件种类 5. 防护材料种类	m	按设计图纸尺寸以扶手中心线长度(包括弯头长度)计算
011503002	硬木扶手、栏杆、栏板			
011503003	塑料扶手、栏杆、栏板			
011503004	GRC栏杆、扶手	1. 栏杆的规格 2. 安装间距 3. 扶手类型规格 4. 填充材料种类		
011503005	金属靠墙扶手	1. 扶手材料种类、规格 2. 固定配件种类 3. 防护材料种类		
011503006	硬木靠墙扶手			
011503007	塑料靠墙扶手			
011503008	玻璃栏板	1. 栏杆玻璃的种类、规格、颜色 2. 固定方式 3. 固定配件种类		

4 暖气罩

暖气罩工程量清单项目设置及工程量计算规则,应按表 9-6 所列的规定执行。

表 9-6 暖气罩(编码:011504)

项目编码	项目名称	项目特征	计量单位	工程量计算规则
011504001	饰面板暖气罩	1. 暖气罩材质 2. 防护材料种类	m^2	按设计图示尺寸以垂直投影面积(不展开)计算
011504002	塑料板暖气罩			
011504003	金属暖气罩			

5 浴厕配件

浴厕配件工程量清单项目设置及工程量计算规则,应按表 9-7 所列的规定执行。

表 9-7 浴厕配件(编码:011505)

项目编码	项目名称	项目特征	计量单位	工程量计算规则
011505001	洗漱台	1. 材料品种、规格、颜色 2. 支架、配件品种及规格	m^2	按设计图示尺寸以台面外接矩形面积计算。不扣除孔洞、挖弯、削角所占面积,挡板、吊沿板面积并入台面面积内计算
011505002	晒衣架		个	按设计图示数量计算
011505003	帘子杆			
011505004	浴缸拉手			
011505005	卫生间扶手			
011505006	毛巾杆(架)		套	
011505007	毛巾环		副	
011505008	卫生纸盒		个	
011505009	肥皂盒			
011505010	镜面玻璃	1. 镜面玻璃品种、规格 2. 框材质、断面尺寸 3. 基层材料种类 4. 防护材料种类	m^2	按设计图示尺寸以边框外围面积计算
011505011	镜箱	1. 箱体材质、规格 2. 玻璃品种、规格 3. 基层材料种类 4. 防护材料种类 5. 油漆品种、刷漆遍数	个	按设计图示数量计算

6 雨篷、旗杆

雨篷、旗杆工程量清单项目设置及工程量计算规则，应按表 9-8 所列的规定执行。

表 9-8 雨篷、旗杆（编码:011506）

项目编码	项目名称	项目特征	计量单位	工程量计算规则
011506001	雨篷吊挂饰面	1. 基层类型 2. 龙骨材料种类、规格、中距 3. 面层材料品种、规格 4. 吊顶（天棚）材料、品种、规格 5. 嵌缝材料种类 6. 防护材料种类	m^2	按设计图示尺寸以水平投影面积计算
011506002	金属旗杆	1. 旗杆材料、种类、规格 2. 旗杆高度 3. 基础材料种类 4. 基座材料种类 5. 基座面层材料、种类、规格	根	按设计图示数量计算
011506003	玻璃雨篷	1. 玻璃雨篷固定方式 2. 龙骨材料种类、规格、中距 3. 玻璃材料品种、规格 4. 嵌缝材料种类 5. 防护材料种类	m^2	按设计图示尺寸以水平投影面积计算

7 招牌、灯箱

招牌、灯箱工程量清单项目设置及工程量计算规则，应按表 9-9 所列的规定执行。

表 9-9 招牌、灯箱（编码:011507）

项目编码	项目名称	项目特征	计量单位	工程量计算规则
011507001	平面、箱式招牌	1. 箱体规格 2. 基层材料种类 3. 面层材料种类 4. 防护材料种类	m^2	按设计图示尺寸以正立面边框外围面积计算。复杂形的凸凹造型部分不增加面积
011507002	竖式标箱		个	按设计图示数量计算
011507003	灯箱			
011507004	信报箱	1. 箱体规格 2. 基层材料种类 3. 面层材料种类 4. 防护材料种类 5. 户数		

8 美术字

美术字工程量清单项目设置及工程量计算规则，应按表9-10所列的规定执行。

表9-10 美术字（编码：011508）

项目编码	项目名称	项目特征	计量单位	工程量计算规则
011508001	泡沫塑料字	1. 基层类型 2. 镌字材料品种、颜色 3. 字体规格 4. 固定方式 5. 油漆品种、刷漆遍数	个	按设计图示数量计算
011508002	有机玻璃字			
011508003	木质字			
011508004	金属字			
011508005	吸塑字			

9 其他说明

（1）柜类、货架、涂刷配件、雨篷、旗杆、招牌、灯箱、美术字等单件项目，工作内容中包括了"刷油漆"，主要考虑整体性，不得单独将油漆分离，单列油漆清单项目；《计量规范》附录其他项目，工作内容中没有包括"刷油漆"，可单独按《计量规范》附录P相应项目分别编码列项。

（2）凡栏杆、栏板含扶手的项目，不得单独将扶手进行编码列项。

知识2 合同价款的一般规定

（1）实行招标的工程合同价款应在中标通知书发出之日起30天内，由发承包双方依据招标文件和中标人的投标文件在书面合同中约定。合同约定不得违背招标、投标文件中关于工期、造价、质量等方面的实质性内容。招标文件与中标人投标文件不一致的地方，应以投标文件为准。

（2）不实行招标的工程合同价款，应在发承包双方认可的工程价款基础上，由发承包双方在合同中约定。

（3）实行工程量清单计价的工程，应采用单价合同；建设规模较小、技术难度较低、工期较短，且施工图设计已审查批准的建设工程可采用总价合同；紧急抢险、救灾以及施工技术特别复杂的建设工程可采用成本加酬金合同。

典型任务

任务2 其他装饰工程工程量清单计价表编制

【任务背景】 试编制任务1招牌的分部分项工程量清单计价表。

【任务分析与实施】

依据《山东省建筑工程消耗量定额》（省价目表2011）组价。

综合单价计算如下：

（1）该项目发生的工程内容为基层清理、刮腻子、刷防护材料、油漆。

(2)依据现行消耗量定额,计算工程量,确定定额项目。

① 美术字的工程量:8 个。

1.0 m^2 以内铝合金扣板面层,套用定额 9－5－232 子目。

②招牌龙骨的工程量:28×1.5＝42(m^2)。

钢结构龙骨,套用定额 9－5－253 子目。

③基层的工程量:42 m^2。

钢龙骨九夹板基层,套用定额 9－5－259 子目。

④面层的工程量:42 m^2。

铝塑板面层,套用定额 9－5－263 子目。

(3)分别计算清单项目每计量单位应包含的各项工程内容的工程数量。

招牌钢结构,一般:42÷42＝1.0。

基层钢龙骨九夹板:42÷42＝1.0。

招牌面层塑铝板:42÷42＝1.0。

泡塑有机玻璃字:8÷8＝1.0。

(4)人、材、机单价选用省信息价。

(5)计算清单项目每计量单位所含各项工程内容人工费、材料费、机械费。

(6)根据企业情况确定管理费费率为 49%,利润率为 16%,均以人工费为计费基础。

(7)平面招牌综合单价:46.65＋400.31＋8.63＋30.32＝485.91(元/m^2)。

有机玻璃字综合单价:35.35＋402.12＋0.37＋22.98＝460.82(元/个)。

(8)合价:93.63×10＝936.3(元)。

将上述计算结果及相关内容填入“分部分项工程量清单综合单价分析表”和“分部分项工程及单价措施项目清单与计价表”中,如表 9-11 、表 9-12 所示。

表 9-11　分部分项工程量清单综合单价分析表

工程名称:某装饰工程　　　　第 1 页　共　页

项目编码		011507001001		项目名称		平面招牌				计量单位	m^2
清单综合单价组成明细											
定额编号	定额名称	定额单位	数量	单价				合价			
				人工费	材料费	机械费	管理费和利润	人工费	材料费	机械费	管理费和利润
9－5－253	招牌钢结构一般	10 m^2	1.0	308.99	646.11	86.29	200.80	30.90	64.61	8.63	20.08
9－5－259	基层钢龙骨九夹板			66.25	353.29	0	43.10	6.63	35.33	0	4.31
9－5－263	招牌面层塑铝板			91.16	3 003.73	0	59.30	9.12	300.37	0	5.93
人工单价		小计						46.65	400.31	8.63	30.32
综合工日 53 元/工日		未计价材料费									
清单项目综合单价								485.91			

续表 9-11

项目编码	011507001001	项目名称	平面招牌			计量单位	m^2
材料费明细	主要材料名称、规格、型号	单位	数量	单价（元）	合价（元）	暂估单价（元）	暂估合价（元）
	角钢∠30×30×4	kg	11.83	4.5	53.24		
	铁件	kg	0.666	5.5	3.66		
	电焊条 E4303 Φ3.2	kg	0.33	9	2.97		
	万能胶	kg	0.323	19.76	6.38		
	膨胀螺栓 M8	套	5.1	0.93	4.74		
	自攻螺丝镀锌(4~6)×(10~16)	百个	0.151	4.22	0.64		
	九夹板	m^2	1.05	33.04	34.69		
	塑铝板 δ4	m^2	1.05	280	294		
	其他材料费			—		—	
	材料费小计			—	400.32	—	0

项目编码	011508003001	项目名称	有机玻璃字	计量单位	个

清单综合单价组成明细

定额编号	定额名称	定额单位	数量	单价				合价			
				人工费	材料费	机械费	管理费和利润	人工费	材料费	机械费	管理费和利润
9-5-232	泡塑有机玻璃字	10个	1.0	353.51	4 021.21	3.65	229.80	35.35	402.12	0.37	22.98
人工单价		小计						35.35	402.12	0.37	22.98
综合工日53元/工日		未计价材料费									
清单项目综合单价								460.82			

材料费明细	主要材料名称、规格、型号	单位	数量	单价（元）	合价（元）	暂估单价（元）	暂估合价（元）
	万能胶	kg	0.132	19.76	2.61		
	元钉	kg	0.097	5.8	0.56		
	有机玻璃美术字＜1	个	1.01	395	398.95		
	其他材料费			—		—	
	材料费小计			—	402.12	—	0

表 9-12　分部分项工程及单价措施项目清单与计价表

工程名称:某装饰工程　　　　第1页　共1页

序号	项目编码	项目名称	项目特征	计量单位	工程数量	金额(元)		
						综合单价	合价	其中:暂估价
1	011507001001	平面招牌	1. 基层材料种类:钢结构龙骨,九夹板基层 2. 面层材料种类:塑铝板	m^2	42	485.91	20 408.22	
2	011508003001	有机玻璃字	1. 基层类型:塑铝板 2. 镌字材料品种、颜色:泡沫塑料有机玻璃面 3. 字体规格:1 m×1 m 4. 固定方式:胶粘	个	8	460.82	3 686.56	

项目评估

班级:　　　　姓名:　　　　学号:　　　　得分:

要求:课堂完成,采用10分制。

目的:评估学生对该项目知识、能力的掌握程度。

一、多项选择题(每题2分,共4分)

1. 在某装饰工程工程量清单中,分项木质装饰线(011504002001)的项目特征应描述的主要内容是(　　)。

A. 基层类型　　B. 线条材料品种、规格、颜色

C. 抹灰厚度　　D. 防护材料种类

E. 油漆品种、刷漆遍数

2. 下列清单项目关于洗漱台工程量计算规则,说法正确的是(　　)。

A. 按设计图示尺寸以台面外接矩形面积计算

B. 不扣除孔洞、挖弯、削角所占面积

C. 扣除孔洞、挖弯、削角所占面积

D. 挡板、吊沿板面积并入台面面积内计算

E. 挡板、吊沿板面积不计算

二、实务题(共6分)

某宾馆卫生间洗漱台(见图9-9)采用双孔黑色大理石台面板,台面尺寸2 200 mm×550 mm;裙边、挡水板均为黑色大理石板,宽度250 mm,通长设置;墙面设置无框车边玻

璃镜,单面镜子尺寸 1 800 mm×900 mm,共两面镜子。试编制该工程工程量清单与计价表。

图 9-9 洗漱台工程图

项目10　门窗工程及措施项目

知识目标：

1. 掌握门窗工程及措施项目清单工程量计算规则。
2. 熟悉门窗工程及措施项目清单项目编码及特征描述内容。
3. 掌握门窗工程及措施项目综合单价的确定方法。

能力目标：

1. 会进行门窗工程及措施项目工程清单工程量计算。
2. 能编制门窗工程及措施项目工程量清单。
3. 会进行门窗工程及措施项目综合单价的确定。
4. 能编制门窗工程及措施项目工程量清单计价表。

典型任务

任务1　门窗工程及措施项目工程量清单编制

【任务背景】　某商场中庭装饰，高10 m，局部需要搭设满堂钢管脚手架共130 m^2；安装防火卷帘门FM－1，洞口尺寸5 600 mm×4 000 mm(4樘)，FM－2洞口尺寸4 600 mm×4 000 mm(2樘)。试编制该商场中庭防火卷帘门和脚手架的分部分项工程及单价措施项目清单。

【任务分析与实施】

(1)根据计量规范GB 50854—2013表H.3金属卷帘(闸)门列项。

项目编码：010803002001。

工程内容：门运输、安装、启动装置、五金安装。

工程量计算规则：以 m^2 计量，按设计图示洞口尺寸以面积计算 。

工程数量：$S=5.6\times4\times4+4.6\times4\times2=126.4(m^2)$。

将上述计算结果及相关内容填入“分部分项工程及单价措施项目清单与计价表”，如表10-1所示。

(2)根据计量规范GB 50854—2013表S.1脚手架工程列项。

项目编码：011701006001。

工程内容：场内外材料搬运，搭、拆脚手架，安全网铺设等。

工程量计算规则：按搭设的水平投影面积计算 。

工程数量：$S=130\ m^2$。

将上述计算结果及相关内容填入“分部分项工程及单价措施项目清单与计价表”，如

表 10-1 所示。

表 10-1 分部分项工程及单价措施项目清单与计价表

工程名称:某装饰工程　　　　第 1 页　共 1 页

序号	项目编码	项目名称	项目特征	计量单位	工程数量	金额(元)		
						综合单价	合价	其中:暂估价
1	010803002001	防火卷帘门	门代号及洞口尺寸: FM－1(5 600 mm×4 000 mm), FM－2(4 600 mm×4 000 mm)	m^2	126.4			
2	011701006001	满堂脚手架	1. 搭设方式:满堂搭设 2. 搭设高度:10 m 3. 脚手架材质:钢管	m^2	130			

基础知识

知识 1 门窗工程计量规范及应用说明

门窗工程工程量清单项目划分共计 10 节 55 项。计量规范常用项目摘录如下。

1 木门

木门工程量清单项目的设置、项目特征描述的内容、计量单位及工程量计算规则,应按表 10-2 所列的规定执行。

表 10-2 木门(编码:010801)

项目编码	项目名称	项目特征	计量单位	工程量计算规则
010801001	木质门	1. 门代号及洞口尺寸 2. 镶嵌玻璃品种、厚度	1. 樘 2. m^2	1. 以樘计量,按设计图示数量计算 2. 以 m^2 计量,按设计图示洞口尺寸以面积计算
010801002	木质门带套			
010801003	木质连窗门			
010801004	木质防火门			

续表 10-2

项目编码	项目名称	项目特征	计量单位	工程量计算规则
010801005	木门框	1. 门代号及洞口尺寸 2. 框截面尺寸 3. 防护层材料种类	1. 樘 2. m	1. 以樘计量，按设计图示数量计算 2. 以 m 计量，按设计图示框的中心线以延长米计算
010801006	门锁安装	1. 锁品种 2. 锁规格	个 （套）	按设计图示数量计算

说明：1. 木质门应区分镶板木门、企口木板门、实木装饰门、胶合板门、夹板装饰门、木纱门、全玻门（带木质扇框）、木质半玻门（带木质扇框）等项目，分别编码列项。

2. 木门五金应包括：折页、插销、门碰珠、弓背拉手、搭机、木螺丝、弹簧折页（自动门）、管子拉手（自由门、地弹门）、地弹簧（地弹门）、角铁、门轧头（地弹门、自由门）等。

3. 木质门带套计量按洞口尺寸以面积计算，不包括门套的面积，但门套应计算在综合单价中。

4. 以樘计量，项目特征必须描述洞口尺寸；以 m^2 计量，项目特征可不描述洞口尺寸。

5. 单独制作安装木门框按木门框项目编码列项。

2　金属门

金属门工程量清单项目的设置、项目特征描述的内容、计量单位及工程量计算规则，应按表 10-3 所列的规定执行。

表 10-3　金属门（编码：010802）

项目编码	项目名称	项目特征	计量单位	工程量计算规则
010802001	金属（塑钢）门	1. 门代号及洞口尺寸 2. 门框或扇外围尺寸 3. 门框、扇材质 4. 玻璃品种、厚度	1. 樘 2. m^2	1. 以樘计量，按设计图示数量计算 2. 以 m^2 计量，按设计图示洞口尺寸以面积计算
010802002	彩板门	1. 门代号及洞口尺寸 2. 门框或扇外围尺寸		
010802003	钢质防火门	1. 门代号及洞口尺寸 2. 门框或扇外围尺寸 3. 门框、扇材质		
010802004	防盗门			

说明：1. 金属门应区分金属平开门、金属地弹门、全玻门（带金属扇框）、金属半玻门（带扇框）等项目，分别编码列项。

2. 铝合金门五金包括：地弹簧、门锁、拉手、门插、门铰、螺丝等。

3. 金属门五金包括：L 形执手插锁（双舌）执手锁、门轨头、地锁、防盗门机、门眼（猫眼）、门碰珠、电子锁（磁卡锁）、闭门器、装饰拉手等。

4. 以樘计量，项目特征必须描述洞口尺寸，没有洞口尺寸必须描述门框或扇外围尺寸；以 m^2 计量，项目特征可不描述洞口尺寸及框、扇的外围尺寸。

5. 以 m^2 计量，无设计图示洞口尺寸，按门框、扇外围以面积计算。

3 金属卷帘(闸)门

金属卷帘(闸)门工程量清单项目的设置、项目特征描述的内容、计量单位及工程量计算规则,应按表10-4所列的规定执行。

表10-4 金属卷帘(闸)门(编码:010803)

项目编码	项目名称	项目特征	计量单位	工程量计算规则
010803001	金属卷帘(闸)门	1. 门代号及洞口尺寸 2. 门材质 3. 启动装置的品种、规格	1. 樘 2. m^2	1. 以樘计量,按设计图示数量计算 2. 以 m^2 计量,按设计图示洞口尺寸以面积计算
010803002	防火卷帘(闸)门			

说明:以樘计量,项目特征必须描述洞口尺寸;以 m^2 计量,项目特征可不描述洞口尺寸。

4 其他门

其他门工程量清单项目的设置、项目特征描述的内容、计量单位及工程量计算规则,应按表10-5所列的规定执行。

表10-5 其他门(编码:010805)

项目编码	项目名称	项目特征	计量单位	工程量计算规则
010805001	电子感应门	1. 门代号及洞口尺寸 2. 门框或扇外围尺寸 3. 门框、扇材质 4. 玻璃品种、厚度 5. 启动装置的品种、规格 6. 电子配件品种、规格	1. 樘 2. m^2	1. 以樘计量,按设计图示数量计算 2. 以 m^2 计量,按设计图示洞口尺寸以面积计算
010805002	旋转门			
010805003	电子对讲门	1. 门代号及洞口尺寸 2. 门框或扇外围尺寸 3. 门材质 4. 玻璃品种、厚度 5. 启动装置的品种、规格 6. 电子配件品种、规格		
010805004	电动伸缩门			
010805005	全玻自由门	1. 门代号及洞口尺寸 2. 门框或扇外围尺寸 3. 框材质 4. 玻璃品种、厚度		
010805006	镜面不锈钢饰面门	1. 门代号及洞口尺寸 2. 门框或扇外围尺寸 3. 框、扇材质 4. 玻璃品种、厚度		
010805007	复合材料门			

说明:1. 以樘计量,项目特征必须描述洞口尺寸,没有洞口尺寸必须描述门框或扇外围尺寸;以 m^2 计量,项目特征可不描述洞口尺寸及框、扇的外围尺寸。
2. 以 m^2 计量,无设计图示洞口尺寸,按门框、扇外围以面积计算。

5 木窗

木窗工程量清单项目的设置、项目特征描述的内容、计量单位及工程量计算规则，应按表 10-6 所列的规定执行。

表 10-6 木窗(编码:010806)

项目编码	项目名称	项目特征	计量单位	工程量计算规则
010806001	木质窗	1. 窗代号及洞口尺寸 2. 玻璃品种、厚度	1. 樘 2. m^2	1. 以樘计量，按设计图示数量计算 2. 以 m^2 计量，按设计图示洞口尺寸以面积计算
010806002	木飘(凸)窗			1. 以樘计算，按设计图示数量计算 2. 以 m^2 计量，按设计图示尺寸以框外围展开面积计算
010806003	木橱窗	1. 窗代号 2. 框截面及外围展开面积 3. 玻璃品种、厚度 4. 防护材料种类		
010806004	木纱窗	1. 窗代号及外围尺寸 2. 纱窗材料品种、规格		1. 以樘计量，按设计图示数量计算 2. 以 m^2 计量，按框的外围尺寸以面积计算

说明：1. 木质窗应区分木百叶窗、木组合窗、木天窗、木固定窗、木装饰空花窗等项目，分别编码列项。

2. 以樘计量，项目特征必须描述洞口尺寸，没有洞口尺寸必须描述门框或扇外围尺寸；以 m^2 计量，项目特征可不描述洞口尺寸及框、扇的外围尺寸。

3. 以 m^2 计量，无设计图示洞口尺寸，按窗框外围以面积计算。

4. 木橱窗、木飘(凸)窗以樘计量，项目特征必须描述框截面及外围展开面积。

5. 木窗五金包括：折页、插销、风钩、木螺丝、滑轮滑轨(推拉窗)等。

6 金属窗

金属窗工程量清单项目的设置、项目特征描述的内容、计量单位及工程量计算规则，应按表 10-7 所列的规定执行。

表10-7　金属窗(编码:010807)

项目编码	项目名称	项目特征	计量单位	工程量计算规则
010807001	金属(塑钢、断桥)窗	1. 窗代号及洞口尺寸 2. 框、扇材质 3. 玻璃品种、厚度	1. 樘 2. m^2	1. 以樘计量,按设计图示数量计算 2. 以 m^2 计量,按设计图示洞口尺寸以面积计算
010807002	金属防火窗			
010807003	金属百叶窗			
010807004	金属纱窗	1. 窗代号及洞口尺寸 2. 框材质 3. 窗纱材料品种、厚度		1. 以樘计量,按设计图示数量计算 2. 以 m^2 计量,按框外围尺寸以面积计算
010807005	金属格栅窗	1. 窗代号及洞口尺寸 2. 框外围尺寸 3. 框、扇材质		1. 以樘计量,按设计图示数量计算 2. 以 m^2 计量,按设计图示洞口尺寸以面积计算
010807006	金属(塑钢、断桥)橱窗	1. 窗代号 2. 框外围展开面积 3. 框、扇材质 4. 玻璃品种、厚度 5. 防护材料种类		1. 以樘计量,按设计图示数量计算 2. 以 m^2 计量,按设计图示尺寸以框外围展开面积计算
010807007	金属(塑钢、断桥)飘(凸)窗	1. 窗代号 2. 框外围展开面积 3. 框、扇材质 4. 玻璃品种、厚度		
010807008	彩板窗	1. 窗代号及洞口尺寸 2. 框外围尺寸 3. 框、扇材质 4. 玻璃品种、厚度		1. 以樘计量,按设计图示数量计算 2. 以 m^2 计量,按设计图示洞口尺寸以面积计算
010807009	复合材料窗			

说明:1. 金属窗应区分金属组合窗、防盗窗等项目,分别编码列项。

2. 以樘计量,项目特征必须描述洞口尺寸,没有洞口尺寸必须描述窗框外围尺寸;以 m^2 计量,项目特征可不描述洞口尺寸及框的外围尺寸。

3. 以 m^2 计量,无设计图示洞口尺寸,按窗框外围以面积计算。

4. 金属橱窗、飘(凸)窗以樘计量,项目特征必须描述框外围展开面积。

5. 金属窗五金包括:折页、螺丝、执手、卡锁、铰拉、风撑、滑轮、滑轨、拉把、拉手、角码、牛角制等。

7　门窗套

门窗套工程量清单项目的设置、项目特征描述的内容、计量单位及工程量计算规则,应按表10-8所列的规定执行。

表10-8 门窗套（编码:010808）

项目编码	项目名称	项目特征	计量单位	工程量计算规则
010808001	木门窗套	1. 窗代号及洞口尺寸 2. 门窗套展开宽度 3. 基层材料种类 4. 面层材料品种、规格 5. 线条品种、规格 6. 防护材料种类	1. 樘 2. m^2 3. m	1. 以樘计量,按设计图示数量计算 2. 以 m^2 计量,按设计图示尺寸以展开面积计算 3. 以m计量,按设计图示中心以延长米计算
010808002	木筒子板	1. 筒子板宽度 2. 基层材料种类 3. 面层材料品种、规格 4. 线条品种、规格 5. 防护材料种类		
010808003	饰面夹板筒子板			
010808004	金属门窗套	1. 窗代号及洞口尺寸 2. 门窗套展开宽度 3. 基层材料种类 4. 面层材料品种、规格 5. 防护材料种类		
010808005	石材门窗套	1. 窗代号及洞口尺寸 2. 门窗套展开宽度 3. 黏结层厚度、砂浆配合比 4. 面层材料品种、规格 5. 线条品种、规格		
010808006	门窗木贴脸	1. 门窗代号及洞口尺寸 2. 贴脸板宽度 3. 防护材料种类	1. 樘 2. m	1. 以樘计量,按设计图示数量计算 2. 以m计量,按设计图示中心以延长米计算
010808007	成品木门窗套	1. 门窗代号及洞口尺寸 2. 门窗套展开宽度 3. 门窗套材料品种、规格	1. 樘 2. m^2 3. m	1. 以樘计量,按设计图示数量计算 2. 以 m^2 计量,按设计图示尺寸以展开面积计算 3. 以m计量,按设计图示中心以延长米计算

说明:1. 以樘计量,项目特征必须描述洞口尺寸、门窗套展开宽度。

2. 以 m^2 计量,项目特征可不描述洞口尺寸、门窗套展开宽度。

3. 以m计量,项目特征必须描述门窗套展开宽度、筒子板及贴脸宽度。

4. 木门窗套适用于单独门窗套的制作、安装。

8　窗台板

窗台板工程量清单项目的设置、项目特征描述的内容、计量单位及工程量计算规则，应按表10-9所列的规定执行。

表10-9　窗台板(编码:010809)

项目编码	项目名称	项目特征	计量单位	工程量计算规则
010809001	木窗台板	1. 基层材料种类 2. 窗台面板材质、规格、颜色 3. 防护材料种类	m^2	按设计图示尺寸以展开面积计算
010809002	铝塑窗台板			
010809003	金属窗台板			
010809004	石材窗台板	1. 黏结层厚度、砂浆配合比 2. 窗台板材质、规格、颜色		

9　窗帘、窗帘盒、轨

窗帘、窗帘盒、轨工程量清单项目的设置、项目特征描述的内容、计量单位及工程量计算规则，应按表10-10所列的规定执行。

表10-10　窗帘盒、窗帘轨(编码:010810)

项目编码	项目名称	项目特征	计量单位	工程量计算规则
010810001	窗帘	1. 窗帘材质 2. 窗帘高度、宽度 3. 窗帘层数 4. 带幔要求	1. m 2. m^2	1. 以m计量，按设计图示以成活后长度计算 2. 以m^2计量，按图示尺寸以成活后展开面积计算
010810002	木窗帘盒	1. 窗帘盒材质、规格 2. 防护材料种类	m	按设计图示尺寸以长度计算
010810003	饰面夹板、塑料窗帘盒			
010810004	铝合金窗帘盒			
010810005	窗帘轨	1. 窗帘轨材质、规格 2. 轨的数量 3. 防护材料种类		

说明：1. 窗帘若是双层，项目特征必须描述每层材质。
2. 窗帘以m计量，项目特征必须描述窗帘高度和宽。

10　其他说明

(1)门窗(除个别门窗外)工程均按成品编制项目，若成品中已包含油漆，不再单独计算油漆，不含油漆应按《计量规范》附录 P 油漆、涂料、裱糊工程相应项目编码列项。

(2)在编制清单列项目时，应区分门的类别，分别编码列项。

知识 2　措施项目计量规范及应用说明

措施项目工程量清单项目划分共计 7 节 52 项。计量规范常用项目摘录如下：

1　脚手架工程

脚手架工程工程量清单项目的设置、项目特征描述的内容、计量单位及工程量计算规则，应按表 10-11 所列的规定执行。

表 10-11　脚手架工程（编码：011701）

<table>
<tr><th>项目编码</th><th>项目名称</th><th>项目特征</th><th>计量单位</th><th>工程量计算规则</th></tr>
<tr><td>011701001</td><td>综合脚手架</td><td>1. 建筑结构形式
2. 檐口高度</td><td rowspan="4">m^2</td><td>按建筑面积计算</td></tr>
<tr><td>011701002</td><td>外脚手架</td><td rowspan="2">1. 搭设方式
2. 搭设高度
3. 脚手架材质</td><td rowspan="2">按所服务对象的垂直投影面积计算</td></tr>
<tr><td>011701003</td><td>里脚手架</td></tr>
<tr><td>011701004</td><td>悬空脚手架</td><td rowspan="2">1. 搭设方式
2. 悬挑宽度
3. 脚手架材质</td><td>按搭设的水平投影面积计算</td></tr>
<tr><td>011701005</td><td>挑脚手架</td><td>m</td><td>按搭设长度乘以搭设层数以延长米计算</td></tr>
<tr><td>011701006</td><td>满堂脚手架</td><td>1. 搭设方式
2. 搭设高度
3. 脚手架材质</td><td rowspan="3">m^2</td><td>按搭设的水平投影面积计算</td></tr>
<tr><td>011701007</td><td>整体提升架</td><td>1. 搭设方式及启动装置
2. 搭设高度</td><td rowspan="2">按所服务对象的垂直投影面积计算</td></tr>
<tr><td>011701008</td><td>外装饰吊篮</td><td>1. 升降方式及启动装置
2. 搭设高度及吊篮型号</td></tr>
</table>

2　垂直运输

垂直运输工程量清单项目的设置、项目特征描述的内容、计量单位及工程量计算规则，应按表 10-12 所列的规定执行。

表 10-12 垂直运输（011703）

项目编码	项目名称	项目特征	计量单位	工程量计算规则
011703001	垂直运输	1. 建筑物建筑类型及结构形式 2. 地下室建筑面积 3. 建筑物檐口高度、层数	1. m^2 2. d	1. 按建筑面积计算 2. 按施工工期日历天数计算

3 安全文明施工及其他措施项目

安全文明施工及其他措施项目工程量清单项目的设置、项目特征描述的内容、计量单位及工程量计算规则，应按表 10-13 所列的规定执行。

表 10-13 安全文明施工及其他措施项目（编码：011707）

项目编码	项目名称	工作内容及包含范围
011707001	安全文明施工	1. 环境保护：现场施工机械设备采取降低噪声、防扰民措施；水泥和其他易飞扬细颗粒建筑材料密闭存放或采取覆盖措施等；工程防扬尘洒水；土石方、建渣外运车辆防护措施等；现场污染源的控制、生活垃圾清理外运、场地排水排污措施；其他环境保护措施 2. 文明施工："五牌一图"；现场围挡的墙面美化（包括内外粉刷、刷白、标语等）、压顶装饰；现场厕所便槽刷白、贴面砖，水泥砂浆地面或地砖，建筑物内临时便溺设施；其他施工现场临时设施的装饰装修、美化措施；现场生活卫生设施；符合卫生要求的饮水设备、淋浴、消毒等设施；生活用洁净燃料；防煤气中毒、防蚊虫叮咬等措施；施工现场操作场地的硬化；现场绿化、治安综合治理；现场配备医药保健器材、物品和急救人员培训；现场工人的防暑降温、电风扇、空调等设备及用电；其他文明施工措施 3. 安全施工：安全资料、特殊作业专项方案的编制，安全施工标志的购置及安全宣传；"三宝"（安全帽、安全带、安全网）、"四口"（楼梯口、电梯井口、通道口、预留洞口）、"五临边"（阳台围边、楼板围边、屋面围边、槽坑围边、卸料平台两侧），水平防护架、垂直防护架、外架封闭等防护；施工安全用电，包括配电箱三级配电、两级保护装置要求、外电防护措施；起重机、塔吊等起重设备（含井架、门架）及外用电梯的安全防护措施（含警示标志）及卸料平台的临边防护、层间安全门、防护棚等设施；建筑工地起重机械的检验检测；施工机具防护棚及其围挡的安全保护设施；施工安全防护通道；工人的安全防护用品、用具购置；消防设施与消防器材的配置；电气保护、安全照明设施；其他安全防护措施 4. 临时设施：施工现场采用彩色、定型钢板，砖、混凝土砌块等围挡的安砌、维修、拆除；施工现场临时建筑物及构筑物的搭设、维修、拆除，如临时宿舍、办公室、食堂、厨房、厕所、诊疗所、临时文化福利用房、临时仓库、加工场、搅拌台、临时简易水塔、水池等；施工现场临时设施的搭设、维修、拆除，如临时供水管道、临时供电管线、小型临时设施等；施工现场规定范围内临时简易道路铺设，临时排水沟、排水设施安砌、维修、拆除；其他临时设施搭设、维修、拆除

续表 10-13

项目编码	项目名称	工作内容及包含范围
011707002	夜间施工	1. 夜间固定照明灯具和临时可移动照明灯具的设置、拆除 2. 夜间施工时，施工现场交通标志、安全标牌、警示灯等的设置、移动、拆除 3. 包括夜间施工照明设备及照明用电、施工人员夜班补助、夜间施工劳动效率降低等
011707003	非夜间施工照明	为保证工程施工正常进行，在地下室等特殊施工部位施工时所采用的照明设备的安拆、维护及照明用电等
011707004	二次搬运	因施工场地条件限制而发生的材料、成品、半成品等一次运输不能到达堆放地点，必须发生的二次、多次搬运费用
011707005	冬雨季施工	1. 冬雨（风）季施工时，增加的临时设施（防寒保温、防雨、防风设施）的搭设、拆除 2. 冬雨（风）季施工时，对砌体、混凝土等采用的特殊加温、保温和养护措施 3. 冬雨（风）季施工时，施工现场的防滑处理、对影响施工的雨雪的清除 4. 包括冬雨（风）季施工时增加的临时设施、施工人员的劳动保护用品、冬雨（风）季施工劳动效率降低等
011707006	地上、地下设施、建筑物的临时保护设施	在工程施工过程中，对已建成的地上、地下设施和建筑物进行的遮盖、封闭、隔离等必要保护措施
011707007	已完工程及设备保护	对已完工程及设备采取的覆盖、包裹、封闭、隔离等必要保护措施

4　其他说明

（1）在编制清单项目时，当列出了综合脚手架时，不得再列出单项脚手架项目。综合脚手架是针对整个房屋建筑的土建和装饰装修部分。

（2）“安全文明施工及其他措施项目”与其他项目的表现形式不同，没有“项目特征”“计量单位”和“工程量计算规则”，取而代之的是该措施项目的“工作内容及包含范围”，在使用时应充分分析其工作内容和包含范围，根据工程的实际情况进行科学、合理、完整的计量。

能力训练

某工程门窗工程统计如表 10-14 所示。试编制该工程门窗工程量清单。

表10-14 门窗统计表

编号	门口尺寸(mm)		数量	采用图集		备注
	宽	高		图集号	型 号	
M－1	2 400	2 700	6	L03J602	DLM100－28	铝合金门
M－2	900	2 100	5	L92J601	M1－57	镶板门
C－1	1 800	1 800	7	L03J602	TLC70－41	铝合金窗
C－2	1 200	900	15	L03J602	TLC70－12	铝合金窗
C－3	1 800	1 500	12	L03J602	TLC70－40	铝合金窗
C－4	1 800	1 800	1			隐框玻璃幕墙

项目评估

班级： 姓名： 学号： 得分：

要求：课堂完成，采用10分制。

目的：评估学生对该项目知识、能力的掌握程度。

一、多项选择题(每题2分，共4分)

1. 在某装饰工程工程量清单中，大理石门窗套(010808005001)的项目特征应描述的主要内容是(　　)。

A. 线条品种、规格

B. 门窗套展开宽度

C. 抹灰厚度

D. 面层材料品种、规格

E. 黏结层厚度、砂浆配合比

2. 下列清单项目关于成品木门窗套工程量计算规则，说法正确的是(　　)。

A. 以樘计量，按设计图示数量计算

B. 以 m^2 计量，按设计图示尺寸以展开面积计算

C. 以 m^2 计量，按设计图示尺寸以水平投影面积计算

D. 以m计量，按设计图示中心以延长米计算

E. 以m计量，按设计图示外边线以延长米计算

二、实务题(共6分)

某户居室阳台门为成品塑钢门SM－1:2 400 mm×2 100 mm，共1樘，夹胶玻璃(6＋2.5＋6)，型材为塑钢90系列，普通五金，框边安装成品实木门套，展开宽度为350 mm。试编制该户居室阳台门的分部分项工程量清单。

项目 11　定额计价方式装饰工程造价文件编制

知识目标：

1. 掌握工程量计算、定额套用、工料分析及造价计算全过程。
2. 掌握定额计价文件主要内容及计价表一般格式。

能力目标：

1. 会用定额计价方式编制装饰工程造价文件。
2. 快速进入实际工作状态。

基础知识

知识 1　施工图预算编制内容

施工图预算（工程造价文件编制）是一个综合过程，它综合了前述各项目的内容。主要包括以下内容：

(1)封面：按造价管理部门印制的样品。

(2)编制说明：包括工程概况和编制依据。

(3)费用计算程序表。

(4)分项工程预算书。

(5)工料分析表（人材机差价调整表）。

(6)主要材料汇总表。

(7)工程量计算书。

知识 2　施工图预算编制步骤与要求

编制施工图预算，在满足编制条件的前提下，定额计价法一般可按图 11-1 所示的步骤进行。

1　收集编制依据

编制依据主要包括经过交底会审后的施工图纸、施工组织设计、定额、工人工资标准、材料预算价格、机械台班价格、单位估价表（包括各种补充规定）及各项费用的收费率标准、有关的计算手册、标准图集、工程施工合同和现场情况等资料。

2　熟悉设计文件和资料

施工图纸是编制预算的主要依据。只有在对设计图纸进行了全面详细的了解并结合

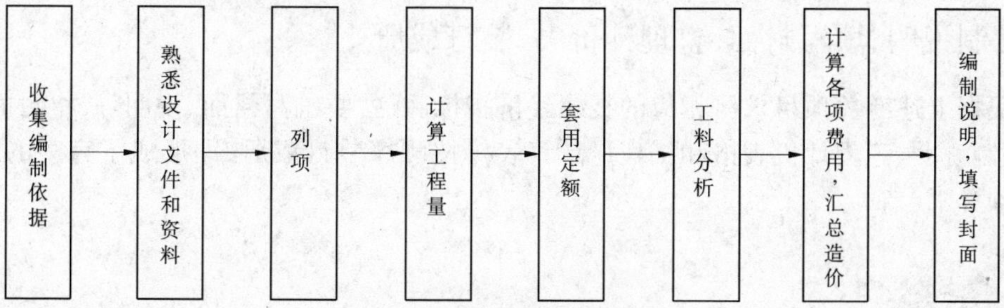

图 11-1　施工图预算编制步骤

定额项目划分的原则正确而全面地分析该工程中各分部分项工程以后,才能准确无误地对工程项目进行划分,以保证正确地计算出工程量和工程造价。

施工组织设计是根据施工图纸、组织施工的基本原则以及现场的实际情况等资料编制的,用以指导拟建工程施工过程中各项活动的技术、经济组织的综合性文件。编制工程预算前应熟悉并注意施工组织设计中影响工程预算造价的有关内容,严格按照施工组织设计所确定的施工方法和技术组织措施等要求,准确计算工程量,套用相应的定额项目,使施工图预算能够反映客观实际。

计价定额或单位估价表是编制工程施工图预算基础资料的主要依据,因此在编制预算之前熟悉和了解工程预算定额或单位估价表的内容、形式和使用方法,是结合施工图纸迅速、准确地确定工程项目和计算工程量的根本保证。

3　列项

在工程预算编制步骤中,项目划分具有极其重要的作用,它可使工程量计算有条不紊,避免漏项和重项。如装饰工程分部分项子目的划分和确定,可先列出各分部工程的名称,再列出分项工程的名称,最后逐个列出与该工程相关的定额子目名称。

4　计算工程量

工程量是以规定的计量单位(自然计量单位或法定计量单位)所表示的各分项工程或结构件的数量,是编制预算的原始数据。

在建筑装饰工程中,有些项目采用自然计量单位,例如淋浴隔断以“间”为单位;而有些则是采用法定计量单位,例如,楼梯、栏杆、扶手等以“m”为单位,墙面、地面、柱面、顶棚和铝合金工程等以“m^2”为单位。

5　套用定额或单位估价表

根据所列计算项目和汇总整理后的工程量,就可以套用定额或单位估价表的单价,进行工料机分析,价差调整,汇总后求得直接费。

6　计算各项费用

定额直接费求出后,按有关的计价程序即可进行管理费、利润、规费和税金等的计算。

7 编制说明，填写封面，整理计价书，装订成册

根据上述有关项目求得相应的技术经济指标后，就要编写封面、说明等，将封面、汇总表、编制说明、工程计价表格和工程量计算表等按顺序装订成册，即形成了完整的工程施工图预算书。

典型任务

任务1 装饰工程施工图识读

【任务背景】 商务楼装饰工程，门窗表见表11-1，施工图见图11-2～图11-9。

【任务分析】

(1)商务楼装饰为Ⅲ类工程，装饰做法见装饰设计说明和施工图纸。

(2)商务楼装饰做法中如涂料外墙面(外墙9)的详细做法需要查阅《山东省建筑标准图集》(L06J002)。

表11-1 门窗表 (单位：mm)

编号	洞口尺寸		数量	采用图集		备注
	宽度	高度		图集号	编号	
M－1	2 380	2 400	2	防火卷帘门		
M－2	900	2 100	38	L92J601 夹板门	M2－59	
M－3	1 200	2 100	8		M2－313	
M－4	700	2 100	10		M2－12	
M－5	770	2 100	4		M2－59	
M－6	880	2 100	4		M2－59	
M－7	900	2 100	1	L99J605 塑钢门窗	PM－93	
C－1	1 500	1 500	50		TC－23	首层窗台高500，其余900
C－2	3 020	2 700	10		HTC－47	窗台50素混凝土
C－3	2 400	2 700	6		HTC－45	

建筑设计说明

一、建筑物室内标高 ±0.000之绝对标高现场确定。图中尺寸以 mm 为单位，标高以 m 为单位。

二、墙体

采用粉煤灰轻质砖，室内坪以下采用M10 水泥砂浆砌筑；以上采用 M7.5 混合砂浆砌筑。

三、屋面做法

1．上人保温屋面按山东省建筑标准设计图集 L06J002　屋 22，采用以下选项：
隔离层选用沥青玻璃布，防水层选用改性沥青，选用聚氨酯发泡保温层40。

2．楼梯顶防水屋面：

1:3 水泥砂浆找平层；改性沥青卷材防水层；防水砂浆面层。

四、装修做法

1．外墙面：涂料外墙面（外墙 9），采用丙乙酸涂料。

2．内墙面：混合砂浆墙面（内墙 4）；

卫生间贴 200×300 彩釉面砖到顶棚（内墙 31）。

3．顶棚：水泥砂浆涂料顶棚（棚 3）

卫生间采用轻钢龙骨PVC扣板（棚15），高 2500。

4．内墙涂料：刮腻子二遍，乳胶漆二遍。

5．地面：素土夯实，垫层 C15 素混凝土 60 厚。

库房：1:2 水泥砂浆 20 厚（地1）；水泥砂浆踢脚150（踢1）。

大厅：地面砖 400×400（地 14）；彩釉砖踢脚150（踢5）。

6．楼面：

办公：大理石 800×800（楼19）；彩釉砖踢脚150（踢5）。

大厅：地面砖 400× 400防水楼面（楼 18）；彩釉砖踢脚150（踢5）。

卫生间：地面砖 300×300 防水楼面（楼 18）。

7．楼梯踏步：1：2 水泥砂浆找平 20 厚；3 厚水泥胶结合层面贴瓷质梯级砖面。

五、门窗五金及玻璃

木门为夹板门，弹子门锁；木门油奶黄色调和漆一底二面。

窗均为 90 系列塑钢推拉窗，5 厚玻璃。C-1窗台 900，C-2，C-3 落地安装。

六、其他

1．木构件与砌体接触部分涂沥青防腐。

2．外露预埋铁件均为刷红丹防锈漆二道，面油银粉二道。

3．栏杆安装时严格焊接以确保牢固并将焊接缝打磨平整。

4．C1 窗台处现浇 C20 混凝土 60厚长度为（窗宽+2 × 60），内配3φ6通长钢筋，分布筋φ6@300。

七、本说明未提及未详之处按国家现行规范施工。

八、本图纸仅供案例教学使用，请勿照图施工。

商务楼	建施01
	建筑设计说明

图 11-2　建筑设计说明

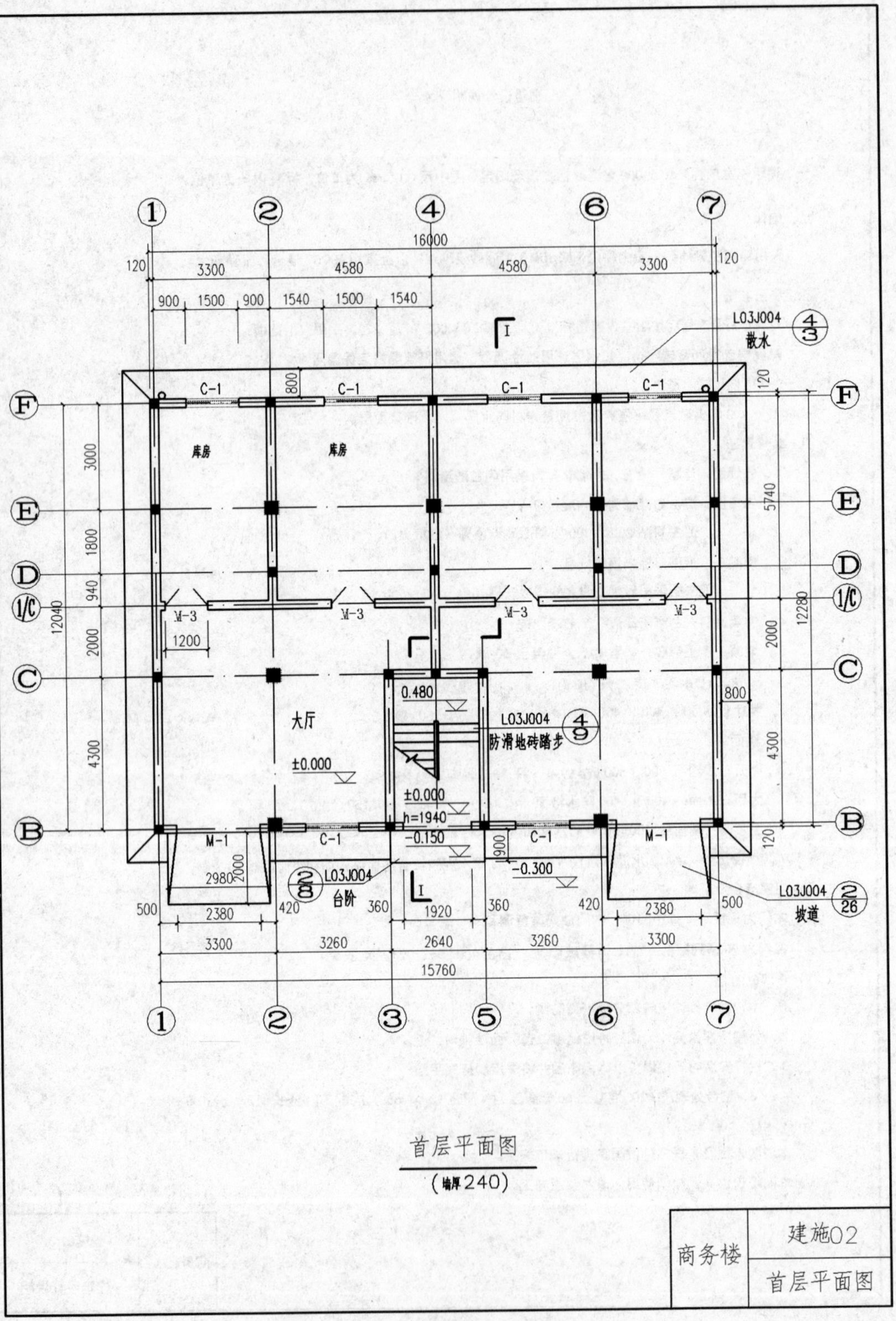
16000
120
3300
4580
4580
3300
120
900 1500 900 1540 1500 1540
L03J004
散水
C-1
800
库房
库房
3000
1800
940
12040
2000
4300
5740
12280
M-3
1200
0.480
L03J004
防滑地砖踏步
大厅
±0.000
±0.000
h=1940
-0.150
-0.300
M-1
C-1
900
2980
2000
L03J004
台阶
L03J004
坡道
500
2380
420
360
1920
360
420
2380
500
3300
3260
2640
3260
3300
15760
首层平面图
(墙厚240)
商务楼
建施02
首层平面图

图 11-3 首层平面图

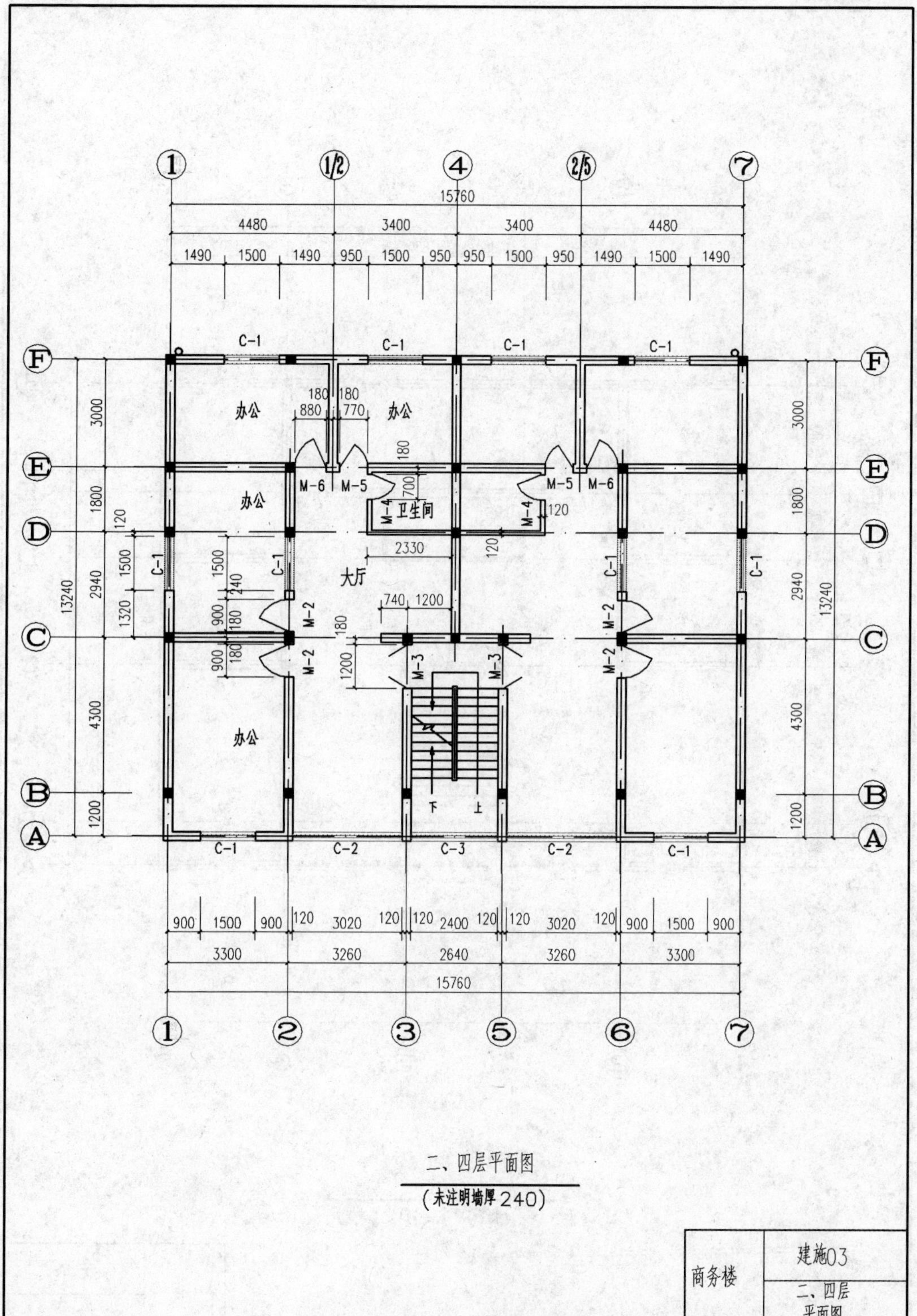
办公
卫生间
大厅
下
上
C-1
C-2
C-3
M-2
M-3
M-4
M-5
M-6
15760
4480
3400
3300
3260
2640
二、四层平面图
(未注明墙厚240)
商务楼
建施03
二、四层平面图

图11-4　二、四层平面图

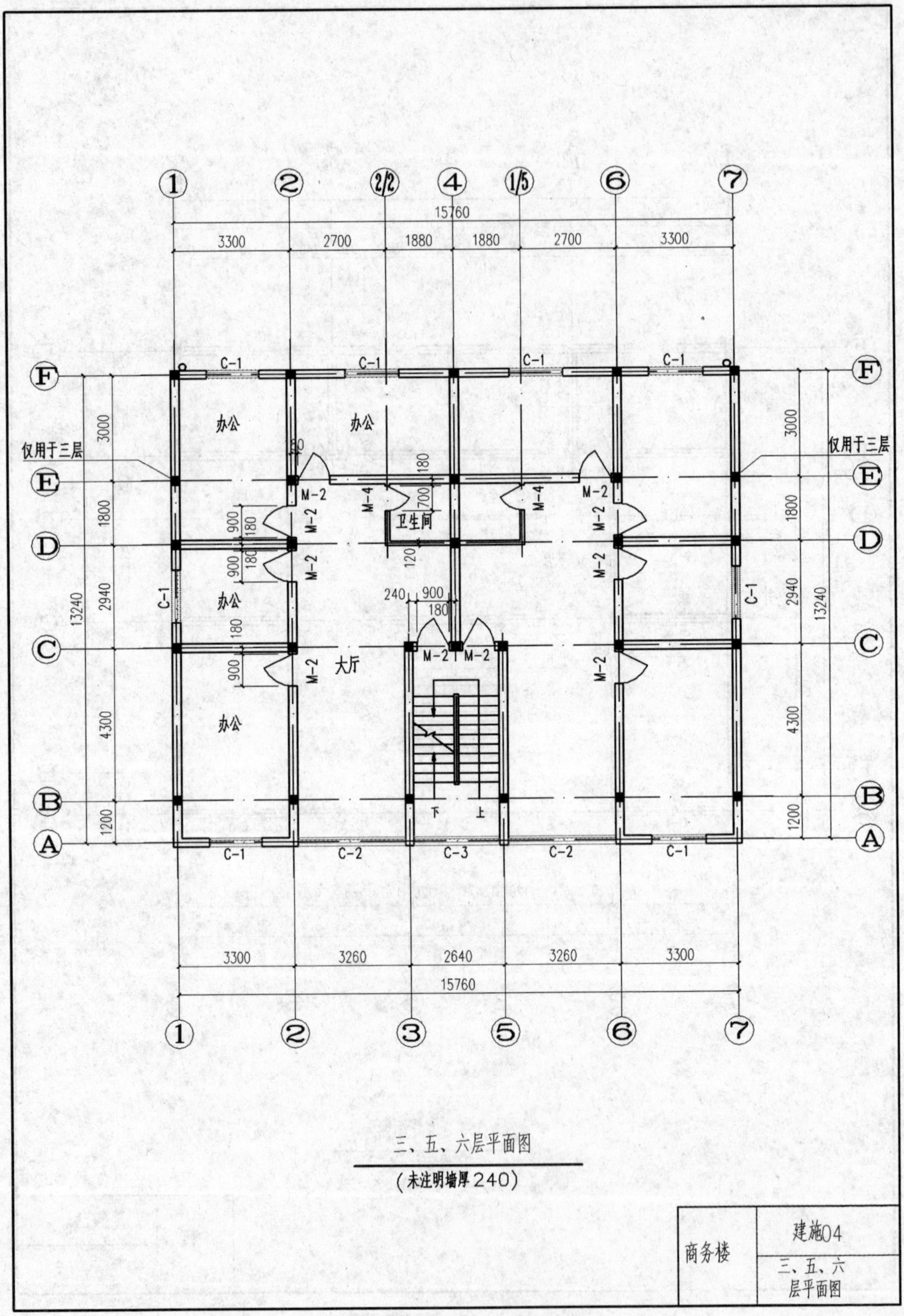

图11-5 三、五、六层平面图

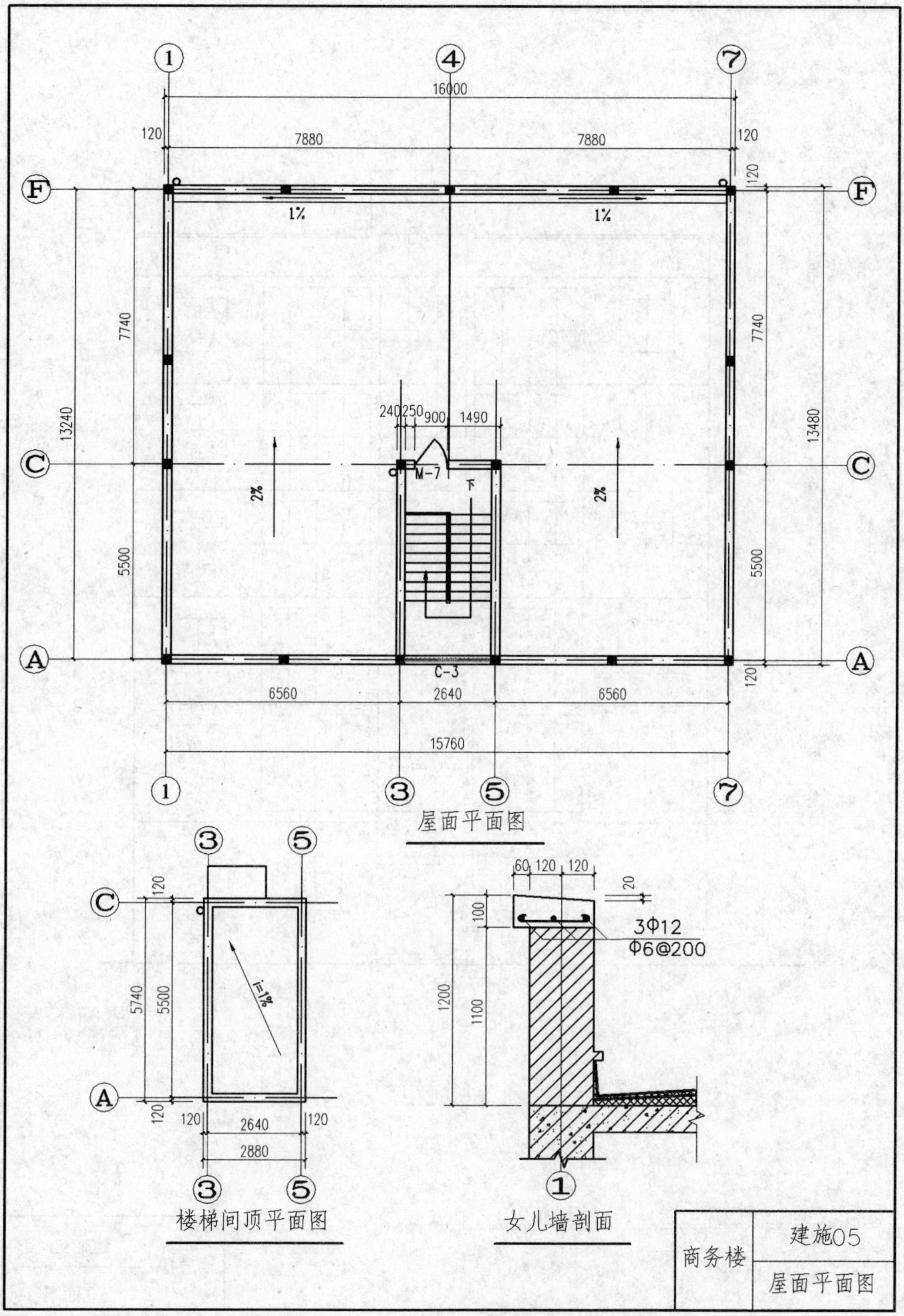
16000
7880
7880
120
120
7740
5500
13240
13480
1%
2%
240
250
900
1490
M-7
下
C-3
6560
2640
6560
15760
屋面平面图
120
5740
5500
i=1%
2640
2880
楼梯间顶平面图
60
120
20
100
1200
1100
3Φ12
Φ6@200
女儿墙剖面
商务楼
建施05
屋面平面图

图 11-6　屋面平面图

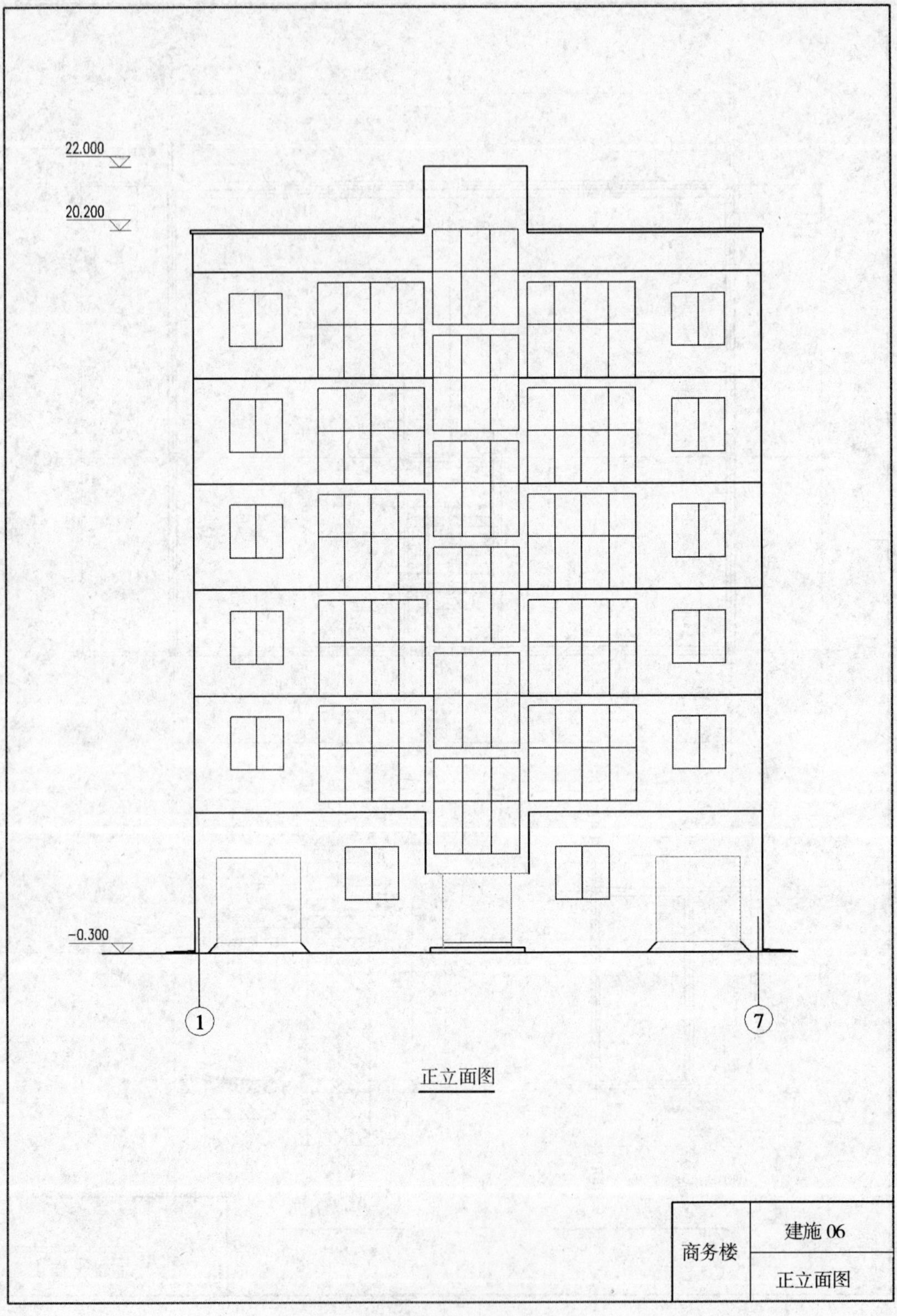

图 11-7　正立面图

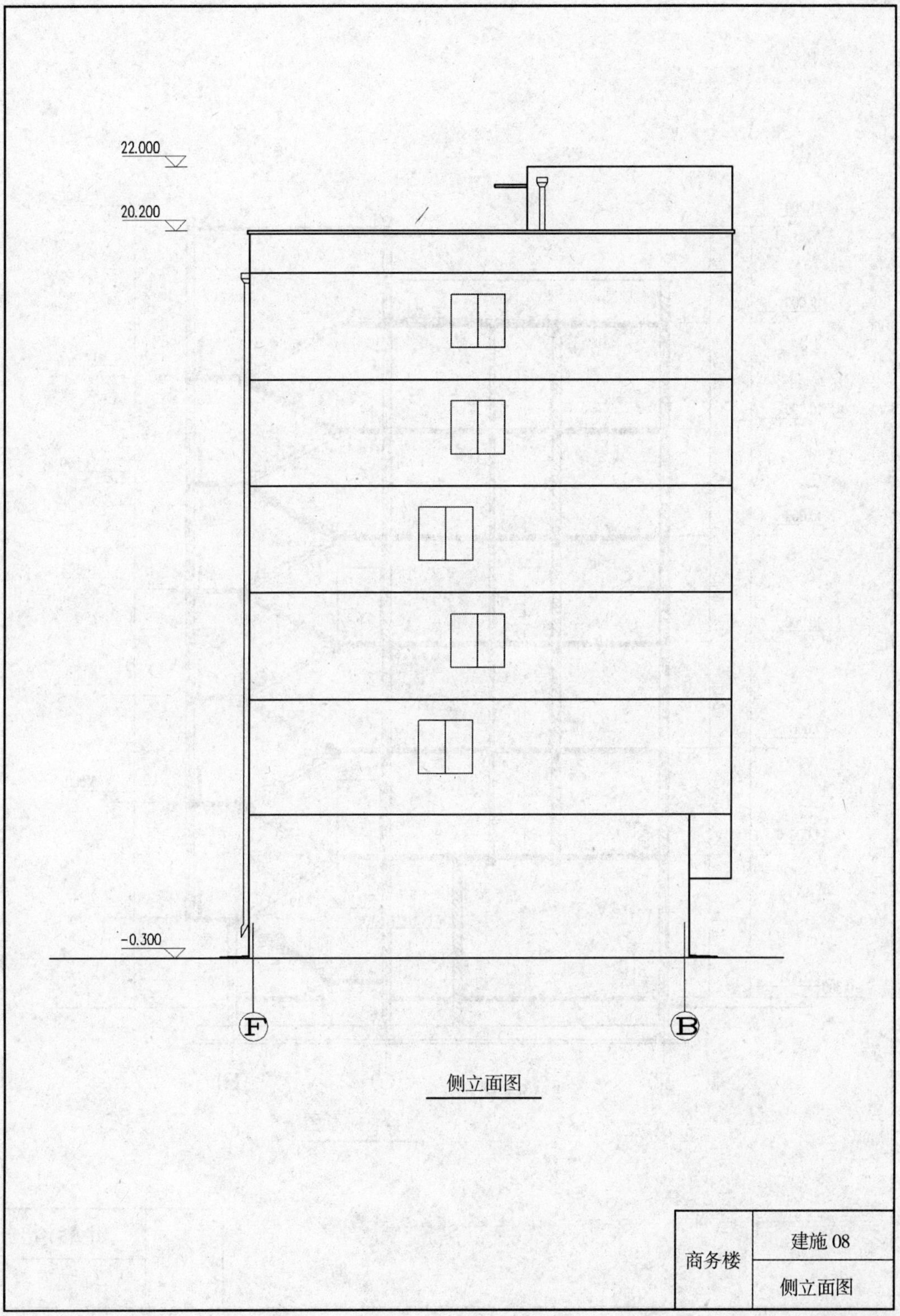

图 11-8　侧立面图

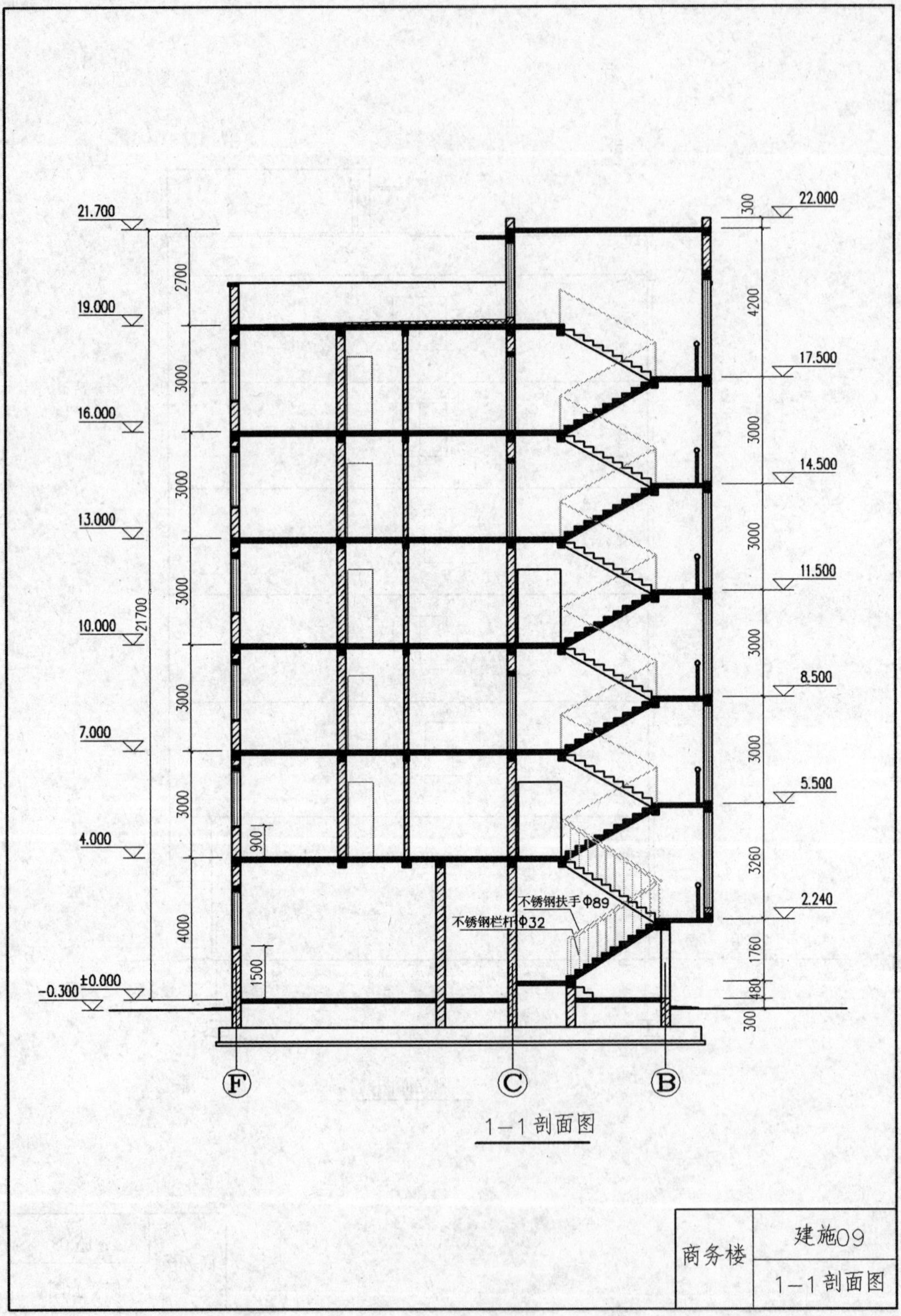
21.700
19.000
16.000
13.000
10.000
7.000
4.000
±0.000
-0.300
2700
3000
3000
3000
3000
3000
4000
21700
900
1500
22.000
17.500
14.500
11.500
8.500
5.500
2.240
300
4200
3000
3000
3000
3000
3260
1760
480
300
不锈钢扶手 Φ89
不锈钢栏杆 Φ32
F
C
B
1—1 剖面图
商务楼
建施09
1—1 剖面图

图 11-9　1—1 剖面图

任务 2 装饰工程施工图预算编制

【任务背景】 以商务楼装饰工程为例,采用定额计价模式编制工程预算书。

【任务分析与实施】

施工图预算书的主要表格及工程量计算书见表 11-2 ~ 表 11-7。工程量计算采用青岛英特软件公司开发的统筹 e 算软件完成。

表 11-2 封皮

工程预算书

建设单位: × × ×

工程名称: 商务楼装饰工程

总价(小写): 537970. 02 元

(大写): 伍拾叁万柒仟玖佰柒拾元贰分

编制人: × × ×(造价员盖章)

审核人: × × ×(签字盖章)

编制时间: 2014/11/2

表 11-3 编制说明

工程名称:商务楼装饰工程

总说明:

表 11-4　装饰工程费用

工程名称:商务楼装饰工程

序号	费用名称	费率	费用说明	金额
1	一　直接费		(一)+(二)	416 298.80
2	(一)直接工程费			395 243.00
3	(一)′省价直接工程费			394 686.00
4	省价人工费 JF1			100 763.00
5	(二)措施费		1.1+…+1.4	21 055.80
6	1.1　参照定额规定计取的措施费			6 230.00
7	其中省价人工费			3 419.00
8	1.2　参照省发布费率计取的措施费			12 784.36
9	(1)夜间施工费	4%	JF1	4 030.52
10	(2)二次搬运费	3.6%	JF1	3 627.47
11	(3)冬雨季施工增加费	4.5%	JF1	4 534.34
12	(4)已完工程及设备保护费	0.15%	(一)′	592.03
13	其中人工费		[(1)+(2)+(3)]×0.2+(4)×0.1	2 497.67
14	1.3　按施工组织设计计取的措施费			
15	1.4　总承包服务费	0.03	68 048(专业工程)	2 041.44
16	措施省价人工费 JF2			5 916.67
17	二　企业管理费	49%	JF1+JF2	52 273.04
18	三　利润	16%	JF1+JF2	17 068.75
19	四　其他项目费			
20	五　规费		5.1+…+5.5	34 237.67
21	5.1　安全文明施工费		(1)+…+(4)	18 648.60
22	(1)环境保护费	0.12%	一+…+四	582.77
23	(2)文明施工费	0.1%	一+…+四	485.64
24	(3)临时设施费	1.62%	一+…+四	7 867.38
25	(4)安全施工费	2%	一+…+四	9 712.81
26	5.2　工程排污费	0.26%	一+…+四	1 262.67
27	5.3　社会保险费	2.6%	一+…+四	12 626.66
28	5.4　住房公积金	0.2%	一+…+四	971.28
29	5.5　危险作业意外伤害险	0.15%	一+…+四	728.46
30	六　税金	3.48%	一+…+五	18 091.76
31	七　甲方供料			
32	八　税后项目			
33	九　装饰工程费用合计		一+…+六-七+八	537 970.02

表11-5　装饰工程计价表

工程名称:商务楼装饰工程

序号	定额号	项目名称	单位	数量	单价	合价
		装饰工程				
1	9-1-9-1	1:2砂浆楼地面20	10 m^2	8.14	131.13	1 067
2	2-1-13′	<装饰>C154 商混凝土无筋混凝土垫层	10 m^3	0.488	2 947.23	1 438
3	9-1-36	水泥砂浆大理石楼地面	10 m^2	50.29	1 874.22	94 255
4	9-1-3*2	1:3砂浆找平层+5×2	10 m^2	50.29	40.36	2 030
5	9-1-112	全瓷地板砖楼地面1 600内	10 m^2	9.267	798.19	7 397
6	9-1-1	1:3砂浆硬基层上找平层20	10 m^2	8.991	96.92	871
7	2-1-13′	<装饰>C154 商混凝土无筋混凝土垫层	10 m^3	0.54	2 947.23	1 592
8	9-1-112	全瓷地板砖楼地面1 600内	10 m^2	35.533	798.19	28 362
9	9-1-1	1:3砂浆硬基层上找平层20	10 m^2	35.533	96.92	3 444
10	6-2-93	<装饰>1.5厚LM高分子涂料防水层	10 m^2	35.533	453.47	16 113
11	9-1-1	1:3砂浆硬基层上找平层20	10 m^2	35.533	96.92	3 444
12	9-1-82	1:2.5砂浆10彩釉砖楼地面1 200内	10 m^2	3.085	463.91	1 431
13	9-1-1	1:3砂浆硬基层上找平层20	10 m^2	3.085	96.92	299
14	6-2-93	<装饰>1.5厚LM高分子涂料防水层	10 m^2	3.085	453.47	1 399
15	9-1-1	1:3砂浆硬基层上找平层20	10 m^2	3.085	96.92	299
16	9-1-13	水泥砂浆踢脚线20	10 m	6.976	34.55	241
17	9-1-86	水泥砂浆彩釉砖踢脚板	10 m	92.066	99.38	9 150
18	9-1-84	彩釉砖楼梯	10 m^2	5.915	783.99	4 637
19	9-1-1	1:3砂浆硬基层上找平层20	10 m^2	5.915	96.92	573
20	9-5-203	不锈钢管扶手不锈钢栏杆	10 m	5.643	8 651.46	48 820
21	9-5-204	不锈钢管扶手弯头另加工料	10个	2.40	570.39	1 369
22	9-1-85	彩釉砖台阶	10 m^2	0.108	747.03	81
23	9-1-11	1:2.5砂浆台阶20	10 m^2	0.238	258.46	62
24	9-2-31	砖墙面墙裙混合砂浆14+6	10 m^2	283.563	121.85	34 552
25	9-2-106*1	1:0.5:2混合砂浆装饰抹灰+1	10 m^2	283.563	5.69	1 613
26	9-2-20	砖墙面墙裙水泥砂浆14+6	10 m^2	105.032	136.63	14 351
27	9-2-54*-4	1:3水泥砂浆抹灰层-1×4	10 m^2	-105.032	20.48	-2 151
28	9-2-55*2	1:2.5水泥砂浆抹灰层+1×2	10 m^2	105.032	10.88	1 143
29	9-2-38	矩形砖柱混合砂浆14+6	10 m^2	1.242	145.92	181
30	9-2-106*1	1:0.5:2混合砂浆装饰抹灰+1	10 m^2	1.242	5.69	7
31	9-2-25	零星项目水泥砂浆14+6	10 m^2	5.469	410.44	2 245

续表 11-5

序号	定额号	项目名称	单位	数量	单价	合价
32	9－2－54＊－4	1:3水泥砂浆抹灰层－1×4	10 m^2	－5.469	20.48	－112
33	9－2－55＊2	1:2.5 水泥砂浆抹灰层＋1×2	10 m^2	5.469	10.88	60
34	9－2－184	墙面砂浆粘贴瓷砖 200×300	10 m^2	16.855	619.87	10 448
35	9－3－3	现浇混凝土顶棚水泥砂浆抹灰	10 m^2	116.086	134.26	15 586
36	9－3－33	装配式 U 形龙骨 600×600 一级	10 m^2	3.085	721.07	2 225
37	9－3－127	顶棚 PVC 扣板	10 m^2	3.085	532.31	1 642
38	5－1－13	<装饰>单扇木门框制作	10 m^2	10.04	415.26	4 169
39	5－1－14	<装饰>单扇木门框安装	10 m^2	10.04	176.62	1 773
40	5－1－37	<装饰>单扇木门扇制作	10 m^2	10.04	910.51	9 142
41	5－1－38	<装饰>单扇木门扇安装	10 m^2	10.04	50.88	511
42	9－4－1	底油一遍调和漆二遍单层木门	10 m^2	10.04	183.52	1843
43	5－9－3－1	<装饰>单扇木门配件(安执手锁)	10 樘	5.60	1 158.33	6487
44	5－1－15	<装饰>双扇木门框制作	10 m^2	2.016	269.74	544
45	5－1－16	<装饰>双扇木门框安装	10 m^2	2.016	105.37	212
46	5－1－39	<装饰>双扇木门扇制作	10 m^2	2.016	964.66	1 945
47	5－1－40	<装饰>双扇木门扇安装	10 m^2	2.016	54.59	110
48	9－4－1	底油一遍调和漆二遍单层木门	10 m^2	2.016	183.52	370
49	5－9－3－1	<装饰>单扇木门配件(安执手锁)	10 樘	0.80	1 158.33	927
50	9－4－151	室内顶棚刷乳胶漆二遍	10 m^2	116.086	73.61	8 545
51	9－4－209	顶棚、内墙抹灰面满刮腻子二遍	10 m^2	116.086	31.69	3 679
52	9－4－152	室内墙柱光面刷乳胶漆二遍	10 m^2	284.805	67.80	19 310
53	9－4－209	顶棚、内墙抹灰面满刮腻子二遍	10 m^2	284.805	31.69	9 025
54	9－4－184	抹灰外墙面丙烯酸涂料(一底二涂)	10 m^2	110.501	149.20	16 487
		小计				395 243
		措施项目(装饰工程)				
55	10－1－27	<装饰>满堂钢管脚手架	10 m^2	18.165	105.22	1 911
56	10－1－22－1	装饰钢管脚手架 3.6 m 内	10 m^2	18.325	14.87	272
57	10－1－22－1	装饰钢管脚手架 3.6 m 内	10 m^2	272.136	14.87	4 047
		小计				6 230.0
		装饰项目直接工程费				395 243
		装饰项目定额措施费				6 230.0

表11-6 人材机汇总表

工程名称:商务楼装饰工程

序号	材料编码	材料名称及规格	单位	数量	市场单价	定额单价	市场合价	差额
1	1	综合工日(土建)	工日	160.652	53.00	53.00	8 515	
2	2	综合工日(装饰)	工日	1 805.063	53.00	53.00	95 668	
3	1026	钢筋Φ10	kg	18.14	4.45	4.45	81	
4	1102	角钢∠40×40×4	kg	22.181	4.48	4.48	99	
5	3030	木薄板(一等)12	m^3	1.191	1 450.00	1 450.00	1 727	
6	3051	门窗材	m^3	5.545	2 170.00	2 170.00	12 033	
7	3067	挡脚板(三等板材)	m^3	0.091	1 250.00	1 250.00	114	
8	4006	普通硅酸盐水泥32.5 MPa	t	61.803	326.00	326.00	20 148	
9	4017	白水泥	kg	154.009	0.57	0.57	88	
10	5107	石灰	t	7.817	195.00	195.00	1 524	
11	5116	石灰膏	m^3	0.098	178.00	178.00	17	
12	5120	石膏粉	kg	6.076	0.50	0.50	3	
13	5167	黄砂(过筛中砂)	m^3	187.306	84.00	84.00	15 734	
14	5304	大理石板	m^2	512.958	163.00	163.00	83 612	
15	6071	瓷砖200×300	m^2	172.932	33.70	33.70	5 828	
16	6083	彩釉砖300×300	块	2 884.834	2.33	2.33	6 722	
17	6093	全瓷抛光地板砖400×400	块	2 867.20	9.00	9.00	25 805	
18	9043	不锈钢焊丝	kg	8.103	44.80	44.80	363	
19	9089	钍钨棒	kg	3.265	395.50	395.50	1 291	
20	10001	清油	kg	4.22	14.50	14.50	61	
21	10015	无光调和漆	kg	56.627	15.20	15.20	861	
22	10020	红丹防锈漆	kg	3.105	15.43	15.43	48	
23	10024	乳胶漆	kg	1 131.014	18.16	18.16	20 539	
24	10025	丙烯乳胶漆	kg	464.104	18.16	18.16	8 428	
25	10058	丙烯酸清漆	kg	132.601	25.00	25.00	3 315	
26	10156	熟桐油	kg	5.124	18.17	18.17	93	
27	10160	漆片	kg	0.084	33.50	33.50	3	
28	10190	油漆溶剂油	kg	15.004	3.60	3.60	54	
29	10226	滑石粉	kg	1 463.252	1.00	1.00	1 463	
30	12017	防腐油	kg	26.893	1.51	1.51	41	

续表 11-6

序号	材料编码	材料名称及规格	单位	数量	市场单价	定额单价	市场合价	差额
31	12079	1.5 厚 LM 高分子涂料	kg	1 155.837	14.92	14.92	17 245	
32	13095	工业酒精 99.5%	kg	0.518	3.00	3.00	2	
33	13193	氩气	m^3	22.762	13.73	13.73	313	
34	13244	催干剂	kg	1.242	11.27	11.27	14	
35	13299	108 胶	kg	456.278	1.72	1.72	785	
36	13311	白乳胶	kg	8.608	5.20	5.20	45	
37	13362	环氧树脂	kg	8.465	36.61	36.61	310	
38	14244	膨胀螺栓 M8	套	45.35	0.93	0.93	42	
39	14470	螺钉	kg	0.458	11.00	11.00	5	
40	14493	木螺钉 M4×20	百个		3.90	3.90		
41	14495	木螺钉 M5×30	百个	10.24	7.26	7.26	74	
42	14510	半圆头螺钉 M4×30	百个	17.28	6.00	6.00	104	
43	14544	自攻螺丝镀锌	百个	5.152	4.22	4.22	22	
44	14579	螺母	个	137.344	0.38	0.38	52	
45	14661	垫圈 10	百个	0.926	3.66	3.66	3	
46	14716	圆钉	kg	28.545	5.80	5.80	166	
47	14786	执手锁	把	64.00	89.90	89.90	5 754	
48	14820	铁插销 150 封闭式	个		1.90	1.90		
49	14832	普通合页 125	副	128.00	3.78	3.78	484	
50	14845	铁三角 125	百个	2.56	22.60	22.60	58	
51	14881	立式磁性吸门器	个	64.00	10.50	10.50	672	
52	14929	镀锌铁丝 8#	kg	92.77	6.55	6.55	608	
53	15087	不锈钢管 Φ32×1.5	m	321.256	27.00	27.00	8 674	
54	15092	不锈钢管 Φ60×2	m	59.816	73.80	73.80	4 414	
55	15096	不锈钢管 Φ89×2.5	m	59.816	114.50	114.50	6 849	
56	23052	PVC 扣板	m^2	32.393	26.80	26.80	868	
57	23088	PVC 板条	m	44.989	8.00	8.00	360	
58	23140	轻钢大龙骨 $h=45$	m	42.218	10.40	10.40	439	
59	23147	轻钢中龙骨 $h=19$	m	76.921	6.00	6.00	462	
60	23148	轻钢中龙骨横撑 $h=19$	m	64.119	4.39	4.39	281	
61	23221	轻钢大龙骨垂直吊挂件	个	54.296	0.80	0.80	43	

续表 11-6

序号	材料编码	材料名称及规格	单位	数量	市场单价	定额单价	市场合价	差额
62	23222	轻钢龙骨次接件	个	35.786	0.68	0.68	24	
63	23224	轻钢龙骨主接件	个	20.361	0.77	0.77	16	
64	23229	轻钢中龙骨垂直吊挂件	个	74.657	0.75	0.75	56	
65	23230	轻钢中龙骨平面连接件	个	205.461	0.75	0.75	154	
66	23318	不锈钢法兰ϕ59	只	325.658	77.17	77.17	25 131	
67	26002	棉纱	kg	14.231	10.40	10.40	148	
68	26033	麻袋布	m^2	110.638	3.11	3.11	344	
69	26036	白布	m^2	2.538	6.60	6.60	17	
70	26076	麻刀	kg	4.762	3.43	3.43	16	
71	26105	草袋	m^2	18.683	5.29	5.29	99	
72	26122	砂纸	张	2 719.733	0.50	0.50	1 360	
73	26199	切割锯片	片	1.129	110.85	110.85	125	
74	26200	石料切割锯片	片	5.702	95.02	95.02	542	
75	26287	锯末	m^3	7.214	20.00	20.00	144	
76	26371	水	m^3	147.421	4.40	4.40	649	
77	27003	木脚手板	m^3	0.25	1 890.00	1 890.00	473	
78	27024	钢管ϕ48×3.5	m	9.341	15.20	15.20	142	
79	27036	对接扣件	个	0.911	4.50	4.50	4	
80	27038	直角扣件	个	5.005	5.50	5.50	28	
81	27040	回转扣件	个	0.836	5.50	5.50	5	
82	27041	底座	个	0.871	6.20	6.20	5	
83	54006	载货汽车 6 t	台班	2.883	458.31	458.31	1 321	
84	56017	灰浆搅拌机 200 L	台班	26.788	93.27	93.27	2 499	
85	56067	混凝土振捣器(平板式)	台班	0.812	13.42	13.42	11	
86	57017	木工圆锯机ϕ500	台班	1.286	28.44	28.44	37	
87	57022	木工平刨床 450	台班	2.427	26.72	26.72	65	
88	57027	木工压刨床三面 400	台班	2.325	54.71	54.71	127	
89	57029	木工开榫机 160	台班	1.551	40.56	40.56	63	
90	57030	木工打眼机ϕ50	台班	1.816	12.91	12.91	23	
91	57032	木工裁口机多面 400	台班	0.989	44.32	44.32	44	
92	57084	管子切断机ϕ150	台班	7.521	20.53	20.53	154	

续表 11-6

序号	材料编码	材料名称及规格	单位	数量	市场单价	定额单价	市场合价	差额
93	57109	石料切割机	台班	22.395	56.74	56.74	1 271	
94	57110	砂轮切割机φ400	台班	1.286	21.18	21.18	27	
95	57126	抛光机	台班	4.086	16.36	16.36	67	
96	59031	交流电焊机 30 kVA	台班	4.086	99.93	99.93	408	
97	66006	手提冲击钻	台班	0.811	9.64	9.64	8	
98	81036	C154 现浇混凝土碎石 < 40（商品）	m^3	10.383	181.34	181.34	1 883	
99		小　　计					400 916	
100		人工费合计					104 183	
101		材料费合计					290 608	
102		机械费合计					6 125	
103		合　　计					400 916	

表 11-7　工程量计算书

工程名称：商务楼装饰工程

序号		编号/部位	项目名称/计算式		工程量	
			装饰			
1	35	011403003001	防火卷帘门	樘		2
2		5－4－12	钢质防火门安装（扇面积） 2M1	m^2	11.42	
3	36	011401005001	夹板装饰门；单扇夹板门，安执手锁，底油一遍调和漆二遍 38 M2＋10M4＋4M5＋4M6	m^2		100.40
4		5－1－13	单扇木门框制作	m^2	100.40	
5		5－1－14	单扇木门框安装	m^2	100.40	
6		5－1－37	单扇木门扇制作	m^2	100.40	
7		5－1－38	单扇木门扇安装	m^2	100.40	
8		9－4－1	底油一遍调和漆二遍单层木门	m^2	100.40	
9		5－9－3－1	单扇木门配件（安执手锁） 32＋16＋4＋4	樘	56.00	
10	37	011401005002	夹板装饰门；双扇夹板门，安执手锁，底油一遍调和漆二遍	m^2		20.16

续表 11-7

序号		编号/部位	项目名称/计算式		工程量	
			8M3			
11		5-1-15	双扇木门框制作	m^2	20.16	
12		5-1-16	双扇木门框安装	m^2	20.16	
13		5-1-39	双扇木门扇制作	m^2	20.16	
14		5-1-40	双扇木门扇安装	m^2	20.16	
15		9-4-1	底油一遍,调和漆二遍,单层木门	m^2	20.16	
16		5-9-3-1	单扇木门配件(安执手锁)	樘	8.00	
17	38	011401105001	塑钢门	m^2		1.89
			M7			
18		5-6-1	塑料平开门安装	m^2	1.89	
19	39	011406007001	塑钢窗	m^2		232.88
			C			
20		5-6-2	单层塑料窗安装	m^2	232.88	
21	40	011107004001	水泥砂浆台阶面	m^2		2.38
		室外	2.64×0.9			
22		9-1-11	1:2.5 砂浆台阶 20	m^2	2.38	
23	41	011107002001	块料台阶面;防滑地砖台阶	m^2		1.08
		室内	1.2×0.9			
24		9-1-85	彩釉砖台阶	m^2	1.08	
25	42	011101001001	水泥砂浆楼地面;地1	m^2		81.40
		库房	Z5×2			
26		9-1-9-1	1:2砂浆楼地面 20	m^2	81.40	
27		2-1-13′	C154 商品混凝土无筋混凝土垫层	m^3	4.88	
			D26×0.06			
28	43	011102003001	块料楼地面;地14,地面砖 400×400	m^2		89.91
		大厅、楼梯间	Z6×2+Z7-D23			
29		9-1-112	全瓷地板砖楼地面 1600 内	m^2	92.67	
	1		D28	89.91		
	2	增门口	(2.38×2[M1]+1.2×4[M3]+1.92[MD])×0.24	2.755		
30		9-1-1	1:3砂浆硬基层上找平层 20	m^2	89.91	

续表 11-7

序号		编号/部位	项目名称/计算式		工程量	
			D28			
31		2－1－13′	C154 商品混凝土无筋混凝土垫层 D28×0.06	m^3	5.40	
32	44	011102001001 2－6 层办公	石材楼地面；楼 19，大理石 800×800 Z17×4＋Z27×6	m^2		502.90
33		9－1－36	水泥砂浆大理石楼地面	m^2	502.90	
34		9－1－3×2	1∶3砂浆找平层＋5×2	m^2	502.90	
35	45	011102003002	块料楼地面；楼 18，地面砖 400×400	m^2		342.18
	1	2－6 层大厅	Z18×4＋Z28×6	325.586		
	2	楼梯平台	2.4×1.13×6＋1.2×0.27	16.596		
36		9－1－112	全瓷地板砖楼地面 1 600 内	m^2	355.33	
	1		D35	342.18		
	2	增门口	(0.9×38[M2]＋1.2×8[M3]＋0.77×4[M5]＋0.88×4[M6]＋0.9[M7])×0.24	12.312		
	3		(0.7×10[M4])×0.12	0.84		
37		9－1－1	1∶3砂浆硬基层上找平层 20	m^2	355.33	
38		6－2－93	1.5 厚 LM 高分子涂料防水层	m^2	355.33	
39		9－1－1	1∶3砂浆硬基层上找平层 20	m^2	355.33	
40	46	011102003003	块料楼地面；楼 18，地面砖 300×300	m^2		30.85
	1	2/4 卫生间	2.21×1.62×4	14.321		
	2	3/5/6 卫生间	1.7×1.62×6	16.524		
41		9－1－82	1∶2.5 砂浆 10 彩釉砖楼地面 1200 内	m^2	30.85	
42		9－1－1	1∶3砂浆硬基层上找平层 20	m^2	30.85	
43		6－2－93	1.5 厚 LM 高分子涂料防水层	m^2	30.85	
44		9－1－1	1∶3砂浆硬基层上找平层 20	m^2	30.85	
45	47	011106002001	块料楼梯面层；楼 15，楼梯面砖 300×300	m^2		59.15
	1	楼梯间	2.4×5.26×6	75.744		
	2	扣楼梯平台	－D35.2	－16.596		
	3	校核	D23＋D25＋D28＋D32＋D35＋D40＋D45－RJ＝0.008			
46		9－1－84	彩釉砖楼梯	m^2	59.15	

续表 11-7

序号		编号/部位	项目名称/计算式		工程量	
47		9－1－1	1∶3砂浆硬基层上找平层20	m^2	59.15	
48	48	011105001001	水泥砂浆踢脚线；踢1	m		69.76
	1	库房	(2×(3.06＋5.5)＋0.08×2－1.2)×2	32.16		
	2		(2×(4.34＋5.5)＋0.08×4－1.2)×2	37.6		
49		9－1－13	水泥砂浆踢脚线20	m	69.76	
50	49	011105003001	块料踢脚线；踢5 D51×0.15	m^2		138.10
51		9－1－86	水泥砂浆彩釉砖踢脚板	m	920.66	
	1	大厅	(2×(7.64＋6.06)＋0.16×2－(2.38＋2×1.2))×2	45.88		
	2	楼梯间	2×(2.4＋4.06)－1.92	11		
	3	2/4层办公	(2×(3.06＋5.26)－0.9)×4	62.96		
	4		(2×(3.06＋4.5)－0.9)×4	56.88		
	5		(2×(4.24＋2.76)－0.88)×4	52.48		
	6		(2×(3.16＋2.76)－0.77)×4	44.28		
	7	3/5/6层办公	(2×(3.06＋5.26)－0.9)×6	94.44		
	8		(2×(3.06＋2.7)－0.9)×6	63.72		
	9		(2×(3.06＋4.56)－0.9)×6	86.04		
	10		(2×(4.34＋2.76)－0.9)×6	79.8		
	11	2/4层大厅	(2×(3.02＋5.5)－2.4－(0.9＋1.2))×4	50.16		
	12		(2×(4.34＋4.5)－2.4－(0.9＋0.7＋0.77＋0.88))×4	48.12		
	13	3/5/6层大厅	(2×(4.34＋10)－(5×0.9＋0.7))×6	140.88		
	14	2/4楼梯间	(2×(2.4＋5.26)－2×1.2)×2	25.84		
	15	3/5/6楼梯间	(2×(2.4＋5.26)－2×0.9)×3	40.56		
	16	顶层楼梯间	2×(2.4＋5.26)－0.9	14.42		
	17	增一层柱	4×0.4×2	3.2		
52	50	011302001001	顶棚吊顶；轻钢龙骨，PVC扣板 D40	m^2		30.85
53		9－3－33	装配式U形龙骨600×600一级	m^2	30.85	
54		9－3－127	顶棚PVC扣板	m^2	30.85	

续表 11-7

序号		编号/部位	项目名称/计算式		工程量	
55	51	011301001001	天棚抹灰;棚 3	m^2		1 160.86
	1	RJ－D52	1 076.61			
	2	楼梯底面系数	(2.4×2.9＋2.4×2.83×5)×0.31	12.685		
	3	梁侧 L1(2)	(3.06＋3.02)×(0.17＋0.13)×10	18.24		
	4	L2(2)	(2.98＋2.94)×0.18×2×2	4.262		
	5	L3(4)	2×(2.98×0.36＋4.18×0.4)	5.49		
	6	L4(2)一层	4.34×0.22×2×2	3.819		
	7	L4(2)2/4 层	2.01×(0.22＋0.18)×4	3.216		
	8	L4(2)3/5/6 层	2.52×(0.22＋0.18)×6	6.048		
	9	L5(2A)	(3.82＋1.68)×0.18×2×2	3.96		
	10	L6	2.76×0.18×2×8	7.949		
	11	L7	1.605×0.12×2×4[1/3 层]	1.541		
	12	L8	3.06×0.18×2×6	6.61		
	13	L9	3.02×0.18×2×10－0.62×0.18×2×2 [2/4 层]	10.426		
	14		Σ	84.246		
56		9－3－3	现浇混凝土顶棚水泥砂浆抹灰	m^2	1 160.86	
57		10－1－27	满堂钢管脚手架	m^2	181.65	
	1	一层	R1	172.388		
	2	顶层楼梯	2.4×(5.26－1.4)	9.264		
58	52	011407002001	刷喷涂料;顶棚刮腻子,乳胶漆二遍 D55	m^2		1 160.86
59		9－4－151	室内顶棚刷乳胶漆二遍	m^2	1 160.86	
60		9－4－209	顶棚内墙抹灰面满刮腻子二遍	m^2	1 160.86	
61	53	011204003001	块料墙面;贴瓷砖	m^2		168.55
	1	2/4 卫生间	(2×(2.21＋1.62)×2.6－M4)×4	73.784		
	2	3/5/6 卫生间	(2×(1.7＋1.62)×2.6－M4)×6	94.764		
62		9－2－184	墙面砂浆粘贴瓷砖 200×300	m^2	168.55	
63		10－1－22－1	装饰钢管脚手架 3.6 m 内	m^2	183.25	
	1	2/4 卫生间	2×(2.21＋1.62)×2.6×4	79.664		
	2	3/5/6 卫生间	2×(1.7＋1.62)×2.6×6	103.584		

续表 11-7

序号		编号/部位	项目名称/计算式		工程量	
64	54	011201001001	墙面一般抹灰;混合砂浆 7 +7 +7,内墙 4	m^2		2 835.63
	1	库房	((2×(3.06+5.5)+0.16)×3.88-C1-M3)×2	124.553		
	2		((2×(4.34+5.5)+0.32)×3.88-C1-M3)×2	145.66		
	3	大厅	((2×(7.64+6.06)+0.32)×3.88-C1-M1-2M3)×2	189.107		
	4	楼梯间	2×(2.4+4.06)×3.88-MD1	46.41		
	5	2/4 层办公	(2×(3.06+5.26)×2.88-C1-m^2)×4	175.133		
	6		(2×(3.06+4.5)×2.88-2C1-m^2)×4	148.622		
	7		(2×(4.24+2.76)×2.88-C1-M6)×4	144.88		
	8		(2×(3.16+2.76)×2.88-C1-M5)×4	120.917		
	9	3/5/6 层办公	(2×(3.06+5.26)×2.88-C1-m^2)×6	262.699		
	10		(2×(3.06+2.7)×2.88-C1-m^2)×6	174.226		
	11		(2×(3.06+4.56)×2.88-C1-m^2)×6	238.507		
	12		(2×(4.34+2.76)×2.88-C1-m^2)×6	220.536		
	13	2/4 层大厅	((2×(3.02+5.5)-2.4)×2.88-C2-m^2-M3)×4	118.413		
	14		((2×(4.34+4.5)-2.4)×2.88-C1-m^2-M4-M5-M6)×4	139.706		
	15	3/5/6 层大厅	(2×(4.34+10)×2.88-C2-5m^2-M4)×6	381.17		
	16	2/4 楼梯间	(2×(2.4+5.26)×2.92-C3-2M3)×2	66.429		
	17	3/5/6 楼梯间	(2×(2.4+5.26)×2.92-C3-2m^2)×3	103.423		
	18	顶层楼梯间	2×(2.4+5.26)×2.6-C3-M7	31.462		
	19		Σ	2 831.85		
	20	校核	H19+D61-Y2[合格]	0.003		
	21	扣楼梯台	-(1.4×2+1.2)×0.48	-1.92		
	22	增底层楼梯墙	1.2×1.76×2	4.224		
	23	一层梯板高	$(0.25^2+0.16^2)×0.5×0.1/0.25+0.16/2$	0.199		
	24	2-6 层梯板高	$(0.27^2+0.15^2)×0.5×0.1/0.27+0.15/2$	0.189		
	25	扣楼梯板	-2.5×(H23-0.08)-2.43×(H24-0.08)×5	-1.622		
	26	一层 80 板下	(4.34+2×2.5)×0.04×2	0.747		
	27	2/4 层 80 板下	(2.01+1.74×2)×0.04×2×2	0.878		
	28	3/5/6 层 80 板下	(2.64+1.74×2)×0.04×2×3	1.469		

续表 11-7

序号		编号/部位	项目名称/计算式			
65		9－2－31	砖墙面墙裙混合砂浆 14＋6	m²	2 835.63	
66		9－2－106×1	1:0.5:2混合砂浆装饰抹灰＋1	m²	2 835.63	
67		10－1－22－1	装饰钢管脚手架 3.6 m 内	m²	2 721.36	
	1	2/4 层办公	2×(3.06＋5.26)×2.88×4	191.693		
	2		2×(3.06＋4.5)×2.88×4	174.182		
	3		2×(4.24＋2.76)×2.88×4	161.28		
	4		2×(3.16＋2.76)×2.88×4	136.397		
	5	3/5/6 层办公	2×(3.06＋5.26)×2.88×6	287.539		
	6		2×(3.06＋2.7)×2.88×6	199.066		
	7		2×(3.06＋4.56)×2.88×6	263.347		
	8		2×(4.34＋2.76)×2.88×6	245.376		
	9	2/4 层大厅	(2×(3.02＋5.5)－2.4)×2.88×4	168.653		
	10		(2×(4.34＋4.5)－2.4)×2.88×4	176.026		
	11	3/5/6 层大厅	2×(4.34＋10)×2.88×6	495.59		
	12	2/4 楼梯间	2×(2.4＋5.26)×2.92×2	89.469		
	13	3/5/6 楼梯间	2×(2.4＋5.26)×2.92×3	134.203		
	14	顶层楼梯间	2×(2.4＋5.26)×2.6	39.832		
	15		Σ	2 762.65		
	16	扣顶层满堂	－(2.4＋3.86×2)×4.08	－41.29		
68	55	011202001001	柱面一般抹灰;混合砂浆 7＋7＋7,内墙 4 0.4×4×3.88×2	m²		12.42
69		9－2－38	矩形砖柱混合砂浆 14＋6	m²	12.42	
70		9－2－106×1	1:0.5:2混合砂浆装饰抹灰＋1	m²	12.42	
71	56	011407001001	刷喷涂料;墙面刮腻子,乳胶漆二遍 D64＋D68	m²		2 848.05
72		9－4－152	室内墙柱光面刷乳胶漆二遍	m²	2 848.05	
73		9－4－209	顶棚、内墙抹灰面满刮腻子二遍	m²	2 848.05	

续表 11-7

序号		编号/部位	项目名称/计算式		工程量	
74	57	011201001002	墙面一般抹灰;外墙 9	m^2		1 050.32
	1	一层外墙	W1 ×4.05 -2M1 -6C1 - MD1 + (1.2 ×2 +2.88) ×1.59[顶梯]	208.823		
	2	外廊板下墙	(3.06 +3.02 +0.96) ×0.17 ×2	2.394		
	3	2 -6 层外墙	W ×16.35 - (C -10C1)	753.616		
	4	顶楼梯外墙	WW ×2.65 - (2.88 +0.48) ×(1.1 - 0.35) - M7	41.276		
	5	女儿墙内侧	(L -0.96 -2.88) ×0.85	46.036		
	6	扣坡道台阶	-2.38 ×0.3 ×2 -2.64 ×0.15	-1.824		
75		9 -2 -20	砖墙面墙裙水泥砂浆 14 +6	m^2	1 050.32	
76		9 -2 -54 ×(-4)	1:3水泥砂浆抹灰层 -1 ×4	m^2	1 050.32	
77		9 -2 -55 ×2	1:2.5 水泥砂浆抹灰层 +1 ×2	m^2	1 050.32	
78	58	011203001001	零星项目一般抹灰;外墙 9	m^2		54.69
	1	女儿墙压顶	(L -2.88) ×0.5	27.56		
	2	一层外梁板底	6.56 ×1.2 ×2 +2.88 ×1.2	19.2		
	3	梁内侧	(3.06 +3.02 +0.96 ×3) ×0.17 ×2	3.046		
	4	楼梯墙压顶	LW ×0.3	4.884		
79		9 -2 -25	零星项目水泥砂浆 14 +6	m^2	54.69	
80		9 -2 -54 ×(-4)	1:3水泥砂浆抹灰层 -1 ×4	m^2	54.69	
81		9 -2 -55 ×2	1:2.5 水泥砂浆抹灰层 +1 ×2	m^2	54.69	
82	59	011407001002	刷喷涂料;外墙面丙烯酸涂料(一底二涂) D74 + D78	m^2		1 105.01
83		9 -4 -184	抹灰外墙面丙烯酸涂料(一底二涂)	m^2	1 105.01	
84	60	011503001001	金属扶手带栏杆、栏板;不锈钢管栏杆	m		56.43
	1	楼梯栏杆	(2.75 ×2 +2.7 ×2 ×5) ×1.15 +0.3 × 11 +1.35	42.025		
	2	息板栏杆	2.4 ×6	14.4		
85		9 -5 -203	不锈钢管扶手不锈钢栏杆	m	56.43	
86		9 -5 -204	不锈钢管扶手弯头另加工料	个	24.00	

说明:1. D_m—第 m 项工程量值。

2. $D_{m,n}$—第 m 项中第 n 行的中间结果值。

3. H_n—本项中第 n 行的中间结果值。

能力训练

结合本地区实际情况,采用定额计价模式完成自助银行装饰工程施工图预算的编制。

项目 12 清单计价方式装饰工程造价文件编制

知识目标：

1. 掌握《计价规范》中招标控制价与投标报价的编制要求。
2. 掌握清单计价文件主要内容及计价表一般格式。

能力目标：

1. 会用清单计价方式编制装饰工程造价文件。
2. 快速进入实际工作状态。

基础知识

知识 1 招标控制价编制要求

1 一般规定

(1)国有资金投资的建设工程招标，招标人必须编制招标控制价。

(2)招标控制价应由具有编制能力的招标人或受其委托具有相应资质的工程造价咨询人编制和复核。

(3)工程造价咨询人接受招标人委托编制招标控制价，不得再就同一工程接受投标人委托编制投标报价。

(4)招标控制价应按照《计价规范》第 5. 2. 1 条的规定编制，不应上调或下浮。

(5)当招标控制价超过批准的概算时，招标人应将其报原概算审批部门审核。

(6)招标人应在发布招标文件时公布招标控制价，同时应将招标控制价及有关资料报送工程所在地或有该工程管辖权的行业管理部门工程造价管理机构备查。

2 编制与复核

(1)招标控制价应根据下列依据编制与复核：

①计量与计价规范；

②国家或省级、行业建设主管部门颁发的计价定额和计价办法；

③建设工程设计文件及相关资料；

④拟定的招标文件及招标工程量清单；

⑤与建设项目相关的标准、规范、技术资料；

⑥施工现场情况、工程特点及常规施工方案；

⑦工程造价管理机构发布工程造价信息，当工程造价信息没有发布时，参照市场价；

⑧其他的相关资料。

(2)综合单价中应包括招标文件中划分的应由投标人承担的风险范围及其费用。招标文件中没有明确的,如是工程造价咨询人编制,应提请招标人明确;如是招标人编制,应予明确。

(3)分部分项工程和措施项目中的单价项目,应根据拟定的招标文件和招标工程量清单项目中的特征描述及有关要求确定综合单价计算。

(4)措施项目中的总价项目应根据拟定的招标文件和常规施工方案按《计价规范》第3.1.4条和3.1.5条的规定计价。

(5)其他项目应按下列规定计价:

①暂列金额应按招标工程量清单中列出的金额填写;

②暂估价中的材料、工程设备单价应按招标工程量清单中列出的单价计入综合单价;

③暂估价中的专业工程金额应按招标工程量清单中列出的金额填写;

④计日工应按招标工程量清单中列出的项目根据工程特点和有关计价依据确定综合单价计算;

⑤总承包服务费应根据招标工程量清单列出的内容和要求估算。

(6)规费和税金应按《计价规范》第3.1.6条的规定计算。

知识2 投标报价编制要求

1 一般规定

(1)投标价应由投标人或受其委托具有相应资质的工程造价咨询人编制。

(2)投标人应依据《计价规范》第6.2.1条的规定自主确定投标报价。

(3)投标报价不得低于工程成本。

(4)投标人必须按招标工程量清单填报价格。项目编码、项目名称、项目特征、计量单位、工程量必须与招标工程量清单一致。

(5)投标人的投标报价高于招标控制价的应予废标。

2 编制与复核

装饰工程工程量清单计价方式下投标报价是一个综合过程(见图12-1),它综合了前述各项目的内容。

(1)投标报价应根据下列依据编制和复核:

①计量与计价规范;

②国家或省级、行业建设主管部门颁发的计价办法;

③企业定额,国家或省级、行业建设主管部门颁发的计价定额和计价办法;

④招标文件、招标工程量清单及其补充通知、答疑纪要;

⑤建设工程设计文件及相关资料;

⑥施工现场情况、工程特点及投标时拟定的施工组织设计或施工方案;

⑦与建设项目相关的标准、规范等技术资料;

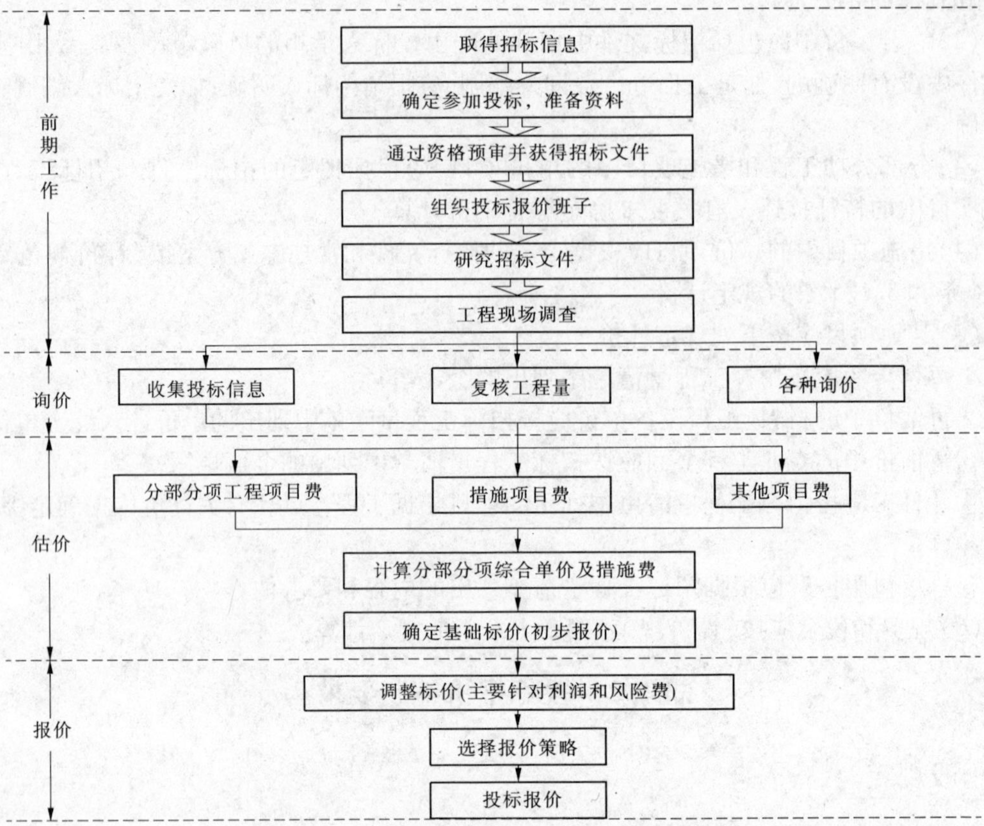

图 12-1　工程量清单计价方式下投标报价程序

⑧市场价格信息或工程造价管理机构发布的工程造价信息；

⑨其他的相关资料。

(2)综合单价中应包括招标文件中划分的应由投标人承担的风险范围及其费用，招标文件中没有明确的，应提请招标人明确。

(3)分部分项工程和措施项目中的单价项目，应根据招标文件和招标工程量清单项目中的特征描述确定综合单价计算。

(4)措施项目中的总价项目金额应根据招标文件及投标时拟定的施工组织设计或施工方案，按《计价规范》第 3.1.4 条的规定自主确定。其中，安全文明施工费应按照本规范第 3.1.5 条的规定确定。

(5)其他项目应按下列规定报价：

①暂列金额应按招标工程量清单中列出的金额填写；

②材料、工程设备暂估价应按招标工程量清单中列出的单价计入综合单价；

③专业工程暂估价应按招标工程量清单中列出的金额填写；

④计日工应按招标工程量清单中列出的项目和数量，自主确定综合单价并计算计日工金额；

⑤总承包服务费应根据招标工程量清单中列出的内容和提出的要求自主确定。

(6)规费和税金应按《计价规范》第3.1.6条的规定确定。

(7)招标工程量清单与计价表中列明的所有需要填写单价和合价的项目,投标人均应填写且只允许有一个报价。未填写单价和合价的项目,可视为此项费用已包含在已标价工程量清单中其他项目的单价和合价之中。当竣工结算时,此项目不得重新组价予以调整。

(8)投标总价应当与分部分项工程费、措施项目费、其他项目费和规费、税金的合计金额一致。

知识3 工程计价表

(1)工程计价表宜采用统一格式。各省、自治区、直辖市建设行政主管部门和行业建设主管部门可根据本地区、本行业的实际情况,在《计价规范》附录B至附录L计价表格的基础上补充完善。

(2)工程计价表格的设置应满足工程计价的需要,方便使用。

(3)工程计价表格格式包括:封面、扉页、总说明、总价表、费用汇总表、清单与计价表、综合单价分析表、工料机汇总表等。

(4)工程量清单总说明应按下列内容填写:

①工程概况:建设规模、工程特征、计划工期、施工现场实际情况、自然地理条件、环境保护要求等。

②工程招标和专业工程发包范围。

③工程量清单编制依据。

④工程质量、材料、施工等的特殊要求。

⑤其他需要说明的问题。

(5)招标控制价、投标报价总说明应按下列内容填写:

①工程概况:建设规模、工程特征、计划工期、合同工期、实际工期、施工现场及变化情况、施工组织设计的特点、自然地理条件、环境保护要求等。

②编制依据等。

(6)投标人应按招标文件的要求,附工程量清单综合单价分析表。

典型任务

任务1 装饰工程施工图识读

【任务背景】 自助银行装饰工程施工图,见设计说明、平面布置图、地面材料标识图、综合顶棚图、顶棚尺寸定位图、立面图及各立面剖视图、节点详图等,如图12-2所示。

【任务分析】

1.自助银行装饰为Ⅲ类工程,装饰做法见装饰设计说明和施工图纸。

2.装饰施工图涉及的做法多、选材广、详图多。如装饰做法不详细,需要根据工程经验由设计师和用户处理,装饰施工图是设计师与用户的共同结晶。

装饰设计说明

1. 工程设计依据

《建筑设计防火规范》(GB50016—2014)。

《建筑内部装修设计防火规范》(GB50222—95)(2001 年修订版)。

《建筑装饰装修工程质量验收规范》(GB 50210—2001)。

《建筑照明设计标准》(GB 50034—2004)。

《木结构工程施工质量验收规范》(GB 50206—2012)。

《民用建筑工程室内环境污染控制规范》(GB 50325—2010)(2013 版)。

国家建筑规定的其他标准规范。

2. 工程概况

本工程位于新市区大学城学苑路。

工程建筑面积为 80 m^2。

3. 消防要求

所有木基层均刷厚型防火涂料二度。

木装修同电器开关相碰处,按《建筑电气设计规范》(JGJ/6—2014)处理。

4. 施工说明

隔墙:

工程中均采用 100 系列轻钢龙骨壁 0.8 厚。双层 9.5 厚纸面石膏板。

涂乳胶漆部分,施工方式为一底三涂(一遍底漆三遍面漆)。

凡与砌体相连的木筋、龙骨均做重型防火漆二遍。

凡玻璃隔断都采用 12 厚钢化玻璃。

轻钢龙骨隔墙内均需填充一层 75 厚岩棉板。

凡采用拉丝不锈钢均为 1.2 厚。

营业区外立面新建玻璃幕墙均采用 6+6 夹膜玻璃。

吊顶:

双层纸面石膏板吊顶、吊筋为08 钢筋超过 1 500 的用 KGB020 做反支撑,轻钢龙骨为 60 系列,纸面石膏板厚度为 9.5 mm,龙骨距不大于 1 200。

地坪:

地坪材质详见图纸及说明。

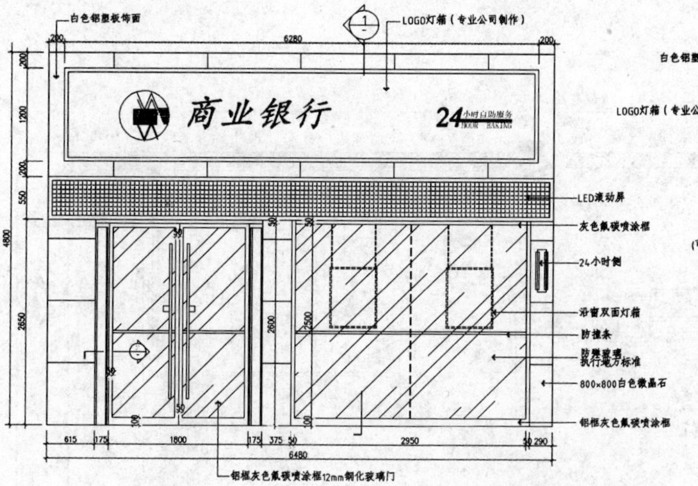

A 立面图

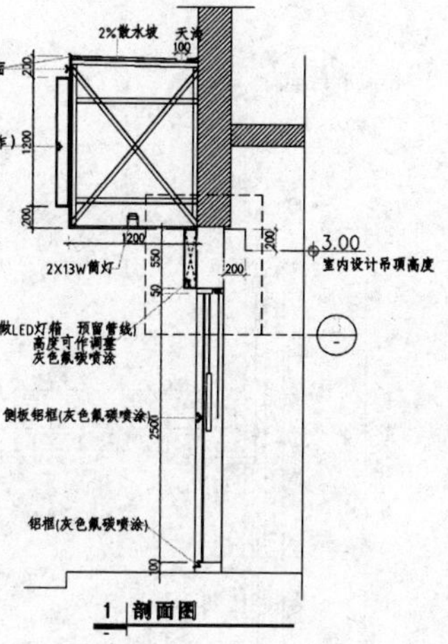

1 剖面图

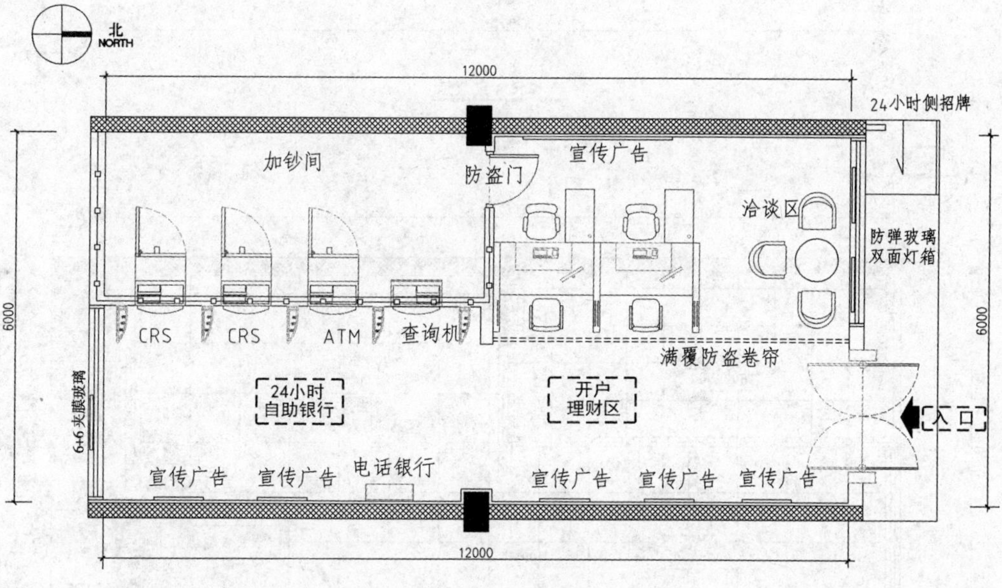

综合平面布置图

图12-2　自助银行装饰工程施工图

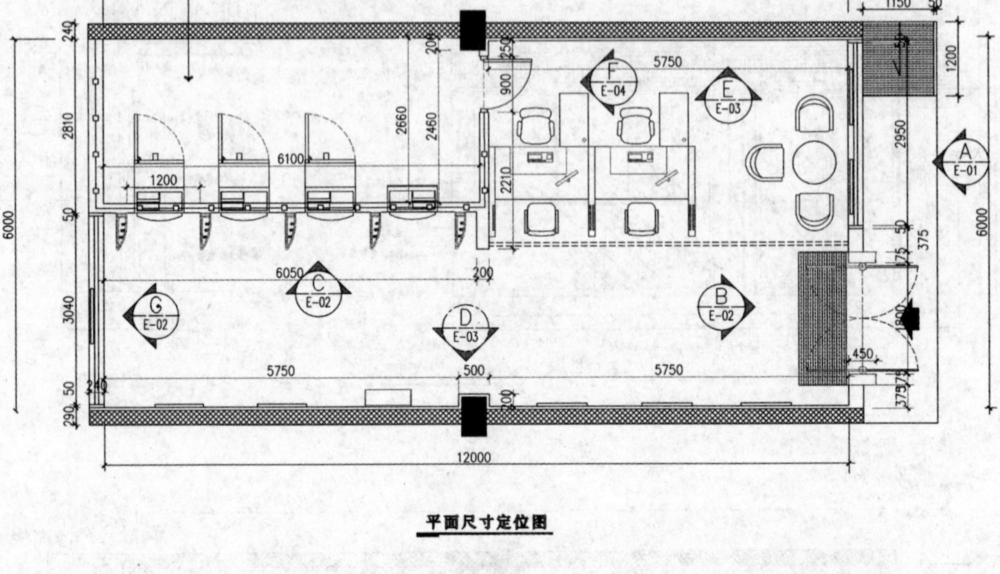

平面尺寸定位图

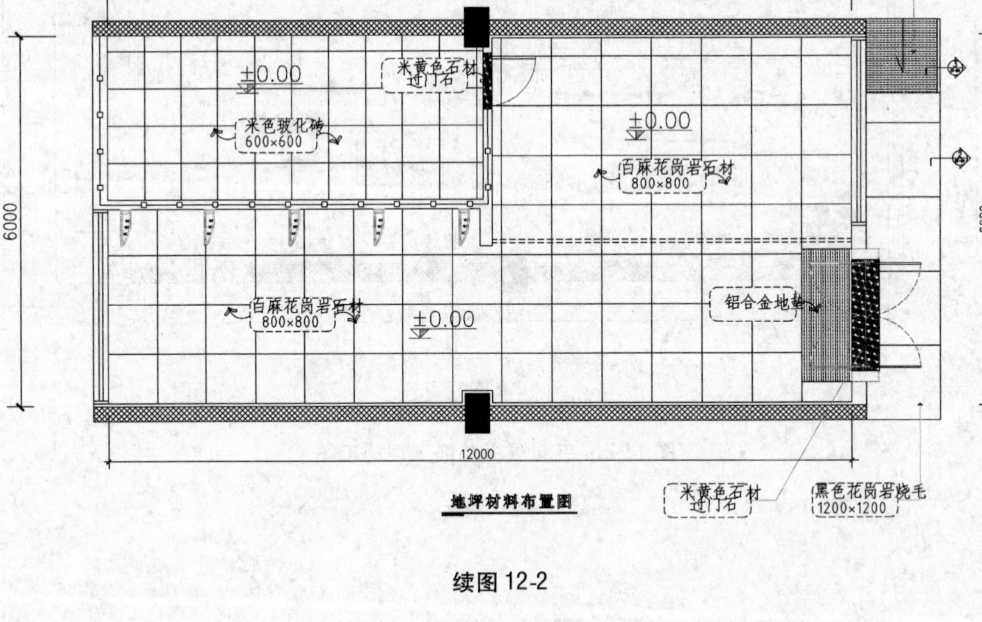

地坪材料布置图

续图 12-2

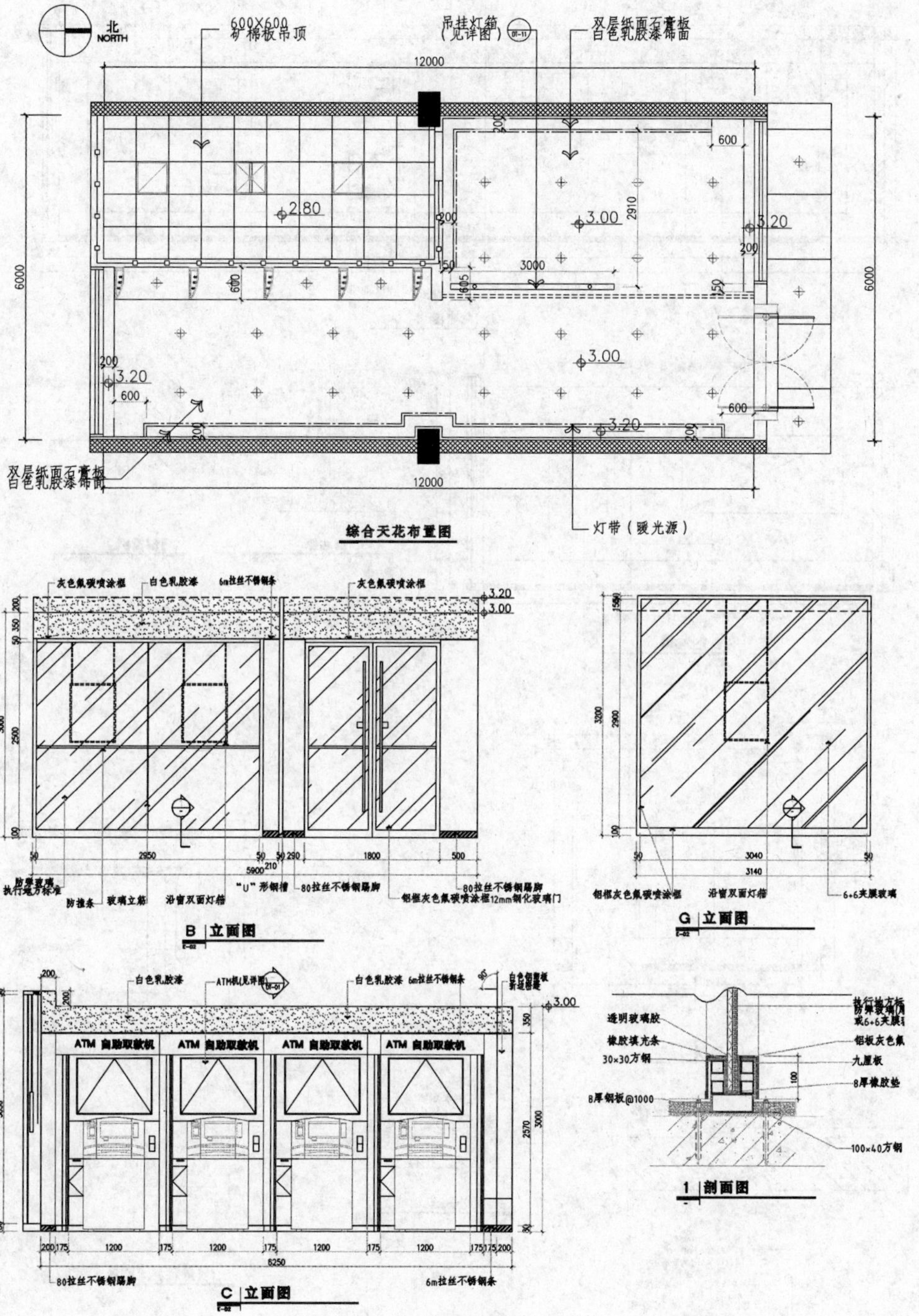
北
NORTH
600X600
矿棉板吊顶
吊挂灯箱
(见详图)
双层纸面石膏板
白色乳胶漆饰面
12000
6000
2.80
3.00
3.20
3000
2910
600
双层纸面石膏板
白色乳胶漆饰面
灯带（暖光源）
综合天花布置图
灰色氟碳喷涂框
白色乳胶漆
6m拉丝不锈钢条
防爆玻璃
执行地方标准
防撞条
玻璃立筋
沿窗双面灯箱
"U"形钢槽
80拉丝不锈钢踢脚
铝框灰色氟碳喷涂框12mm钢化玻璃门
B 立面图
铝框灰色氟碳喷涂框
6+6夹膜玻璃
G 立面图
ATM 自助取款机
80拉丝不锈钢踢脚
6m拉丝不锈钢条
C 立面图
透明玻璃胶
橡胶填充条
30×30方钢
九厘板
8厚橡胶垫
8厚钢板@1000
100×40方钢
1 剖面图

续图 12-2

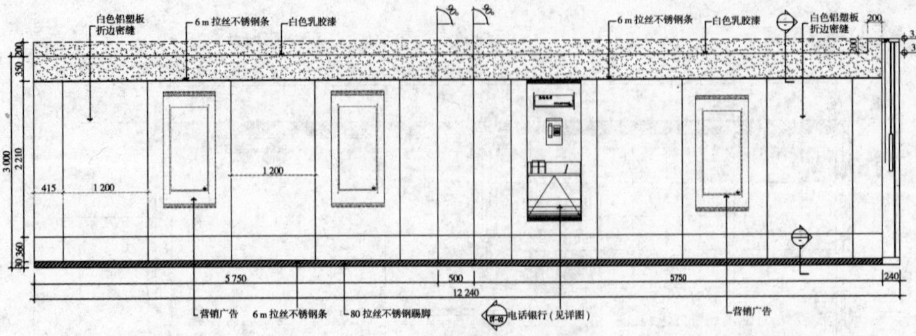

D 立面图

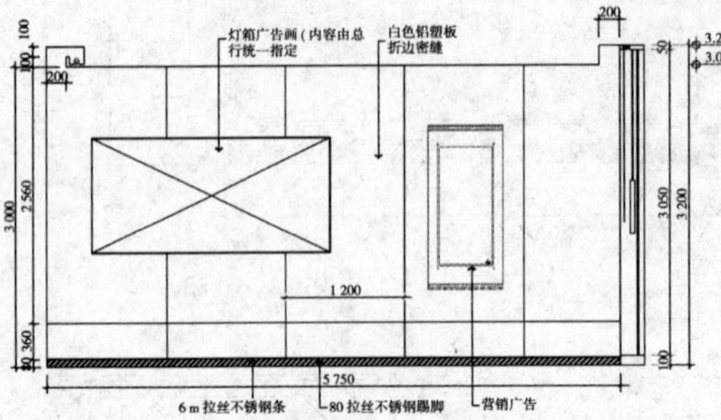

E 立面图

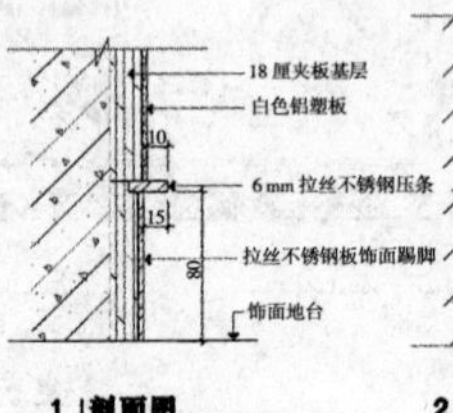

1 剖面图 SCALE: 1:30

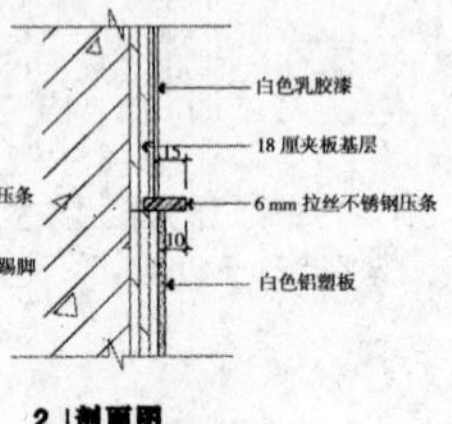

2 剖面图 SCALE: 1:30

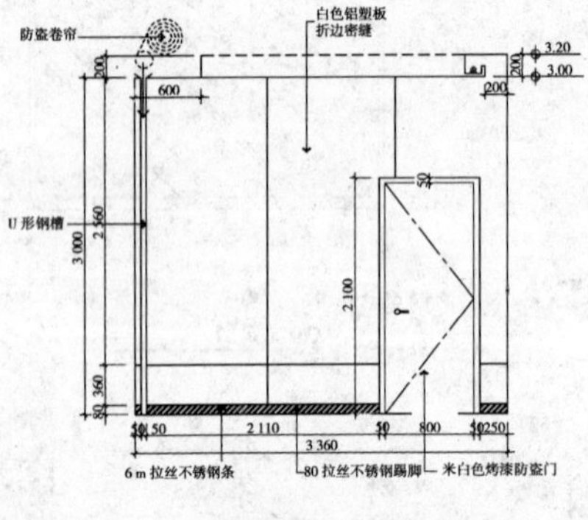

F 立面图

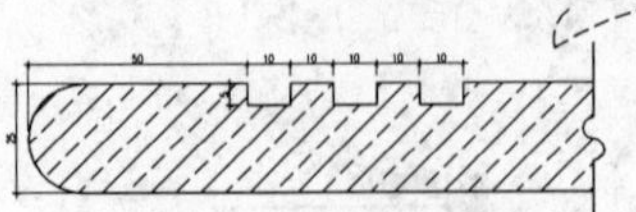

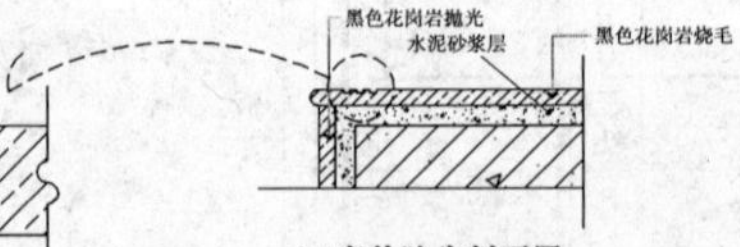

2 室外踏步剖面图

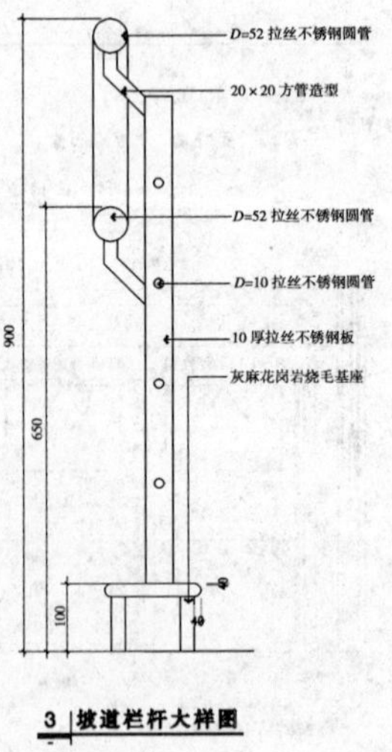

3 坡道栏杆大样图

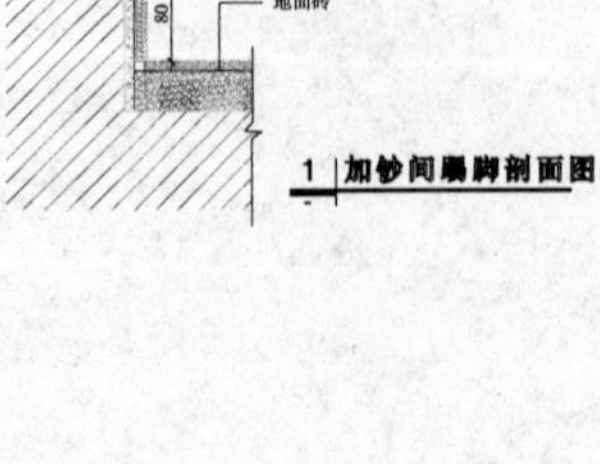

1 加钞间踢脚剖面图

续图 12-2

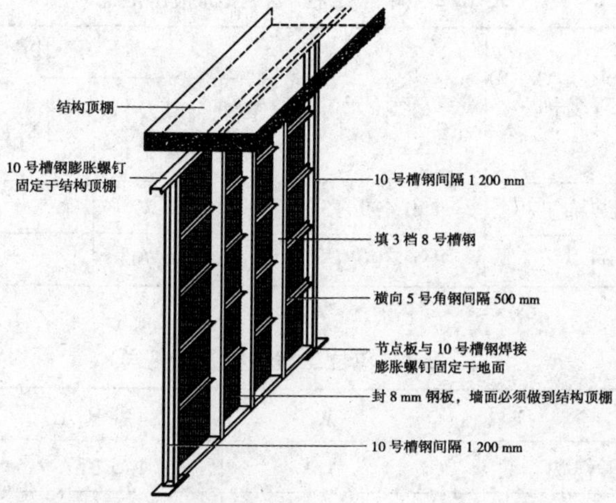

1 自助银行操作区钢板墙结构图

续图 12-2

任务 2　装饰工程投标报价编制

【任务背景】　以自助银行装饰工程为例,采用清单计价模式编制装饰工程投标报价文件。

【任务分析与实施】

某商业银行自助银行投标报价采用“精算之星”软件完成,主要表格见表 12-1 ~ 表 12-13。

表 12-1　封皮

投标总价

投标总价:　某商业银行×××支行

工程名称:　自助银行装饰工程

投标总价(小写):　180 499.15

(大写):　壹拾捌万零肆佰玖拾玖元壹角伍分

投标人:　×××

法定代表人

或其授权人:　×××

(签字或盖章)

编制人:　×××

(造价人员签字盖专用章)

编制时间:　2014-05-15

表12-2 单项工程项目投标报价汇总

序号	单位工程名称	金额(元)	其中(元)		
			暂列金额及特殊项目暂估价	材料暂估价	规费
1	自助银行装饰工程	180 499.15	14 537.79		11 487.37
	合 计	180 499.15	14 537.79		11 487.37

表12-3 单位工程投标报价汇总

序号	项目名称	金额(元)	其中:暂估价(元)
1	分部分项工程费	145 377.9	
2	措施项目费	1 525.96	
2.1	措施项目费(一)	1 525.96	
2.2	措施项目费(二)		
3	其他项目费	16 037.79	
3.1	暂列金额	14 537.79	
3.2	特殊项目费		
3.3	计日工	1 500	
3.4	总承包服务费		
4	规费	11 487.37	
5	税金	6 070.13	
	合计	180 499.15	

表12-4 分部分项工程清单与计价

序号	项目编码	项目名称 项目特征	计量单位	工程数量	金额(元)		
					综合单价	合价	其中:暂估价
1	011102001001	石材楼地面	m^2	50.33	277.58	13 970.6	
2	011102001002	石材楼地面	m	3	215	645	
3	011102003001	块料楼地面	m^2	16.23	135.54	2 199.81	
4	011105006001	金属踢脚线	m	37.61	101.41	3 814.03	
5	011107001001	石材台阶面	m^2	6.4	249.41	1 596.22	
6	011107001002	石材台阶面	m^2	1.44	249.41	359.15	
7	011207001001	装饰墙面	m^2	78	427.89	33 375.42	

续表 12-4

序号	项目编码	项目名称 项目特征	计量单位	工程数量	金额(元)		
					综合单价	合价	其中：暂估价
8	011207001002	装饰板墙面	m^2	7.2	98.53	709.42	
9	011207001003	装饰板墙面	m^2	35.13	123.53	4 339.61	
10	011210003001	钢化玻璃隔断	m^2	9.76	589.41	5 752.64	
11	011302001001	天棚吊顶	m^2	52.05	173.1	9 009.86	
12	011302001002	天棚吊顶	m^2	16.23	149.94	2 433.53	
13	010802004001	防盗门	樘	1	2 000	2 000	
14	010803001001	金属卷闸门	m^2	18.4	361.72	6 655.65	
15	010802001002	全玻门(带扇框)	樘	1	20 000	20 000	
16	011407001001	刷喷涂料	m^2	58.5	12.25	716.63	
17	011105006001	金属装饰线	m	40.36	57.59	2 324.33	
18	011507003001	灯箱	个	3	700	2 100	
19	01B001	铝合金除尘地垫	个	1	1 376	1 376	
20	011501001001	自动取款机	个	4	8 000	32 000	
		合　计				145 377.9	

表 12-5　工程量清单综合单价分析

序号	项目编码	项目名称	单位	工程量	综合单价组成					综合单价
					人工费	材料费	机械费	计费基础	管理费和利润	
1	011102001001	石材楼地面	m^2		30.49	224.37	2.9	30.49	19.82	277.58
	9-1-1换	1:3砂浆硬基层上找平层20	10 m^2	0.1	5.15	5.24	0.38	5.15	3.34	14.11
	9-1-3*10	1:3砂浆找平层+5×10	10 m^2	0.1	9.24	11.92	1	9.24	6.01	28.17
	9-1-51	水泥砂浆花岗岩楼地面	10 m^2	0.1	16.1	207.21	1.52	16.1	10.47	235.3
2	011102001002	石材楼地面	m		20.99	178.67	1.71	20.99	13.63	215
	9-1-1	1:3砂浆硬基层上找平层20 mm	10 m^2	0.1	5.15	5.24	0.38	5.15	3.34	14.11
	9-1-36	水泥砂浆大理石楼地面	10 m^2	0.1	15.84	173.43	1.33	15.84	10.29	200.89
3	011102003001	块料楼地面	m^2		37.42	71.38	2.43	37.42	24.31	135.54
	9-1-114	全瓷地板砖楼地面2 400内	10 m^2	0.1	23.03	54.22	1.05	23.03	14.96	93.26

续表 12-5

序号	项目编码	项目名称	单位	工程量	综合单价组成					综合单价
					人工费	材料费	机械费	计费基础	管理费和利润	
	9-1-1 换	1:3砂浆硬基层上找平层 20 mm 实际厚度(mm):70	10 m^2	0.1	5.15	5.24	0.38	5.15	3.34	14.11
	9-1-3*10	1:3砂浆找平层+5×10	10 m^2	0.1	9.24	11.92	1	9.24	6.01	28.17
4	011105006001	金属踢脚线	m		13.29	79.48		13.29	8.64	101.41
	9-2-268	墙柱面木龙骨上细木工板	10 m^2	0.1	4.16	38.39		4.16	2.71	45.26
	9-4-111	防火涂料二遍 木板面	10 m^2	0.1	4.82	12.78		4.82	3.13	20.73
	9-4-113	防火涂料增一遍 木板面	10 m^2	0.1	2.24	5.74		2.24	1.46	9.44
	9-2-295	墙面镜面不锈钢板	10 m^2	0.008	2.07	22.57		2.07	1.34	25.98
5	011107001001	石材台阶面	m^2		21.25	212.45	1.9	21.25	13.81	249.41
	9-1-1	1:3砂浆硬基层上找平层 20 mm	10 m^2	0.1	5.15	5.24	0.38	5.15	3.34	14.11
	9-1-51	水泥砂浆花岗岩楼地面	10 m^2	0.1	16.1	207.21	1.52	16.1	10.47	235.3
6	011107001002	石材台阶面	m^2		21.25	212.45	1.9	21.25	13.81	249.41
	9-1-1	1:3砂浆硬基层上找平层 20 mm	10 m^2	0.1	5.15	5.24	0.38	5.15	3.34	14.11
	9-1-51	水泥砂浆花岗岩楼地面	10 m^2	0.1	16.1	207.21	1.52	16.1	10.47	235.3
7	011207001001	装饰墙面	m^2		32.47	374.31		32.47	21.11	427.89
	9-2-268	墙柱面木龙骨上细木工板	10 m^2	0.1	4.16	38.39		4.16	2.71	45.26
	9-4-111	防火涂料二遍 木板面	10 m^2	0.1	4.82	12.78		4.82	3.13	20.73
	9-4-113	防火涂料增一遍 木板面	10 m^2	0.1	2.24	5.74		2.24	1.46	9.44
	9-2-301	胶合板基层上塑铝板饰面	10 m^2	0.1	21.25	317.4		21.25	13.81	352.46
8	011207001002	装饰板墙面	m^2		13.2	76.03	0.72	13.2	8.58	98.53
	9-2-259	墙柱面轻钢龙骨安装	10 m^2	0.1	5.74	51.03	0.72	5.74	3.73	61.22
	9-2-269	墙柱面轻钢龙骨上石膏板	10 m^2	0.1	7.46	25		7.46	4.85	37.31
9	011207001003	装饰板墙面	m^2		13.2	101.03	0.72	13.2	8.58	123.53
	9-2-259	墙柱面轻钢龙骨安装	10 m^2	0.1	5.74	51.03	0.72	5.74	3.73	61.22
	补-1	岩棉板	m^2	1		25				25
	9-2-269	墙柱面轻钢龙骨上石膏板	10 m^2	0.1	7.46	25		7.46	4.85	37.31
10	011210003001	钢化玻璃隔断	m^2		66.99	474.02	4.85	66.99	43.55	589.41
	9-5-126 换	无框玻璃门固定扇	10 m^2	0.1	23.1	63.16		23.1	15.02	101.28

续表 12-5

序号	项目编码	项目名称	单位	工程量	综合单价组成					综合单价
					人工费	材料费	机械费	计费基础	管理费和利润	
	9-5-134	无框玻璃门不锈钢包门框 钢龙骨	10 m^2	0.1	43.89	410.86	4.85	43.89	28.53	488.13
11	011302001001	天棚吊顶	m^2		32.6	118.16	1.16	32.6	21.18	173.1
	9-3-28	装配式 U 形龙骨 450 × 450 二、三级	10 m^2	0.1	14.78	84.93	1.16	14.78	9.6	110.47
	9-3-87	轻钢龙骨上铺钉纸面石膏板基层	10 m^2	0.1	7.72	19.83		7.72	5.02	32.57
	9-3-126	顶棚石膏板嵌缝	10 m^2	0.1	3.3	4.52		3.3	2.15	9.97
	9-4-209	顶棚、内墙抹灰面满刮腻子二遍	10 m^2	0.1	2.9	0.84		2.9	1.88	5.62
	9-4-151	室内顶棚刷乳胶漆二遍	10 m^2	0.1	2.51	5.35		2.51	1.63	9.49
	9-4-157	室内顶棚刷乳胶漆增一遍	10 m^2	0.1	1.39	2.69		1.39	0.9	4.98
12	011302001002	天棚吊顶	m^2		21.58	113.18	1.16	21.58	14.02	149.94
	9-3-28	装配式 U 形龙骨 450 × 450 二、三级	10 m^2	0.1	14.78	84.93	1.16	14.78	9.6	110.47
	9-3-123	顶棚搁在龙骨上矿棉板饰面	10 m^2	0.1	6.8	28.25		6.8	4.42	39.47
13	010802004001	防盗门	樘		100	1 900				2 000
	补-2	成品防盗门	樘	1	100	1 900				2 000
14	010803001001	金属卷闸门	m^2		43.96	287.84	1.35	43.96	28.57	361.72
	5-5-10	电化铝合金卷闸门安装	10 m^2	0.1	43.96	276.97	1.35	43.96	28.57	350.85
	补-3	卷帘门电动装置	套	0.054 35		10.87				10.87
15	010802001002	全玻门(带扇框)	樘		200	19 800				20 000
	补-4	12 mm 钢化玻璃双扇门	樘	1	200	19 800				20 000
16	011407001001	刷喷涂料	m^2		6.53	1.48		6.53	4.24	12.25
	9-4-209	顶棚、内墙抹灰面满刮腻子二遍	10 m^2	0.1	2.9	0.84		2.9	1.88	5.62
	9-4-245	内墙柱抹灰面刷乳胶漆三遍	10 m^2	0.1	3.63	0.64		3.63	2.36	6.63
17	011504001001	金属装饰线	m		9.13	42.53		9.13	5.93	57.59
	9-5-98	不锈钢角线宽度 30 内	10m	0.1	2.64	20.77		2.64	1.71	25.12
	9-2-269	墙柱面轻钢龙骨上石膏板	10 m^2	0.1	6.49	21.76		6.49	4.22	32.47

续表 12-5

序号	项目编码	项目名称	单位	工程量	综合单价组成					综合单价
					人工费	材料费	机械费	计费基础	管理费和利润	
18	011507003001	灯箱	个		150	550				700
	补 -5	灯箱	m	1	150	550				700
19	01B001	铝合金除尘地垫	个			1 376				1 376
	补 -6	铝合金除尘地垫	m^2	1.72		1 376				1 376
20	011501001001	自动取款机	个		200	7 800				8 000
	补 -7	自动取款机	个	1	200	7 800				8 000

表 12-6　工料机汇总

序号	工料机编码	名称、规格、型号	单位	数量	单价	定额 13（66）单价	合价	定额 13（66）合价	差额	备注
1	1	综合工日（土建）	工日	12.254	66	66	808.76	808.76		
2	2	综合工日（装饰）	工日	142.651	66	66	9 414.97	9 414.97		
3	1 026	钢筋Φ10	kg	40.149	4.45	4.45	178.66	178.66		
4	1 102	角钢∠40×40×4	kg	54.009	4.48	4.48	241.96	241.96		
5	1 116	角钢∠45×45×5	kg	156.16	4.37	4.37	682.42	682.42		
6	1 156	扁钢 -4×45	kg	1.052	4.46	4.46	4.69	4.69		
7	1 193	钢板 δ6	kg	0.321	4.8	4.8	1.54	1.54		
8	1 570	铁件	kg	5.299	5.5	5.5	29.14	29.14		
9	3 058	装修材	m^3	0.097	2 100	2 100	203.7	203.7		
10	4 006	普通硅酸盐水泥 32.5 MPa	t	2.923	326	326	952.9	952.9		
11	4017	白水泥	kg	7.972	0.57	0.57	4.54	4.54		
12	5 124	嵌缝石膏	kg	64.193	0.68	0.68	43.65	43.65		
13	5 167	黄砂（过筛中砂）	m^3	7.629	84	84	640.84	640.84		
14	5 284	花岗岩板	m^2	59.333	196	196	11 629.27	11 629.27		
15	5 304	大理石板	m^2	3.06	163	163	498.78	498.78		
16	6 030	浮法玻璃 δ10	m^2	10.053	58.6	58.6	589.11	589.11		
17	6095	全瓷抛光地板砖 600×600	块	45.444	18	18	817.99	817.99		

续表 12-6

序号	工料机编码	名称、规格、型号	单位	数量	单价	定额13（66）单价	合价	定额13（66）合价	差额	备注
18	8010	矿棉板	m^2	17.042	26.9	26.9	458.43	458.43		
19	9012	电焊条 E4303 ϕ3.2	kg	6.381	9	9	57.43	57.43		
20	10024	乳胶漆	kg	22.798	18.16	18.16	414.01	414.01		
21	10173	稀释剂	kg	6.359	10	10	63.59	63.59		
22	10226	滑石粉	kg	40.351	1	1	40.35	40.35		
23	10248	106 涂料	kg	34.679	1	1	34.68	34.68		
24	10258	防火涂料	kg	75.84	27.4	27.4	2 078.02	2 078.02		
25	13299	108 胶	kg	11.055	1.72	1.72	19.01	19.01		
26	13301	密封胶	kg	17.168	23.4	23.4	401.73	401.73		
27	13311	白乳胶	kg	3.815	5.2	5.2	19.84	19.84		
28	13320	万能胶	kg	19.714	19.76	19.76	389.55	389.55		
29	13331	玻璃胶 310g	支	10.507	8.34	8.34	87.63	87.63		
30	14244	膨胀螺栓 M8	套	230.767	0.93	0.93	214.61	214.61		
31	14259	膨胀螺栓 M8×90	套	105.402	1	1	105.4	105.4		
32	14341	带帽螺栓	套	17.958	0.59	0.59	10.6	10.6		
33	14470	螺钉	kg	1.114	11	11	12.25	12.25		
34	14544	自攻螺丝镀锌(4~6)×(10~16)	百个	51.978	4.22	4.22	219.35	219.35		
35	14579	螺母	个	334.367	0.38	0.38	127.06	127.06		
36	14661	垫圈 10	百个	2.253	3.66	3.66	8.25	8.25		
37	14716	元钉	kg	5.159	5.8	5.8	29.92	29.92		
38	14751	射钉 M6 20×50	百个	0.639	46.62	46.62	29.79	29.79		
39	14768	铝拉铆钉	百个	2.401	9.84	9.84	23.63	23.63		
40	23022	细木工板 18	m^2	131.004	36.2	36.2	4 742.34	4 742.34		
41	23049	塑铝板 δ4	m^2	85.8	280	280	24 024	24 024		
42	23072	镜面不锈钢板 δ1	m^2	12.965	274.34	274.34	3 556.82	3 556.82		
43	23082	石膏板	m^2	85.206	12	12	1 022.47	1 022.47		
44	23084	纸面石膏板 δ12	m^2	54.653	17.5	17.5	956.43	956.43		
45	23135	轻钢龙骨 75×40	kg	44.315	14.54	14.54	644.34	644.34		
46	23136	轻钢龙骨 75×50	kg	76.562	17.77	17.77	1 360.51	1 360.51		

续表 12-6

序号	工料机编码	名称、规格、型号	单位	数量	单价	定额 13（66）单价	合价	定额 13（66）合价	差额	备注
47	23140	轻钢大龙骨 $h=45$	m	127.499	10.4	10.4	1 325.99	1 325.99		
48	23145	轻钢小龙骨 $h=19$	m	23.195	6.6	6.6	153.09	153.09		
49	23146	轻钢小龙骨横撑 $h=19$	m	13.799	3.86	3.86	53.26	53.26		
50	23147	轻钢中龙骨 $h=19$	m	210.507	6	6	1 263.04	1 263.04		
51	23148	轻钢中龙骨横撑 $h=19$	m	170.154	4.39	4.39	746.98	746.98		
52	23221	轻钢大龙骨垂直吊挂件	个	163.872	0.8	0.8	131.1	131.1		
53	23222	轻钢龙骨次接件	个	107.2	0.68	0.68	72.9	72.9		
54	23223	轻钢龙骨小接件	个	8.876	0.68	0.68	6.04	6.04		
55	23224	轻钢龙骨主接件	个	68.963	0.77	0.77	53.1	53.1		
56	23227	轻钢小龙骨垂直吊挂件	个	84.667	0.75	0.75	63.5	63.5		
57	23229	轻钢中龙骨垂直吊挂件	个	309.308	0.75	0.75	231.98	231.98		
58	23230	轻钢中龙骨平面连接件	个	749.032	0.75	0.75	561.77	561.77		
59	23235	方钢管 25×25×2.5	m	4.179	15.75	15.75	65.82	65.82		
60	23330	不锈钢角线 30	m	41.571	18.2	18.2	756.59	756.59		
61	25048	电化铝合金卷闸门	m2	18.4	270	270	4 968	4 968		
62	26002	棉纱	kg	0.835	10.4	10.4	8.68	8.68		
63	26020	白布	m	0.041	7.18	7.18	0.29	0.29		
64	26025	布条	m	319.472	3	3	958.42	958.42		
65	26033	麻袋布	m^2	13.457	3.11	3.11	41.85	41.85		
66	26036	白布	m^2	0.036	6.6	6.6	0.24	0.24		
67	26122	砂纸	张	79.338	0.5	0.5	39.67	39.67		
68	26178	合金钢钻头	个	1.502	10.56	10.56	15.86	15.86		
69	26199	切割锯片	片	2.903	110.85	110.85	321.8	321.8		
70	26200	石料切割锯片	片	0.307	95.02	95.02	29.17	29.17		
71	26287	锯末	m^3	0.464	20	20	9.28	9.28		
72	26371	水	m^3	4.432	4.4	4.4	19.5	19.5		
73	56017	灰浆搅拌机 200 L	台班	1.098	111.33	111.33	122.24	122.24		
74	57109	石料切割机	台班	1.465	56.74	56.74	83.12	83.12		
75	57110	砂轮切割机 ϕ400	台班	2.847	21.18	21.18	60.3	60.3		

续表 12-6

序号	工料机编码	名称、规格、型号	单位	数量	单价	定额13(66)单价	合价	定额13(66)合价	差额	备注
76	57177	电动切割机	台班	1.287	13.95	13.95	17.95	17.95		
77	59031	交流电焊机 30 kVA	台班	0.442	99.93	99.93	44.17	44.17		
78	59046	交流电焊机 40 kVA	台班	0.175	142.04	142.04	24.86	24.86		
79	66006	手提冲击钻	台班	3.612	9.64	9.64	34.82	34.82		
		合计					80 180.34	80 180.34		
		其中:人工费合计					10 223.73	10 223.73		
		材料费合计					69 569.15	69 569.15		
		其中:暂估材料费								
		机械费合计					387.46	387.46		

表 12-7 措施项目清单汇总

序号	项目名称	金额(元)
1	措施项目清单计价(一)	1 525.96
2	措施项目清单计价(二)	
	合 计	1 525.96

表 12-8 措施项目清单与计价

序号	项目名称	计算基础	费率(%)	金额(元)	备注
1	脚手架				
2	垂直运输机械				
3	室内空气污染测试费				
4	夜间施工费	人工费	4%	462.12	
5	二次搬运费	人工费	3.60%	415.9	
6	冬雨季施工	人工费	4.50%	519.86	
7	已完工程及设备保护	直接费	0.15%	128.08	
	合 计			1 525.96	

表 12-9 措施项目清单综合单价分析

序号	项目编码	项目名称	单位	工程量	综合单价组成					综合单价
					人工费	材料费	机械费	计费基础	管理费和利润	
1	CS2.1	脚手架	项							
2	CS2.2	垂直运输机械	项							
3	CS2.3	室内空气污染测试费	项							
4	CS02－1	夜间施工费	项		81.79	327.16		81.79	53.17	462.12
		计费基础 10 223.74×4%，人工占 20%	元		81.79	327.16		81.79	53.17	462.12
5	CS02－2	二次搬运费	项		73.61	294.44		73.61	47.85	415.9
		计费基础 10 223.74×3.6%，人工占 20%	元		73.61	294.44		73.61	47.85	415.9
6	CS02－3	冬雨季施工	项		92.01	368.05		92.01	59.8	519.86
		计费基础 10 223.74×4.5%，人工占 20%	元		92.01	368.05		92.01	59.8	519.86
7	CS02－8	已完工程及设备保护	项		12.03	108.24		12.03	7.81	128.08
		计费基础 80 179.95×0.15%，人工占 10%	元		12.03	108.24		12.03	7.81	128.08

表 12-10 其他项目清单与计价汇总

序号	项目名称	计量单位	金额(元)	备注
1	暂列金额	项	14 537.79	
2	特殊项目费用	项		
3	计日工		1 500	
	合　计		16 037.79	

表 12-11 暂列金额明细

序号	项目名称	计量单位	暂定金额(元)	备注
1	暂列金额	项	14 537.79	
	合　计		14 537.79	

表12-12　计日工

序号	项目名称、型号、规格	单位	暂定数量	综合单价	合价
一	人工	工日	10	150	1 500
	小　计				1 500
二	材料				
	小　计				
三	施工机械				
	小　计				
	合　计				1 500

表12-13　规费、税金项目清单与计价

序号	项目名称	计费基础	费率(%)	金额(元)
1	规费			11 487.37
1.1	安全文明施工费			6 256.95
1.1.1	环境保护费	分部分项+措施项目+其他项目	0.12%	195.53
1.1.2	文明施工费	分部分项+措施项目+其他项目	0.10%	162.94
1.1.3	临时设施费	分部分项+措施项目+其他项目	1.62%	2 639.65
1.1.4	安全施工费	分部分项+措施项目+其他项目	2%	3 258.83
1.2	工程排污费	分部分项+措施项目+其他项目	0.26%	423.65
1.3	社会保险费	分部分项+措施项目+其他项目	2.60%	4 236.48
1.4	住房公积金	分部分项+措施项目+其他项目	0.20%	325.88
1.5	危险工作意外伤害保险	分部分项+措施项目+其他项目	0.15%	244.41
2	税金	分部分项+措施项目+其他项目+规费	3.48%	6 070.13
	合　计			17 557.5

能力训练

结合本地区实际情况，收集市场价格信息，采用清单计价方式，完成商务楼装饰工程投标报价的编制。

参考文献

[1] 中华人民共和国住房和城乡建设部. GB 50500—2013 建设工程工程量清单计价规范[S]. 北京:中国计划出版社,2013.
[2] 中华人民共和国住房和城乡建设部. GB 50854—2013 房屋建筑与装饰工程工程量清单计算规范[S]. 北京:中国计划出版社,2013.
[3] 中华人民共和国住房和城乡建设部标准定额司. 建设工程计价计量规范宣贯辅导[S]. 北京:中国计划出版社,2013.
[4] 山东省建设厅. 山东省装饰装修工程工程量清单计价办法[M]. 北京:中国建筑工业出版社,2011.
[5] 山东省工程建设标准定额站. 山东省建筑工程价目表[M]. 2013.
[6] 山东省建设厅. 山东省建筑工程消耗量定额[M]. 北京:中国建筑工业出版社,2003.
[7] 王在生. 统筹 e 算实训教程[M]. 北京:中国建筑工业出版社,2011.
[8] 柯洪. 建设工程计价[M]. 北京:中国计划出版社,2014.
[9] 付庆向. 装饰工程计量与计价[M]. 南京:南京大学出版社, 2015.
[10] 夏宪成. 建筑与装饰工程计量与计价[M]. 北京:中国矿业大学出版社,2010.
[11] 陈祖德. 室内装饰工程预算[M]. 北京:北京大学出版社,2008.
[12] 肖明和. 建筑工程计量与计价[M]. 南京:南京大学出版社, 2012.
[13] 张寅. 建筑装饰装修工程计量与计价[M]. 北京:高等教育出版社,2011.
[14] 宋巧玲. 装饰工程计量与计价实务[M]. 北京:清华大学出版社,2012.
[15] 沈华. 建筑及装饰工程计量与计价[M]. 北京:高等教育出版社,2013.
[16] 吴锐. 建筑装饰装修工程预算[M]. 北京:人民交通出版社,2012.
[17] 李瑞峰. 建筑装饰工程造价与招投标[M]. 上海:东方出版中心,2012.
[18] 建设部标准定额研究所. 全国统一建筑装饰工程消耗量定额[S]. 北京:中国计划出版社,2002 .
[19] 中华人民共和国住房和城乡建设部. LD/T 73. 1 ~ 4—2008 建设工程劳动定额:装饰工程[S]. 北京:中国计划出版社,2008.
[20] 中华人民共和国住房和城乡建设部. GB/T 50353—2013 建筑工程建筑面积计算规范[S]. 北京:中国计划出版社,2013.